铁葫芦

天才在左　疯子在右

【完整版】

高铭 著

北京联合出版公司
Beijing United Publishing Co.,Ltd

图书在版编目（CIP）数据

天才在左 疯子在右：完整版 / 高铭著. —北京：北京联合出版公司，2016.1（2016.1重印）（2016.3重印）（2016.3重印）（2016.4重印）（2016.6重印）

ISBN 978-7-5502-6393-2

Ⅰ. ①天… Ⅱ. ①高… Ⅲ. ①心理学—通俗读物 Ⅳ. ①B84-49

中国版本图书馆CIP数据核字（2015）第244641号

天才在左 疯子在右：完整版

作　　者：高　铭
总 策 划：何　寅
策划编辑：刘盛楠
责任编辑：孙志文
封面设计：所以设计馆

北京联合出版公司出版
（北京市西城区德外大街83号楼9层 100088）
北京鹏润伟业印刷有限公司印刷 新华书店经销
字数330千字 700毫米×980毫米 1/16 23印张
2016年1月第1版 2016年6月第6次印刷
ISBN 978-7-5502-6393-2
定价：39. 80元

目录

篇外篇：有关精神病的午后对谈

第二个篇外篇：精神病科医生

新版前言

前言：

时间过得真快，转眼就六年了。

在写下上一句话之前，我花了大约二十分钟敲出一堆废话来，什么感谢读者啊，感谢大家喜爱啊一类的，后来想想，删了。

我这是干吗啊，我干吗要去刻意说这些讨好的话啊，我又不是打包卖心灵鸡汤的。只有严谨认真地写好内容才是对读者最好的尊重，否则就算跪舔也一定会被骂的！所以我根本不需要去写那些无用的客套话，那不重要，重要的是这本书的内容，而不是一个摇尾的前言或自序。

想到这些我没啥压力了。前言就照实话路子来，嗯，不卑不亢、心平气和。

真·前言：

2009年8月17日的凌晨大约两点半，我坐在桌前敲下了第一个字。也就是从那个字开始，犹如一个漫无边际、奇妙的崭新宇宙诞生般，许许多多沉寂在我记忆中的东西被唤醒并喷薄而出。它们既是物质也是光影，混杂纠缠交织在一起，形成了某种概念和意义，立体地呈现在我的眼前。在这之前我从未想过该去怎么看待那些记忆，也从未想过该去怎么理解它们，因为我一直以为那只是一段记忆而已。但也许是憋了太久，又也许那阵儿实在太闲，所以我还是写了。很意外，没想到尝试着写出来的东西对我来说居然是最具有冲击性的一次体会与解读。这不由得让我想到自己在《催眠师手记》第二季中写下的一句话：语言和文字是一种思维病毒，因为它能改写大脑回路——包括自己。

相较而言，文字是语言的进化版，因为文字对语言有着某种膜拜式的演绎——赋予其更深刻的含义或者更发散性的暗示。每当意识到这点都会让我觉得自己似乎不是坐在电脑前敲字，而是在从事某种宗教性的仪式。此时我的定位既是这场仪式的组织者，也是参与者，同时还是一名旁观者。这是一种很奇妙的体会。

接下来的几个月，那些文字被展示在更多人面前——被印制成了书。当然，对我来说这不仅仅是一本书的问题。

出版后的几年来，通过它我见识了很多有意思的事情，也认识了很多有趣的人，接触到了很多有趣的想法，同时我也更好地认知了自己，也进一步认知了这个世界。

这个世界很奇妙，宽广而辽阔；这个世界很系统，严谨而规则。遗憾的是虽然我们身处于这个世界中，可大多数时候仅仅只能感受到其中的一点点罢了，更多的，我们则一无所知——你知道我在说什么吗？是的，我们的认知具有普遍性的狭义和片面。

记得在看《阿凡达》的时候我很羡慕那个星球的土著，他们无须做太多，只要把藏在自己小辫子里的触角（也许是别的什么器官）与灵魂之树对接就可以感受到大多数地球人穷极一生都无法体会到的感受——与自然共鸣，从这个世界的角度去“看”这个世界本身，不必走弯路兜很大的圈子去干点什么——静坐辟谷隐居推测或者搞谁也看不懂的哲学，什么也不需要。而且我相信他们之间的情感交流也真挚得多，小辫子一对接啥都知道，想撒谎都没门。所以我猜他们的语言应该相对很简单，至少无须那些感人肺腑的词句和描绘，一切交给小辫子，保证准确无误，标准心灵沟通。由此我觉得他们当中大概也很难产生精神病人吧，因为一切都能直接传达，包括压力、困惑、迷茫、不解、纠结。

而我们不行。

由于个体上的差异性，我们有着很复杂的、各种各样的问题和矛盾，却又没有那根独特的、藏着触角的小辫子，所以我们只好全部寄托于语言来传达思维。假如想让更多人知道，那么需要通过某种宗教性的仪式——文字来实现。这点上倒是和潘多拉星土著们与自然沟通的方式接近，我指仪式本身。

但即便使用文字我们也无法逾越体会上的差距，即不可能彻底感同身受。也许正是因此才会有精神病人。因为我们做不到彻底传达出我们的压力、困惑、迷茫、不解、纠结，于是也就有了所谓的心结。所以，能够从别人的角度来看这个世界是一种极其珍贵的……呃……词穷了……该怎么讲？体验？好吧，大概这意思吧，理解就好……你看，我现在就身处于表述的困局当中。

就是这个最初的原点，让我产生了接触精神病人的想法——我用了一种很笨的方法去体验另外的视角。至于对与错，好与坏，清晰与混乱，逻辑与无序，这些都不重要（我不是找他们来刷存在感的），重要的是某种近似乎宗教意识般的共鸣。我想要的，就是这个。

是的，一切并不是从2009年的8月17日凌晨开始的，而是更早，是从我对这个世界、对我们的认知、对其他角度的好奇而开始的。

至今仍是。

因此，在沉淀几年后我写下了那本书；因此，六年后有了这个第二版——把以前未完成的章节完成并加了进去；也因此，我絮絮叨叨地写下了这个前言。

时间过得真快，转眼就六年了。但我很清楚，一切还没有结束，一切才刚刚开始。

2015年秋，云南玉溪

第一版前言

“这个世界，究竟是什么样的？”这是一个看似简单的问题。

记得多年前，我曾经收到过一张生日贺卡，那上面写了一句动人的话：最精彩的，其实就是世界本身。也就是看到这句话之后，我开始萌生环游世界的想法，因为觉得有必要认识下自己生活的这个星球。也就是有了这个愿望后不久，我想到了刚刚提到的问题：这个世界究竟是怎样的。

在好奇心的驱使下，我通过各种各样的渠道和方式，用了很多时间和精力去寻找答案。但是我发现，谁也说不清这个世界到底是怎样的。

就在我为此困惑不解的时候，某次听一个身为精神科医生的朋友说起了一些病例，然后好像明白了一些——为什么没人能说清这个世界到底是怎样的了。

道说：是人间；

佛说：是六道之一；

上帝说：是天堂和地狱之间的战场；

哲学说：是无穷的辩证迷雾；

物理说：是基本粒子堆砌出来的聚合体；

人文说：是存在；

历史说：是时间的累积。

很显然，都有各自的解释。

看来，这个世界是有无数面的不规则体。

于是我开始饶有兴趣地问身边那些熟悉的人：“在你看来，世界到底是怎样的？”不过我并没得到态度认真的回答。

为什么呢？大概因为很少有人想过这个问题，也很少有人真的愿意面对这个问题，毕竟大家都在忙着挣钱，找老婆，升职……很少有人在乎这个世界到底是怎样的。更多的人对于我这种不忙着挣钱、不忙着找老婆、不忙着升职的行为表示不解，同时还半真半假地表示关注：你疯了吗？

那么好吧，我决定去问另一个人群——“精神病患者”们，或者说，我们眼中的精神病人。我带着复杂的心态，开始接触这个特殊的群体，想知道他们是怎么看待这个世界的。

精神病人也有迥异的性格和行为方式：有喜欢滔滔不绝的，有没事找事的，有沉默的，有拐弯抹角的，这点跟大街上的众生相没什么区别。但是他们会做些我们不能理解的事情，会有我们从没想过的观点。他们的世界观令人匪夷所思，他们以我们从未想到的角度观察着这个世界。这也许就是为什么很多人认为精神病人难以沟通的原因吧。

我想，一些行为只看结果不见得能看明白，要是了解了成因就会好得多。于是，从那个决定之后，我利用业余时间做一件事情——和精神病人接触。

白驹过隙，四年后的某天中午，我突然决定结束了，停止我那因好奇而引发的接触。

又是一年之后，我决定把自己零零碎碎整理过的那些东西写出来……于是，现在，作为读者，你从某个书架上找出这本书，并且翻到这一页，才看到了我这段啰唆的自序。

非常希望在开始看这本书之前，你能接受我一个小小的建议：请拨开文字和表象的迷雾，更开阔地接触这奇妙世界的本质。我更希望读完这本书后，你能有自己的想法和思考。有自己的思想很重要，甚至可以说，这个比什么都重要。

我只希望这本书是一扇窗，能让你看到更多、更多的世界——其他角度的世界。我也希望有一天你能够很坦然地说：“让我来告诉你，在我眼中，这是一个怎样的世界。”

角色问题

他："我只能说我同情你，但是并不可怜你，因为毕竟你是我创造出来的。"

我："你怎么创造我了？"

他："你只是我小说中的一个人物罢了，你的出现目的就在于为我——这本书的主角添加一些心理上的反应，然后带动整个事情……嗯……我是说整个故事发展下去。"

我面前的他是一个妄想症患者，他认为自己是一部书的主角，同时也是作者。病史四年多了，二年前被送进医院。药物似乎对他无效，家人——他老婆都快放弃了。

由于他有过狂躁表现，所以我只带了录音笔进去，没带纸笔——或者任何有尖儿的东西，并且坐得也够远。我在桌子这头，大约两米距离之外，他在桌子那头，手在下面不安地搓着。

他："我知道这超出你的理解范围了，但是这是事实。而且，你我的这段对话不会出现在小说里。在那里只是一带而过，如某年某月某日，我在精神病院见了你，之后我想了些什么，大概就会是这样。"

我："你觉得这个真的是这样的吗？你怎么证明我是你创造出的角色呢？说说看。"

他："你写小说会把所有角色的家底、身世说得很清楚给读者看？"

我："我没写过，不知道。"

他笑了："你肯定不会。而且，我说明了，我现在的身份是这部小说的主角，我沉浸在整个故事里，我的角色不是作者身份，也不能是作者身份。因为什么都清楚了读者看着没意思了。如果我愿意，可以知道你的身世，但是没必要在小说里描绘出来，那没意义。我现在跟你交谈，是情节的安排，只是具体内容除了书里的几个人，没人知道。读者也不知道，这只是大剧情里面的一个小片段……"

我："你知道你在这里几年了吧？"

他："三年啊，很无聊啊这里。"

我："那么你怎么不让时间过得快一点，打发过去这段时间呢？或者写出个超人来救你走呢？外星人也成。"

他大笑起来："你真的太有意思了！小说的时间流逝，是遵从书中的自然规律的，三年在读者面前只是几行字甚至更短，但是小说里面的人物都是老老实实地过了三年，中间恋爱结婚生孩子升职吵架吃喝嫖赌什么都没耽误。怎么能让小说的时间跳跃呢？我是主角，就必须忍受这点儿无聊。至于你说的超人外星人什么的，很无聊，我这个不是科幻小说。"

我发现的确是他说的这样，从他个人角度讲，他的世界观坚不可摧。

我："我明白了，你的意思是，这个世界是为了你而存在的，当你死了呢？这个世界还存在吗？"

他："当然存在了，只是读者看不到了。如果我简单地死掉了，有两种可能：一、情节安排我该死了；二、我不是主角。而第一点，我现在不会死，小说还在写呢。第二点嘛，我不用确定什么，我绝对就是，因为我就是作者。"

我："你怎么证明呢？"

他："我想证明随时可以，但是有必要吗？从我的角度来说，证明本身就可笑。除非我觉得有必要。非得证明的话，可以，你可以现在杀我试试，你杀不了我的，门外的医生会制止你，你可能会绊倒，也许冲过来的时候心脏病发作了，或者你根本打不过我，反而差点儿被我杀了……就是这样。”

我：“这是本什么小说？”

他：“描写一些人的情感那类的，有些时候很平淡，但是很动人，平淡的事情才能让人有投入感，才会动人，对吧？”

我：“那么，你爱你老婆吗？”

他：“当然了，我是这么写的。”

我：“孩子呢？”

他有些不耐烦：“这种问题……还用问吗？”

我：“不，我的意思是，你对他们的感情，是情节的设置和需要，并不是你自发的，对吧？”

他：“你的逻辑怎么又混乱了？我是主角，他们是主角的家人，我对他们的感情当然是真挚的。”

我：“那你三年前为什么要企图杀了你的孩子？”

他：“我没杀。只是做个样子，好送我来这里。”

我：“你是说你假装要那么做？为了来这里？”

他：“我知道没人信，随便吧，但那是必须做的，没读者喜欢看平淡的流水账，应该有个高潮。”

我决定违反规定刺激他一下：“如果你在医院期间，你老婆出轨了呢？”

他：“情节没有这个设定。”

我：“你肯定。”

他笑了：“你这个人啊……”

我不失时机：“你承认我是人了？而不是你设定的角色了？”

他：“我设定你的角色就是人，而且你完成了你要做的。”

我：“我做什么？”

他：“让我的思绪波动。”

我似乎掉到他的圈套里了：“完成了后，我就不存在了吗？”

他：“不，你继续你的生活，即便当我的小说结束后，你依旧会继续生活，只是读者看不到了，因为关于你，我不会描述给读者了。”

我：“那这个小说，你的最后结局是什么？”

他：“嗯……这是个问题，我还没想好……”

我：“什么时候写完？”

他：“写完了你也不会知道，因为那是这个世界之外的事情了，超出你的理解范围，你怎么会知道写完了呢？”

我：……

他饶有兴趣地看着我：“跟你聊天很好，谢谢，我快到时间了。”说完他眨了眨眼。

那次谈话就这么结束了。之后我又去过两次，他不再对我说这些，转而山南海北地闲聊。不过那以后没多久，听说他有所好转，半年多后，出院观察了。出院那天我正好没事就去了，他跟他的主治医师和家人朋友谈笑风生，没怎么理我。临走时，他漫不经心地走到我身边，低声快速地说：“还记得第一次那张桌子吗？去看看桌子背面。”说完狡猾地笑了。

费了好大劲我才找到我和他第一次会面的那张桌子。我趴下去看桌子底下，上面有很多指甲的划痕，依稀能辨认出歪歪斜斜的几个字。

那是他和我第一次见面的日期，以及一句话：半年后离开。

过后很久，我眼前还会浮现出他最后那狡猾的笑容。

梦的真实性

跟这个女患者接触花了很长时间，很多次之后才能真正坐下来交谈，因为她整日生活在恐惧中，她不相信任何人——家人、男朋友、好友、医生、心理专家，一律不信。

她的恐惧来自她的梦境。

因为她很安全，没有任何威胁性（反复亲自观察的结果，我不信别人的观察报告，危及我人身安全的事情，还是自己观察比较靠谱），所以那次录音笔、纸张、铅笔我带得一应俱全。

我：“昨天你做梦了吗？”

她：“我没睡。”

她脸上的神态不是疲惫，而是警觉和长时间睡眠不足造成的苍白以及濒临崩溃——有点歇斯底里的前兆。

我：“怕做梦？”我有点后悔今天来了，所以决定小心翼翼地对话。

她：“嗯。”

我：“前天呢？睡了吗？”

她：“睡了。”

我：“睡得好吗？”

她：“不好。”

我：“做梦了？”

她：“嗯。”

我：“能告诉我梦见什么了吗？”

她：“还是继续那些。”

在我第一次看她的梦境描述记录的时候，我承认我有点吃惊，因为她记得自己从小到大的大多数梦境。而且据她自己说都是延续性的梦，也就是说，她梦里的生活基本上和现实一样，是随着时间流逝、因果关系而连贯的。最初她的问题在于经常把梦里的事情当作现实，后来她逐渐接受了“两个世界”——现实生活和梦境生活。而现在的问题严重了，她的梦越来越恐怖，最要命的是，也是连续性的。想想看，一个永远不会完结的恐怖连续剧。

我：“你知道我是来帮你的，你能告诉我最近一个月发生的事情吗？”我指的是在她的梦里。

她咬着嘴唇，犹疑了好一会儿才缓缓地点了下头。

我：“好。那么，都发生了什么呢？”

她：“还记得影子先生吗？我发现他不是来帮我的。”

这句话让我很震惊。

影子先生是存在于她梦里除自己外唯一的人。衣着和样子看不清，总以模糊的形象出现。而且，影子先生经常救她。最初我以为影子先生是患者对现实中某个仰慕男性的情感寄托，后来经过几次专业人士对她的催眠后，发现不是这样，影子先生只是实实在在的梦中人物。

我：“影子先生……不是救你的人吗？”

她：“不是。”

我：“到底发生了什么事儿？”

她：“他已经开始拉着我跳楼了。”

我稍稍松了口气："是为了救你逃脱吧？原来不是有过吗？"

她："不是，我发现了他的真实目的。"

我："什么目的？"

她："他想让我和他死在一起。"

我克制着自己的反应，用了个小花招——重复她最后一个短语："死在一起？"

她："对。"

我不去追问，等着。

她："我告诉过你的，一年前的时候，他拉着我跳楼，每次都是刚刚跳我就醒了。最近一年醒得越来越晚了。"

我："你是说……"

她好像鼓足勇气似的深吸了一口气："每次都是他拉着我跳同一栋楼，最开始我没发现，后来我发现了，因为那栋楼其中一层的一个房间有个巨大的吊灯。刚开始的时候我刚跳就醒了，后来每一次跳下来，都比上一次低几层才能醒过来。"

我："你的意思是，直到你注意到那个吊灯的时候你才留意每次都醒得晚了几层，在同一栋楼？"

她："嗯。"

我："都是你说的那个40多层的楼吗？"

她："每一次。"

我："那个有吊灯的房间在几层？"

她："35层。"

我："每次都能看到那扇窗？"

她："不是一扇窗，每次跳的位置不一样，但是那个楼的房间有很多窗户，所以后来每一次从一个新位置跳下去，我都会留意35层，我能从不同的角度看到那个巨大的吊灯。"

我："现在到几层才会醒？"

她："已经快一半了。"

我：……

她："我能看到地面离我越来越近，他拉着我的手，在我耳边笑。"

我有点儿坐立不安："不是每次都能梦见跳楼吧？"

她："不是。"

我："那么他还救你吗？"

她恐惧地看着我："他是怪物，他认得所有的路、所有的门、所有的出口入口。只要他拉住我的手，我就没办法松开，只能跟着他跑，喊不出来，也不能说话，跑到那栋楼楼顶，跟着他纵身跳下去。"

如果不是彻底调查过她身边的每一个男性，如果不是有过那几次催眠，我几乎就认为她在生活中被男人虐待过。那样的话，事情倒简单了。说实话，我真的希望事情是那么简单。

我："你现在还是看不清影子先生吗？"

她："跳楼的瞬间，能看清一点儿。"

我盘算着身边有没有人认识那种专门画犯人容貌的高手。

我："他长什么样子？"

她再次充满恐惧地回答："那不是人的脸……不是人的脸……不是……"

我知道事情不好，她要发病了，赶紧岔开话题："你喝水吗？"

她看着我愣了好一阵儿才回过神来："不要。"

那次谈话后不久，她再次入院了。医院特地安排了她的睡眠观察，报告出人意料：她大多数睡眠都是无梦的睡眠，真正做梦的时候，不超过两分钟，她做梦的同时，身体开始痉挛，体表出汗，体温升高，然后就会醒——惊醒。几乎每次都是这样。

最后一次和她谈话，我还是问了那个人的长相。

她克制着强烈的恐惧告诉我："影子先生的五官，在不停地变换着形状，仿佛很多人的面孔，快速地交替浮现在同一张脸上。"

四维虫子

他："你好。"

我："你好。"

他有着同龄人少有的镇定，还多少带点漫不经心的神态。但眼睛里透露出的信息却是一种渴望，对交流的渴望。

如果把我接触的患者统计出一个带给我痛苦程度排名的话，那么这位绝对可以跻身前五名。而他只是一个17岁的少年。

多达七次的接触失败后，我不得不花大约两周的时间四处奔波——忙于去图书馆，拜会物理学家和生物学家，还听那些我会睡着的物理讲座，并且抽空看了量子物理的基础书籍。我必须这么做，否则我没办法和他交流，因为听不懂。

在经过痛苦恶补和硬着头皮的阅读后，我再次坐到了他面前。

由于他未成年，所以每次和他见面都有他的父亲或母亲在他身后不远的地方坐着，同时承诺：不做任何影响我们交谈的事情，包括发出声音。

我身后则坐着一位我搬来的外援：一位年轻的量子物理学教授。

在少年的注视下，我按下了录音笔的开关。

他："你怎么没带陈教授来？"

我："陈教授去医院检查身体了，所以不能来。"

陈教授是一位物理学家——我曾经搬来的救兵，但是效果并不如我想象的好。

他：“哦，我说的那些书你看了没？”

我：“我时间上没有你充裕，看的不多，但是还是认真看了一些。”

他：“哦……那么，你是不是能理解我说的四维生物了？”

我努力在大脑里搜索着：“嗯……不完全理解，第四维是指时间对吧？”

他：“对。”看得出他兴致高了点儿。

我：“我们是生活在物理长、宽、高里面的三维生物，同时也经历着时间轴在……”

他不耐烦地打断我：“物理三维是长宽高？物理三维是长度、温度、数量！不是长宽高！长度里面包括长宽高！！！”①

他说得没错，我努力让自己的记忆和情绪恢复常态，没想到自己居然会有点紧张。

他：“要不你再回去看看书吧。”他丝毫不客气地打算轰我走。

我：“其实你知道的，我并没有那么好的记忆力，而且我才接触这些，但是我的确看了。我承认我听某些课的时候睡着了，但我还是尽力地听了很多，还有笔记。”说着我掏出自己这段时间做的有关物理的笔记放在他面前。

这时候坦诚是最有效的办法，他情绪缓和了很多。

他：“好吧，我知道你很想了解我说的，所以我不想难为你，尽可能用你能听懂的方式告诉你。”

我：“谢谢。”

他：“其实我们都是四维生物，除了空间外，在时间轴上我们也存在，只是必须遵从时间流的规律……这个你听得懂吧？”

我：“听得懂……”

我身后的量子物理学教授小声提醒我：“就是因果关系。”

---

① 物理中的四维是指长度、数量、温度、时间。前三维由牛顿总结，长度包括：长、宽、高、容积等；数量包括：质量、个数、次数等；温度包括：热量、电能、电阻率等。时间是由爱因斯坦在牛顿的基础上补充的，包括：比热容、速度、功率等。

他："对，就是因果关系。先要去按下开关，录音才会开始，如果没人按，录音不会开始。所以说，我们并不是绝对的四维生物，我们只能顺着时间流推进，不能逆反，而它不是。"

我："它，是指你说过的'绝对四维生物'吗？"

他："嗯，它是真正存在于四维中的生物，四维对它来说，就像我们生活在三维空间一样。也就是说，它身体的一部分不是三维结构性的，是非物质的。"

我："这个我不明白。"

他笑了："你想象一下，如果把时间划分成段的话，那么在每个时间段人类只能看到它的一部分，而不是全部。能理解吗？"

我目瞪口呆。

量子物理学教授："你说的是生物界假设的绝对生物吧？"

他："嗯……应该不是，绝对生物可以无视任何环境条件生存，超越了环境界限生存，但是四维生物的界限比那个大，可以不考虑因果。"

量子物理学教授："具有量子力学特性的？"

他："是这样。"

我："这都是什么意思？我没听明白。"这部分的几堂入门课我都是一开始就睡了。

量子物理学教授："说清这个问题太难了，很不负责地这么简单说吧，就是两个互不关联的粒子单元，也许远隔万里却能相互作用……我估计你还是没听懂。"①

我隐约记得跟某位量子物理学家谈的时候对方提到过，但是此时脑子却无比混乱。我有一种不好的预感：这次谈话可能会失败。

① 参见鲍梅斯特等著，《实验性量子电运》，《自然》杂志，1997 年 12 月 11 日。

少年接过话头："最简单的说法就是，你在这里，不需要任何设备和辅助，操纵家里的一支画笔在画画，完全按照你的意愿画，或者像在电脑上传文件一样，把一个三维物体发给远方的别人。"

我："那是怎么做到的呢？"

量子物理学教授："不知道，这就是量子力学的特性，也是全球顶尖量子物理工作室都在研究的问题。你是怎么知道的？"后面的话是对少年说的。

他："四维生物告诉我的，还有看书看到的。"

我："你说的那个四维生物，在哪儿？"

他："我前面说过了，它的部分组成是非物质性的，只能感觉到。"

我："你是说，它找到你，跟你说了这些并且告诉你看什么书？"

他："书是我自己找来看的，因为我不能理解它给我的感觉，所以我就找那些书看。"

他说的那些书目我见到了，有些甚至是英文学术杂志。一个高中生，整天抱着专业词典一点一点去读，就为了读懂那些专业杂志刊登的专业论文。

我："可是你怎么能证实你的感觉是正确的，或者说你怎么能证明有谁给你感觉了呢？"

他冷冷地看着我："不用很远，只倒退一百多年，你对一个当时顶尖的物理学家说你拿着一个没有巴掌大、没一本书厚的东西就可以跟远方的人通话，而这要靠围着地球转的卫星和你手机里那个跟指甲盖一样大小的卡片；你可以坐在一个小屏幕前跟千里之外的陌生人交谈，而且还不需要任何连接线；你看地球另一边的球赛只需要按下电视遥控器。他会怎么想？他会认为你一定是疯子！因为那超出当时任何学科的范畴了，列在不可理喻的行列，对吗？"

我："但你说的是感觉。"

他："那只是个词，发现量子之前没人知道量子该叫什么，大多叫作能量什么的。你的思维，还是惯有的物质世界，那是三维的！我要告诉你的是'四维'，非得用三维框架来描述，我觉得我们没办法沟通。”他再次表示我该滚蛋了。

量子物理学教授：“你能告诉我那个四维生物还告诉你什么了吗？”

“是绝对四维生物。”他不耐烦地纠正。

量子物理学教授：“对，它还给你什么感觉了？”

他：“它对我的看法。”

我：“是怎么样的呢？”

他严肃地转向我：“应该是我们，是对我们的看法。我们对它来说不是现在的样子，因为它的眼界跨越了时间，所以在它看来，我们都是跟蠕动的虫子一样的东西。”

我忍不住回头和量子物理学教授对看了一眼。

他：“你可以想象得出来，跨越时间地看，我们是一个很长很长的虫子怪物，从床上延伸到大街上，延伸到学校，延伸到公司，延伸到商场，延伸到好多地方。因为我们的动作在每个时间段都是不同的，所以跨越时间来看，我们都是一条条虫子。从某一个时间段开始，到某一个时间段结束。”

我和量子物理学教授都愣愣地听着他说。

他：“绝对四维生物可以先看到我们死亡，再看到我们出生，没有前后因果。其实这个我很早就理解了：时间不是流逝的，流逝的是我们。”

他一字一句地说完后，任凭我们怎么问也不再回答了。

那次谈话基本上还是以失败告终。

不久后，少年接受了一次特地为他安排的量子物理考试，结果很糟。不知道为什么，我听了有些失望。如果，他真的是个天才，那么他也只能是一百年后，甚至更遥远未来的天才，而不属于我们这个时代——我是说时间段落？也许吧。

我至今依旧很想知道，那个所谓的“绝对四维生物”是什么样子。它恐怖吗？我可能永远没办法知道了，即便那是真的。

写到这里的时候，莫名地想起歌德说过的一句话：真理属于人类，谬误属于时代。

三只小猪——前篇：不存在的哥哥

很多心理障碍患者都是在小的时候受到过各式各样的心理创伤，有些创伤的成因在成人看来似乎不算什么，根本不是个事儿。多数时候，在孩子的眼中，周边的环境、成人的行为所带来的影响都被放大了，有些甚至是扭曲的。有些人因此得到了常人得不到的能力——即便那不是他们希望的。

坐在我面前的这个患者是个五大三粗的男人，又高又壮，五官长得还挺愣，但是说话却细声软语的，弄得我最初和他接触时总是适应不了。不过通过反复观察，我发现我应该称呼为“她”更合适。我文笔不好没办法形容，但是相信我吧，用“她”是最适合的。

我：“不好意思，上周我有点事没能来，你在这里还住得惯吗？”

“她”：“嗯，还好，就是夜里有点儿怕，不过幸好哥哥在。”

“她”认为自己有个哥哥，实际上没有——或者说很早就夭折了，在“她”出生之前。但麻烦的是，“她”在小时候知道了曾经有过哥哥后，逐渐开始坚信自己有个很会体贴照顾自己的哥哥，而“她”是妹妹。在“她”杀了和自己同居的男友后，“她”坚持说是哥哥帮“她”杀的。

我：“按照你的说法，你哥哥也来了？”话是我自己说的，但是依旧感觉有一丝寒意从脊背慢慢爬上来。

“她”微笑：“对啊，哥哥对我最好了，所以他一定会陪着我。”

我：“你能告诉我他现在在哪儿吗？”

“她”：“我不知道哥哥去哪儿了，但是哥哥会来找我的。”

我觉得冷飕飕的，忍不住看了下四周灰色斑驳的水泥墙。

我：“我很想知道，到底是你杀了你男友，还是你哥哥杀了你男友，还是你哥哥让你这么做的？”

“她”低着头咬着下唇沉默了。

我：“你自己也知道，这件事不管怎么说，都有你的责任，所以我跟你谈了这么多次。如果你不说，这样下去会很麻烦。如果你不能证明你哥哥参与了这件事，我想我不会再来了，我真的帮不了你。你希望这样吗？”我尽可能地用缓和的语气诱导，而不是逼迫。

“她”终于抬起头了，泪水在眼眶里打转：“我不知道为什么你们都不相信，我真的有个哥哥，但是他不说话就好像没人能看见他一样，我不知道这是怎么了，但是求求你真的要相信我好吗？”说完“她”哭了起来。

我翻了半天，没找到纸巾，所以只好看着“她”在那里哭。“她”哭的时候总是很小的声音，捂着脸轻轻地抽泣。

等“她”稍微好了一点儿，我继续问：“你能告诉我你哥哥什么时候才会出现吗？也就是说，他什么时候才会说话。”

“她”慢慢擦着眼角的泪：“夜里，夜里只有我一个人的时候他会来。”

我：“他都说些什么？”

“她”：“他告诉我别害怕，他说他会在我身边。”

我：“在你梦里吗？”

“她”：“不经常，哥哥能到我的梦里去，但是他很少去，说那样不好。”

我：“你是说，他真的会出现在你身边？”

“她”：“嗯，男朋友见过我哥哥。”

我：“是做梦还是亲眼看见？”

“她”：“亲眼看见。”

我努力镇定下来对她强调调查来的事实："你的母亲、所有的亲戚、邻居，都异口同声地说你哥哥在你出生两年前就夭折了。你怎么解释这件事？"

"她"："我不知道他们为什么这么说。"

我："除了你，你家人谁还见过你哥哥吗？"

"她"："妈妈见过哥哥，还经常说哥哥比我好，不淘气，不要这个那个，说哥哥比我听话。"

我："什么时候跟你说的？"

"她"："我小的时候。"

我："是不是每次你淘气或者不听话的时候才这么说？"

"她"："我记不清了，好像不完全是，如果只是气话，我听得出来。"

我："《三只小猪》的故事是你哥哥告诉你的？"

"她"："嗯，我小时候很喜欢他讲这个故事给我听。"

在这次谈话前不久，对"她"有过一次催眠，进入状态后，整个过程"她"都是在反复讲《三只小猪》的故事，不接受任何提问，也不回答任何问题，自己一边讲一边笑。录音我听了，似乎有隐藏的东西在里面，但我死活没想明白是什么。那份记录现在在我手里。

我："你哥哥什么时候开始讲这个故事给你听的？"

"她"："在我第一次见到哥哥的时候，那时候我好高兴啊，他陪我说话，陪我玩，给我讲《三只小猪》的故事。说它们一起对抗大灰狼，很团结，尤其是老三，很聪明……"

"她"开始不管不顾地讲这个故事，听的时候我一直在观察。突然，好像什么东西在我脑子里闪现了一下，我努力去捕捉。猛然间，明白了！我漏了一个重大的问题，这个时候我才彻底醒悟过来。在急不可待地翻看了手头的资料后，我想我知道是怎么回事了。

等“她”讲完故事后，我又胡扯了几句就离开了。

几天后，我拿到了对“她”做的全天候观察录像。

我快速地播放着，急着证实我判断的是否正确。

画面上显示前两天的夜里一切都正常。在第三天，“她”在熟睡中似乎被谁叫醒了。“她”努力揉着眼睛，先是愣了一下，接着兴奋地起身扑向什么，然后“她”双臂紧紧地环抱着自己的双肩，而同时，脸上的表情瞬间变了。

看得出那是一个男人，完全符合他身体相貌感觉的一个男人，那是他。

我点上了一根烟，长长地松了一口气。后面的画面已经不重要了，看不看无所谓了。

“她”没有第六感，也没有鬼怪的跟随，当然也没有什么扯淡的哥哥。

“她”那不存在的哥哥，就是“她”的多重人格。

三只小猪——后篇：多重人格

大约一个月后，患者体内“她”的性格突然消失了，而且还是在刚刚开始药物治疗的情况下。从时间上看，我不认为那是药物生效了。

这种事情很少发生，所以我想再次面对患者。虽然我反复强调我从没面对过他，但我还是再度坐到了患者面前——即便那不是同一个人。

通过几次和他的接触，我发现他是一个很聪明的人。理智、冷静，就这点来说，和失踪的“她”倒是互补。还有就是：他清楚地知道自己是多重人格。

现在我面临的问题是：如果“她”真的不在了倒好说了，因为犯罪的是这个男人，那么他应该接受法律制裁。如果“她”还在，任何惩罚就都会是针对两个人的——我是说两种人格的，这样似乎不是很合理。这么说的原因是我个人基于情感上的逻辑，如果非得用法律来讲……这个也不好讲，大多数国家对此都是比较空白的状态。反正我要做的是，确定他的统一，这样有可能便于对他定罪，而不是真的去找到“她”。

他：“我们这是第五次见面了吧？”

我算了下：“对，第五次了。”

他：“你还需要确定几次？”

我：“嗯……可能两到三次吧？”

他：“这么久……”

我：“你很急于被法律制裁？”

他："是。"

我："为什么？"

他笑了："因为我深刻认识到了自己犯下的罪行，并且知道不能挽回任何事情，但是我的内心又非常痛苦，所以真心期盼着对我的惩罚，好让我早点儿脱离这种忏悔的痛苦。这理由成立吗？"

我没笑，冷冷地看着他。

他："别那么严肃，难道你希望我装作神经病，然后逃脱法律制裁？"

我："是精神病，你也许可以不受法律的制裁，你可以利用所有尽心尽职的医生和心理医师，但是即便你成功地活下来了，你终有一天也逃脱不了良心的制裁。"

他："为什么要装圣人呢？你们为什么不借着这个机会杀了我呢？说我一切正常，是丧心病狂的杀人犯不就可以了吗？"

我："我们不是圣人，但是我们会尽本分，而不是由着感情下定义。"

他沉默了。

过了好一会儿，他抬起头看着我："我把她杀了。"

我依旧冷冷地看着他，但是，强烈的愤懑就是我当时全部的情绪。

他也在看着我。

几分钟后，我冷静下来了。我发现一个问题：他为什么会急于被法律制裁？他应该清楚地认识到自己的罪行结局肯定是死刑，那么他为什么这么期盼着死呢？

我："说吧，你的动机。"

他咧开嘴笑了："你够聪明，被你看穿了。"

我并没他说得那么聪明，但是这点逻辑分析我还是有的。

如果他不杀了她，那么他们共用一个身体就构成了多重人格。多重人格这种比较特殊的“病例”肯定是量刑考虑中的一个重要因素，而最终的判决结果极可能会有利于他。但是现在他却杀了她，也就是说，不管什么手段，人格上获得统一。统一了就可以独自操控这个身体，但是统一之后的法律定罪明显会对他不利，他为什么要这么做？为了死？这违背了常理。这就好比一个人一门心思先造反再打仗，很幸运地夺取了天下却不是为了当皇帝而是为了彻底毁灭这个国家一样荒谬。而且，从经验上来讲，如果看不到动机，那么一定会在更深的地方藏有更大的动机。这就是我疑惑的最根本所在。

我：“告诉我吧，你的动机。”

他认真地看了我一会儿，叹了口气：“如果我说了，你能帮助我死吗？”

我：“我没办法给你这个保证，即便那是你我都希望的，我也不能那么做。”

他严肃地看着我，不再嬉皮笑脸：“你知道我为什么喜欢给她讲《三只小猪》的故事吗？”

我：“这里面有原因吗？”

他没正面回答我：“我即将告诉你的，是真实的。虽然你可能会觉得很离奇，但是我认为你还是会相信，所以我选择告诉你。不过在那之前，你能把录音关了吗？”

我：“对不起我必须开着，理由你知道。”

他又叹了口气：“好吧……我告诉你所有的。”

我拿起笔，准备好了记下重点。

他：“也许你只看到了我和她，但是我想让你知道，我们曾经是三个人。最初的他，已经死了，不是我杀死的。”

我抬起头看着他。

他舔了舔嘴唇继续说：“我给你讲个真实版《三只小猪》的故事吧。三只小猪住在一栋很大的宫殿里，开始的生活很快乐，大家各自做各自擅长的事情。

有一天其中的两只小猪发现一个可怕的怪物进来了，于是那两只小猪一起和怪物搏斗，但是怪物太强大了，一只小猪死掉了。在死前，他告诉参加搏斗的兄弟，希望他能打败怪物，保护最小的那只小猪。此时最小的那只小猪还不知道怪物的存在。于是没有战死的这只小猪利用宫殿的复杂结构和怪物周旋，同时还要保护最小的那只小猪，甚至依旧隐瞒着怪物的存在，这样过去了很久。但是，他太弱了，根本不可能战胜怪物。而怪物一天天地越来越强大，以至于他一切工作都不能再做了，专心地和怪物周旋。有一天，怪物占据了宫殿最重要的一个房间，虽然最后终于被引出去了，但是那个重要的房间还是遭到了严重的破坏。宫殿出了问题，事情再也藏不住了。但是最小的那只小猪很天真，不懂到底是怎么了，于是肩负嘱托的那只小猪撒谎说宫殿在维修，就快没事了。他还在尽可能地保护着她，并且经常会利用很短的一点儿时间去看望、安慰最小的那只小猪，不让她知道残酷的真相……这不是一个喜剧……终于怪物还是发现了最小的那只小猪，并且杀死了她……最后那只，也是唯一的那只小猪发誓不惜一切代价复仇，他决定要烧毁这座宫殿，和怪物同归于尽……这就是《三只小猪》真正的故事。”

他虽然表情平静地看着我，但是眼里含着泪水。

我坐在那里，完全忘了自己一个字都没有记，就那么坐在那里听完。

他：“这就是我的动机。”

我努力让自己的思维回到理智上：“但是你妹妹……但是她没有提到过有两个哥哥……”

他：“他死的时候，她很小，还分不太清楚我们，而且我们很像……”

我：“呃……这不合情理，没有必要分裂出和自己很像的人格来。”

他：“因为他寂寞，父亲死于醉酒，这不是什么光荣的事情，他身边的人都不同情他，反而嘲笑他，所以他创造了我。他发誓将来会对自己的小孩很好，但是他等不及了，所以单纯的她才会在我之后出现。”

我：“你说的怪物，是怎么进来的？我费解这种……这种，人格入侵？解释不通。”

他：“不知道，有些事情可能永远没有答案了……也许这是一个噩梦吧？”

其实茫然的是我，我不知道该说什么好。

他：“我明白这听上去可能很可笑，自己陪伴自己，自己疼爱自己。但是如果你是我，你不会觉得可笑。”

我觉得嘴巴很干，嗓子也有点哑：“嗯……如果……你能让那个怪物……成为性格浮现出来，也许我们有办法治疗……”我知道我说得很没底气。

他微笑地看着我：“那是残忍的野兽，而且我也只选择复仇。”

我：“这一切都是真的吗？”

他：“很荒谬是吧？但是我觉得很悲哀。”

我近乎偏执地企图安慰他：“如果是真的，我想我们可能会有办法的。”

我明白这话说得有多苍白，但是我的确不知道除此之外还能说什么。

不久后，就在我绞尽脑汁考虑该怎么写下这些的时候，得知他自杀了。

据当时在场的人说，他没有征兆地突然用头拼命地撞墙，直到鲜血淋漓地瘫倒在地上。

他用他的方式告诉我，他没有说谎，不管他是不是真的疯了。

经历这个事件后，时常有个问题会困扰着我：真实的界限到底是怎样的？有没有一个适合所有人的界定？该拿什么去衡量呢？

我始终记得他在我录音笔里留下的最后一句话：“好想再看看蓝天。”

进化惯性

他："我说的不是推翻，而是能不能尝试。当然了，如果有人不喜欢，那他可以自行选择。不过我推荐这种新的生活方式，谁说就非得按照惯性生活下去了？我觉得这没有什么不可以的，为什么你不试试看呢？假设你住在一个四通八达的路口，你每天下班总是会走某一条路，那是因为你习惯了，对吧？你应该尝试一下走别的路回家。也许那条路上美女更多，也许会有飞碟飞过，也许会有更好看的街景……新的选择对于生活方式也一样，你应该摆脱惯性，试试新的方式，不要遵从自己已经养成的习惯。习惯不见得都是好的，例如抽烟就不是好习惯，而且习惯下面隐藏的东西更复杂。比方说周末大家都去酒吧，有人会说那是习惯，其实是为了勾女……习惯只是个借口，不是理由，对吧？所以我真的觉得你有必要改变一下习惯。"

眼前这位患者的逻辑思维、世界观和我完全不是一个次元的——我是说视角。他已经用了将近三个小时表达自己的思想，并且坚定自己的信念，同时还企图说服我。总之是一种偏执的状态。

我："刚刚你说的我可以接受，但是貌似你所要改变的根本，比这个复杂，这不是一个人的事儿，牵动整个社会，甚至牵动了整个人类文明。"

他："人类文明怎么了？很高贵？不能改变？谁说的？神说的，人说的？人说的吧！那就好办了，我还以为是神说的呢！"

我郁闷地看着他。

他："你真的应该尝试，你不尝试怎么知道好坏呢？"

我："听你说，我基本算是尝试了啊。你已经说得够多了。"

他："你为什么不进一步尝试呢？"

我："一盘菜端上来，我犯不着全吃了才能判断出这盘菜馊了吧。"

他："嗯……我明白你的顾虑了。这样吧，我从基础给你讲起？"

我苦笑着点了下头。

他："首先，你不觉得你的生活、你的周围都很奇怪吗？"

我："怎么奇怪了？"

他："你要上班，你得工作，你跟同事吃饭聊天、打情骂俏，然后你下班，赶路约会回家或者去酒吧，要不你就打球唱歌洗澡……这些多奇怪啊？"

我："我还是没听出哪儿奇怪来。"

他："那好吧，我问你，你为什么那么做？"

我："欸？"说实话，我被问得一愣。

他："现在明白了吧？"

我："不是很明白……我觉得那是我的生活啊。"

他一脸很崩溃的表情，我认为那是我才应该有的表情。

他："你没看清本质。我来顺着这根线索展开啊，你这么做，是因为大家都这么做，对吧？为什么大家都这么做呢？因为我们身处社会当中，对吧？为什么会身处社会当中呢？因为这几千年都是这样的，对吧？为什么这几千年都是这样的呢？因为从十几万年前，我们就是群居的。为什么要群居呢？因为我们个体不够强大，所以我们聚集在一起彼此保护，也多了生存机会。一个猿人放哨，剩下的猿人采集啊、捕鱼啊什么的。这时候老虎来了，放哨的看见了就吼，大家听见吼声都不干活、全上树了，安全了。后来大家一起研究出了武器，什么投石啊、什么石矛啊、什么弓箭啊，于是大家一起去打猎，这时候遇到老虎不上树了，你扔石头、我射箭、他投长矛，胆子大没准冲上去咬一口或者踹一脚……你别笑，我在说事实。我们人类，就是这么生活过来的，因为我们曾经很弱小，所以我们聚集在一起。现在我们还聚集在一起，就是完全的破坏行为了！好好的森林，没了，变城市了，人在这个区域是安全的，但是既然安全了为什么还要扎堆呢？因为习惯扎堆了。我觉得人类现在有那么多厉害的武器，就个体生活在自然界呗，住树林，住山谷，住得自然点儿就成了，扎什么堆啊！为什么非要跟着那么原始的惯性生活啊？就不能突破吗？住野外挺好啊，也别吃什么大餐了，自己狩猎，天天吃野味，还高级呢！”

我：“那不是破坏得更严重吗？大家都滥砍乱伐造房子，打野生动物吃……”

他：“谁说住房子了？”

我：“那住哪儿？树上？”

他：“可以啊，山洞也成啊。”

我：“遇到野兽呢？”

他：“有武器啊，枪啊什么的。”

我：“枪哪儿来？子弹没了怎么办？”

他：“城里那些不放弃群居的人提供啊。”

我：“哦，不是所有人都撒野外放养啊？”

他：“你这个人怎么这么偏激啊，谁说全部回归自然了？这就是你刚才打断我的后果。肯定有不愿意这么生活的人，不愿意这么生活的人就接着在城里呗。因为那些愿意的、自动改变习惯的人回到野外了，减轻了依旧选择生活在城里那些人的压力了，所以，城里那些人就应该为野外的人免费提供生存必需品，枪啊、保暖设备啊之类的。”

我：“所以就回到我们最初说的那点了？”

他：“对！就是这样，在整个人类社会号召下，大家自觉开始选择，想回归的就回归，不想的就继续在城市，多好啊。”

我：“那你选择怎么生活？”

他：“我先负责发起，等大家都响应了，我再决定我怎么生活。我觉得我这个号召会有很多人响应的。”

我：“你觉得这样有意思吗？选择的时候会有很多干扰因素的。”

他：“什么因素？地域？政治？那都是人类自己祸害自己的，所以我号召这个选择，改变早就该扔掉的生存惯性。那太落后了！没准我还能为人类进化做出贡献呢！”

我：“做什么贡献了？”

他：“再过几十万年，野外的人肯定跟城里人不一样了，进化或者退化了，这样世界上的人类就变成两种了，没准还能杂交出第三种……”

他还在滔滔不绝。我关了录音，疲惫地看着他亢奋地在那里口若悬河地描绘那个杂交的未来。一般人很难一口气说好几个小时还保持兴奋——显然他不是一般人。记得在做前期调查的时候，他某位亲友对他的评价还是很精准的：“我觉得他有邪教教主的潜质。”

飞禽走兽

她是非常特殊的一个案例。至今我都认为不能称之为病例，因为她的情况特殊到我闻所未闻。也许是一种返祖现象，也许是一种进化现象，我不能确定到底是什么，甚至对这个案例成因（可能，我不确定）的更深入了解，也是在与她接触后的两年才进一步得到的。

从我推门、进来、坐下，到拿出录音笔，把本子、笔摆好，抬头看着她，她都一直饶有兴趣地在观察着我。

她是一个19岁，看上去很开朗很漂亮的女孩，透着率真、单纯，直直的长发披肩，嘴巴惊奇地半张着，充满了好奇地看着我。容貌配合表情简直可爱得一塌糊涂。

当我按下录音键后发现她还在直勾勾地盯着我，我有点不好意思了。

我："呃……你好。"

她愣了一下，回了一下神："你好。"然后接着充满兴趣地盯着我仔细看。

我脸红了："你……我脸上有什么东西吗？"

她似笑非笑地还是在看："啊？什么？"

我："我有什么没整理好或者脸上粘了什么吗？"

她似乎是定睛仔细看了下我才确定："没啊，你脸上什么都没有。"

我："那你的表情……还一直看着我是为什么？"

她笑出声来了："真有意思，我头一次看蜘蛛说话哎！哈哈哈！"

我莫名其妙："我是蜘蛛？"

她彻底回过神来了，依旧毫不掩饰自己的惊奇："是啊。"

我："你是说，我长得像蜘蛛吗？"

她："不，你就是。"

我愣了下，低头翻看着有关她的说明和描述，没看到写她有痴呆症状，只说她有臆想。

她："不好意思啊，我没恶意，只是我头一回见到蜘蛛。说实话你刚进来我吓了一跳，有点怕，但是等你关门的时候我觉得不可怕，很卡通，那么多爪子安排得井井有条的，摆本子的时候超级可爱！哈哈哈哈！"看她笑不是病态的，是真的忍不住了。

我："我在你看来是蜘蛛吗？"

她："嗯，但是没贬义，也不是我成心这么说的。其实我知道你们觉得我有病，可是我觉得我没病。"她停了一下，压住了下一轮笑声才继续："我也是几年前才知道只有我这样的，我一直以为大家都是这样呢。"

我："你是什么样的？"

她："我能把人看成动物。"

我："每一个人？"

她："嗯。"

我："都是蜘蛛吗？"

她："不，不一样。各种各样的动物。"

我："你能讲一下都有什么动物吗？"

她："什么动物都有。大型动物也有，小型动物也有。昆虫还真不多，蜘蛛我是头一次见，觉得好玩儿，所以刚才没脸没皮地傻笑了半天，你别介意啊。"

面对这么漂亮可爱的女孩我怎么会介意呢，要介意也是对别人介意嘛，比方说我们院的领导。

我："不介意，但是我想听你详细地说说到底是怎么回事儿。"

她的表情终于平静了很多："我知道你们都不能理解，觉得我可能有病，但是我不怕，大不了说自己看人不是动物就没事了。我觉得你没恶意，那就跟你说吧。我小的时候，从记事的时候就是这样了。我看到的人，是双重的，如果我模糊着去看，看到的人就是动物，除非我正式地看才是人。你知道什么是模糊地看吧？就是那种发呆似的看，眼前有点儿虚影的感觉……"

我："模糊着看？什么意思？你指的是散瞳状态吧？"

她："散瞳？可能吧，我不熟悉你们那些说法，反正就是模糊着看就成了。大概因为我从小就是这样，所以没觉得怎么可怕，但是惹了不少麻烦。我们小学有个老师，模糊着看是个翻鼻孔的大猩猩！哈哈哈哈，他上课挠后脑勺的时候太逗了，他还老喜欢挠，哈哈哈！我就笑，老师就不高兴。那时候小，也说不明白，同学问我为什么笑，我就说大猩猩挠后脑勺多逗啊，结果同学都私下管那个老师叫大猩猩，后来老师知道了，找了我爸去学校，狠批了我一顿。回家的路上我跟爸爸说了，还学给他看，爸爸也笑得前仰后合的，不过后来跟我说不许给老师起外号，要尊敬老师……"

她连说带比画兴奋地讲了她在小学的好几件事情，边说边笑，最后我不得不打断她的自娱自乐："你等一下啊，我想知道你看人有没有不是其他动物的？就是人？"

她："没有，都是动物！哈哈哈哈！"

我："你能告诉我你的父母都是什么动物吗？"

她："我妈是猫，她跟我爸闹脾气的时候后背毛都奓起来，背着耳朵，可凶了；我爸是一种很大的鱼，我不认识，我知道什么样，海里的那种，很大，大翅膀、大嘴，没牙……不是真的没牙啊，我爸有牙，我是说他动物的时候没牙。很大，不对，也没那么大……反正好像是吃小鱼还是浮游生物的一种鱼，我在《动物世界》和水族馆都见过。"

她的表情绝对不是病态的亢奋，是自然的那种兴奋，很坦诚，坦诚到我都开始怀疑自己是不是听力有问题了。

我：“那你是什么动物呢？”

她：“我是鼹鼠啊！”

我：“鼹鼠？《鼹鼠的故事》里面那只？”

她：“不不不，是真的鼹鼠。眼睛很小，还老眯着，一身黄毛，短短的，鼻子湿漉漉的，粉的，前后爪都是粉粉的，指甲都快成铲子了……这个是我最不喜欢的。”

我：“你照镜子能看见？”

她：“嗯，直接看也成。我自己看自己爪子就不能虚着看，因为我不喜欢，要是没指甲只是小粉爪就好了……”她低下头看着自己的手，一脸的遗憾。

我攥着笔不知道该写什么，只好接着问：“你有看人看不出是动物的时候吗？比如某些时刻？”

她认真地想着：“嗯……没有，还真没有……对了！有！我看照片，看电影电视都没，都是人，我也不知道为什么。”

我觉得有点费解，目前看她很正常，没有任何病态表现，既不急躁也不偏执，性格开朗而绝对不是没事瞎激动，但是她所说的却匪夷所思。我决定从我自己入手。

我：“你看我是什么样的蜘蛛？”

她：“我只见过你这种，等我看看啊。”说完她靠在椅背上开始“虚”着看我。

我观察了一下，她的确是放松了眼肌在散瞳。

她：“你……身上有花纹，但是都是直直的线条，像画上去的……你的爪子……不对，是腿可真长，不过没有真的大蜘蛛那种毛……你像是塑料的。”

我不知道该说什么了。

她：“嗯，你刚才低头看手里的纸的时候，我虚着看你是在织网……你眼睛真亮，大灯泡似的，还能反光，嘴里没大牙……是那种蚂蚱似的两大瓣……”

我觉得自己有点儿恶心就打断了她：“好了，别看了，我觉得自己很吓人了。”我低头仔细看记录上对她的简述。

她：“你又在织网了！”

我抬起头：“什么样的网？”

她停止了“虚着”的状态，回神仔细想着：“嗯……是先不知道从哪儿拉出一根线，然后缠在前腿上，又拉出一根线，也缠在前腿上，很整齐地排着……”

我：“很快吗？”

她：“不，时快时慢。”

我猛然间意识到，那是我低头在整理自己的思路。

我：“你再虚着看一下，如果我织网就说出来。”

我猜她看到我的织网行为就是我在思考的过程……

她：“又在织了！”

我并没看资料或者写什么，只是自己在想。

我：“我大概知道你是什么情况了，你有没有看见过很奇怪的动物？”

她：“没有，都是我知道的，不过有我叫不出名字的，奇怪的……还真没有。”

我觉得她可能具有一种特别的感觉，比普通人强烈得多的感觉，她看到的人类，直接映射为某种动物，但是我需要确定，因为这太离谱了。

后面花了几周的时间，我先查了一些动物习性，又了解了她的父母，跟我想的有些出入，但是总体来说差得不算太远。

她的“猫”妈妈是个小心谨慎的人，为人精细，但是外表给人漫不经心的感觉；她的“鱼”爸爸是蝠鲼（魔魟），平时慢条斯理的，但是心理年龄相对年轻，对什么都好奇。关于“鼹鼠”的她，的确比较形象。看着开朗，其实是那种胆小怕事的女孩，偷偷摸摸淘个气捣个乱还行，大事绝对没她。出于好奇，让她见了几个我的同事，她说的每一种动物的确都符合同事的性格特点，这让我很吃惊。

想着她的世界都是满街的老虎喜鹊狗熊兔子章鱼，我觉得多少有点羡慕。

最后我没办法定义她有任何精神方面的疾病，也不可能有——完全拜她开朗的性格所赐。不过我告诉她不要对谁都说这件事，可能会引来不必要的麻烦，但是我没告诉她我很向往她惊人的天赋。

大约两年后一个学医的朋友告诉我一个生物器官：犁鼻器（费尔蒙嗅器，vomeronasal organ），很多动物身上都有这个器官。那是一个特殊的感知器官，动物可以通过犁鼻器收集飘散在空气中的残留化学物质，从而判断对方性别、是否有威胁，甚至可以用来追踪猎物、预知地震。这就是人们常说很多动物拥有的“第六感”。人类虽然还存在这个器官，但已经高度退化。我当时立刻想到了她的自我描述：鼹鼠——嗅觉远远强于视觉。也许她的犁鼻器特别发达吧？当然那是我瞎猜的。不过，说句有点不负责任的感慨：有时候眼睛看到的，还真不一定就是真实的。

生命的尽头

有那么一个精神病人，整天什么也不干，就穿一身黑雨衣，举着一把花雨伞蹲在院子里潮湿黑暗的角落，就那么蹲着，一天一天地不动。架走他他也不挣扎，不过一旦有机会还穿着那身行头打着花雨伞原位蹲回去，那是相当地执着。很多精神病医师和专家都来看过，折腾几天连句回答都没有。于是大家都放弃了，说那个精神病人没救了。有天一个心理学专家去了，他不问什么，只是穿的和病人一样，也打了一把花雨伞跟他蹲在一起，每天都是。就这样过了一个礼拜，终于有一天，那个病人主动开口了，他悄悄地往心理专家那里凑了凑，低声问："你也是蘑菇？"

这是我很早以前听过的一个笑话。好笑吗？

我已经不觉得好笑了。

类似的事情我也做过，当然，我不是什么心理专家，也没把握能治好那个患者，但是我需要她的认同才能了解她的视角、她的世界观。

她曾经是个很好的教师，后来突然就变了。每天除了吃饭睡觉上厕所，就是蹲在石头或者花草前仔细研究，有时候甚至趴在那里低声地嘀咕——对着当时她面对的任何东西，也许是石头，也许是棵树，也许什么都没有，但是她如此执着，好几年没跟任何人说过一句话，就自己认真做那些事儿，老公孩子都急疯了她也无视。

在多次企图交谈失败后，她的身边多了一个人跟她做着同样的事情，那是我。

与她不同的是，我是装的，手里攥着录音笔随时准备打开。

那十几天很难熬，没事我就跑去假装研究那些花花草草、石头树木。如果一直这样下去，我猜我也快入院了。

半个月之后，她注意到了我，而且是刚刚发现似的惊奇。

她："你在干吗？"

我假装也刚发现她："啊？为什么告诉你？你又在干吗？"

她没想到我会反问，愣了一下："你到底在干吗？"

我："我不告诉你。"说完我继续假装兴致盎然地看着眼前那根蔫了的草。

她往我跟前凑了凑，也看那根草。

我装作很神秘地用手捂上不让看。

她抬头看着我："这个我看过了，没什么大不了的，那边好多呢。"

我："你没看明白，这个不一样。"

她充满好奇地问我："怎么不一样？"

我："我不告诉你！"

她："你要是告诉我怎么不一样了，我就告诉你我知道的。"

我假装天真地看着她——那会儿我觉得自己的表情跟个白痴没区别。

我："真的？不过你知道的应该没我知道的好。"

她脸上的表情像是看着小孩似的忍着笑："你不会吃亏的，我知道的可是大秘密，绝对比你的好！怎么样？"

我知道她已经坚定下来了，她对我说话的态度明显是哄着我，我需要的就是让她产生优越感。

我："说话算数？"

她："算数，你先说吧。"

我松开捂着的手："你看，草尖这里吊着个虫子，所以这根草有点儿蔫了，其实是虫子吃的。”

她不以为然地看着我：“这有什么啊，你知道的这个不算什么。”

我不服气地反驳：“那你知道的也没什么了不起的！”

她笑了下：“我知道的可是了不起的事儿，还没人发现呢！”

我假装不感兴趣，低下头继续看那根蔫了的草，以及那个不存在的虫子（汗）。

她炫耀地说：“你那个太低级了，不算高级生命。”

我：“什么是高级生命？”

她神秘地笑了下：“听听我这个吧，你会吓着的！”

我将信将疑地看着她。

她拉着我坐在原地：“你知道咱们是人吧？”

我：……

她：“我开始觉得没什么，后来我发现，人不够高级。你也知道好多科学家都在找跟地球相似的星球吧？为了什么？为了找跟人类相似的生物。”

我：“这我早知道了！”

她笑了：“你先别着急，听我说。我开始不明白，为什么要找跟人类相似的生物呢？也许那个星球上的生物都是机器人，也许他们都是在硅元素基础上建立的生命……你知道人是在什么元素基础上建立的生命吗？”

我：“碳元素呗，这谁都知道！”

她：“欸？你知道的还挺多……我开始就想，那些科学家太笨了，非得跟地球上生物类似才能算是生物啊？太傻了。不过，后来我想明白了，科学家们不笨。如果那个星球上的外星人跟人类不一样，外星人不呼吸氧气，不吃碳水化合物，它们吸入硫酸，吃塑料就能生活，那我们就很难跟他们沟通了。所以，科学家不笨，他们先找到跟地球类似的环境，大家都吸氧气，都喝水吃大白菜，这样才有共同点，生命基本形态相同，才有沟通的可能，对吧？”

我不屑地看着她：“这算你的发现？”

她耐心地解释："当然不算我的发现，但是我想得更深，既然生命有那么多形式，也许身边的一些东西就是生命，只是我们不知道它们是生命罢了，所以我开始研究它们，我觉得我在地球上就能找到新的生命形式。"

我："那你都发现什么是生命了？"

她神秘地笑了："蚂蚁，知道吧？那就是跟我们不一样的形式！"

我："呸！小孩都知道蚂蚁是昆虫！"

她："但是，大家都不知道，其实蚂蚁是细胞。"

我："啊？什么细胞？"

她："怎么样，你不知道吧？我告诉你，其实蚂蚁都是一种生命的细胞，我命名为'松散生命'。蚁后就是大脑，兵蚁就是身体的防卫组织，工蚁都是细胞，也是嘴，也是手，用来找食物，用来传递，用来让大脑维持。蚁后作为大脑，还得兼顾生殖系统。工蚁聚在一起运输的时候，其实就是血液在输送养分，工蚁兼顾好多种功能，还得培育新生的细胞——就是幼蚁。蚂蚁之间传达信号是靠化学物质，对吧？人也是啊，你不用指挥你的细胞，细胞之间自己就解决了！明白吧？其实蚂蚁是生命形式的另一种，不是简单的昆虫。你养过蚂蚁没？没养过吧。你养几只蚂蚁，它们没几天就死了，就算每天给吃的也得死，因为失去大脑的指挥了。你必须养好多只，它们才会活，就跟取下一片人体组织培养似的，只是比人体组织好活。咱们看蚂蚁，就只看到蚂蚁在爬，其实呢，咱们根本没看全！蚂蚁，只是细胞。整个蚁群才是完整的生命！松散生命！"

我觉得很神奇，但是我打算知道更多："就这点儿啊？"

她："那可不只这点儿，石头很可能也是生命，只是形式不一样。我们总是想，生命有眼睛、鼻子、胳膊、腿，其实石头是另一种生命。它们看着不动，其实也会动的，只是太慢了，但是我们感觉不到，它们的动是被动的，风吹啊、水冲啊、动物踢起来啊，都能动。但是石头不愿意动，因为它们乱动会死的。"

我："石头怎么算死？"

她："磨损啊，磨没了就死了。"

我："你先得证明石头是生命，才能证明石头会死吧？"

她："石头磨损了掉下来的渣子可能是土，可能是沙，地球就是由这些组成的吧？土里面的养分能种出粮食来，能种出菜来，动物和人就吃了，吃肉也一样，只是多了道手续！然后人死了变成灰了，或者埋了腐烂了，又还原为那些沙啊土啊里面的养分了，然后那些包含着养分的沙子和土再聚集在一起成了石头，石头就是生命。"

我："聚在一起怎么就是生命了？"

她严肃地看着我："大脑就是肉，怎么有的思维？"

我愣住了。

她得意地笑了："不知道了？聚在一起，就是生命！人是，蚂蚁组成的松散生命是，石头也一样，沙子和土聚在一起，就会有思维，就是生命！石头听不懂我们说话，也不认为我们是生命。在它们看来，我们动作太快，生得太快，死得太快。你拿着石头盖了房子，石头还没感觉到变化呢，几百年房子可能早塌了，石头们早就又是普通石头了，因为几百年对石头来说不算什么。在石头看来，我们就算原地站一辈子，它们也看不到我们，太短了！"

我目瞪口呆。

她轻松地看着我："怎么样？你不行吧？我现在要做的就是想办法和石头沟通。研究完这个，我再找找有没有看人类像石头一样的生物。也许就在我们眼前，我们看不到。"说完她得意地笑着又蹲在一块石头边仔细地看起来。

我不再假装研究那根草，站起身来悄悄走了，怕打扰了她。后来有那么一个多月吧，我都会留意路边的石头。

石头那漫长的生命，在人类看来，几乎没有尽头。

苹果的味道

他失踪了快一个月，家人找不到他，亲戚朋友找不到他，谁也不知道他去哪儿了。等到警察撞开他家门的时候，发现他正赤身裸体地坐在地上，迷惑地看着冲进来的人们。

于是，几天后，我坐在了他的面前。

他："知道他们觉得我有病的时候，我快笑死了。"

我：……

他："这个的确是我不好，我只说出差一周，但是没回过神，一个月……"

我："你自己在家都干吗了？"

他狡黠地笑着："如果我说我什么都没干，你信吗？"

我："你是真的什么都没干吗？"

他想了想："看上去是。"

我："为什么这么说？"

他："嗯……我的大脑很忙……这么说你理解吗？"

我："一部分吧。"

他："我是在释放精神。"

我反应了一下："你是指打坐什么的？"

他："不不，不是那个。或者说不太一样，我说不清，不过，我从几年前就开始这样了。"

我："开始哪样了？"

他："你别急，我还是从头跟你说吧。我原来无意中看了达摩面壁九年参禅的事，我就好奇，他都干吗了，一口气山洞口坐了那么多年，到底领悟什么了？这个我极度好奇，我就是一好奇的人，特想知道。"

我："你信禅宗？有出家的念头？"

他："没有没有。我觉得吧，我是说我觉得啊，出家什么的只是形式，真的没必要拘泥于什么形式。想信佛就信好了，想参禅就参呗，谁说上班就不能信了？谁说非得在庙里才能清心寡欲了？信仰、信仰，自己都不信，去庙里有意义吗？回正题……看书上说，那些古人动不动就去山里修行，大多一个人……带女的进去不算，那算生活作风问题……只是一个人，在山里几年后出来都特厉害；还有武侠小说也借鉴这个，动不动就闭关了，什么都不干把自己关起来。不过古人相对比较牛一点儿，山里修炼出来还能御风而行……"

我笑了下："有艺术夸张成分吧？诗词里还写'白发三千丈'呢。"

他："嗯，是，不过我没想飞，我就想知道那种感觉到底是怎么样的。"

我："然后你就……"

他："对，然后我四年前就开始了。"

我："四年前？"

他："对啊，不过一开始没那么久，而且每年就一次。第一次是不到四天，后来越来越长。"

我："你终于说正题了。"

他笑了："我得跟你说清动机啊，要不我就被当成神经病了。"

我："呵呵，精神病。"

他笑得极为开心："哦，精神病。是这样，我第一次的时候是调休年假的时间。事先准备好了水，好多大白馒头，然后跟爸妈说我出差，自己在家关了手机，拔了电话线，锁好门，最后拉了电闸。"

我："拉电闸？"

他："我怕我忍不住看电视什么的，就拉了电闸。然后我什么都不干，就在家里待着。不看书报和杂志，不做任何事情，没有交流，渴了喝水，饿了吃没有任何调味的馒头，困了睡，醒了起。如果可能的话，不穿衣服。反正尽可能地跟现代文明断绝了一切联系，什么都不做，躺着站着溜达坐着倒立怎么都成，随便。"

我好奇地看着他。

他："最开始的时候，大约头几个小时吧，有点儿兴奋，脑子里乱糟糟的，什么都想。不过才半天，就无聊了，不知道该干什么，我就睡觉。睡醒时是夜里了，没电，其实也没必要开灯，反正什么都不干。那会特想看看谁发过短信给我什么的，忍住了。就那么发呆到凌晨的时候，觉得好点儿了，脑子开始想起一些原来想不起来的事了。"

我："都有什么？"

他："都是些无聊的事，例如小时候被我爸打得多狠啊什么的。第二天晚上是最难熬的，那会脑子倒清净了，可是就是因为那样才倍觉无聊。而且吧，开始回忆出各种美食的味道——因为嘴里已经空白到崩溃了，不是饿，是馋。其实前48小时是最难熬的，因为无所事事却又平静不下来。"

我："吃东西吗？"

他："不想吃，因为馒头和白水没味道。这个可能你不理解：我迷糊了一会感觉在吃煮玉米喝可乐，醒了后觉得满嘴都是可乐和煮玉米的味道，真的，你别笑，都馋出幻觉来了。"

我："那你为什么还坚持着呢？"

他："这才不到两天啊，而且，我觉得有点东西浮现出来了。"

我："浮现出什么来了？"

他："听我说。就快到48小时的时候，蒙眬间觉得有些事情似乎很有意思，但是后来困了，就睡了。醒了之后我发现是有什么不一样了。我体会到感觉的存在了，太真实了，不是似是而非那种。"

我："什么感觉？"

他："不是什么感觉，而是感觉的确存在。感觉这个东西，很奇妙，当你被各种感官所带来的信息淹没的时候，你体会不到感觉的存在，至少是不明显。感觉其实就像浮在体表一层薄薄的雾气。每当接触一个新的人物或者新的事物的时候，感觉会像触角一样去探索，然后最直接地反馈给自己信息。想起来有时候面对陌生人，很容易一开始就给对方一个标签，如果那个标签是很糟糕的评价，会直接影响到态度，而且持续很久，这就是感觉造成的印象。每当留意一个人的时候，感觉的触角会先出动——哪怕只是一个陌生的路人。你有没有过这种情况？面对陌生人微笑或者不再留意？那就是由感觉直接造成的。当然了，对方也在用感觉触角试探你，相互的。事实上自我封闭到48小时后，我就会一直玩味感觉的存在，还有惊奇加好奇。因为感觉已经被平时的色香味等压制得太久了，我觉得毕竟这是一个庞杂到迷乱的世界，能清晰地意识到感觉的存在很不容易——或者说，很容易，只是很少有人愿意去做。"

我犹豫了一下问："那会儿你醒了吗？"

他："真的醒了，而且是醒了没睁眼的时候，所以异常敏感，或者说，感觉带给我的信息异常明显。你小时候有没有过那种情况：该起床你还没起，但你似乎已经开始刷牙洗脸吃东西了，还出门了，然后冷不丁地清醒了——原来还没起！其实就是感觉已经先行了。"

我："好像有过，不过我觉得是假想或者做梦，或者从心理学上分析……"

他："不对不对，不一样的，肯定不一样的。那种真实程度超过假想和做梦了，你要试过，就会明白的。第一年我只悟出感觉，不过那已经很好玩了。后面几年自我封闭能到一星期左右，基本没问题。"

我："闭关一星期？"

他："啊？闭关？哈哈，是，闭关一星期。不过，感觉之后的东西，更有趣。"说着他神秘地笑了。

我也笑着看着他。

他："一般在'闭关'四五天之后，感觉也被淡化了，因为接触不到陌生的东西，后面的阶段，有可能会超越感觉。之所以说有可能，是我不能够确定在那之后是什么，就让我先暂时定义是精神的存在吧。感觉之后浮现出来的就是精神。当然我没意念移动了什么东西或者自己乱飘，但是隐约感受到精神的存在还是有意义的，具体是什么我很难表达清楚，说流行点就是只可意会不可言传，说朴素点就是有了很多原来没有的认识。而且，我说的这个认识可以包括所有，如把记忆中的一切都翻腾出来挨个滤一遍就明白点了：看不透的事情有点透了，想不清的事情想通了，钻牛角尖的状态和谐了……大概就是这样。那种状态会很有意思，那是一种信马由缰让精神驰骋的……嗯……怎么形容呢？状态？也许吧……到底能多久我不清楚，也许十几个小时二十几个小时或者更长，时间概念已经淡薄了，这点特别明显！"

我："不能形容得更明白点吗？"

他："嗯，根本说不明白，反正我大体上形容给你了。其实这次本来我计划两周的，没想到这么久……但是他们进来那会儿，我已经隐约觉得在精神后面还有什么了，那个更说不清了，真的是稍纵即逝。一下就觉得特神奇，然后就再也找不到了……而且还有一点，可能也跟运动量小有关，处于体会自我精神状态的时候，一天就吃一点，不容易饿，真的。"

我："精神后面那个，你隐约觉得是什么？"

他："不知道，我在想呢……那个，不好说……多给我点时间我可能能知道。不过，的确明白好多了，所以我就觉得达摩之类的高人面壁好多年也真有可能，而且不会觉得无聊……你是不是觉得我很无聊？"

我："没觉得，你说的很有意思。"

他又狡黠地笑了下："那我告诉你一个秘密吧。每次闭关我都刻意准备一个苹果作为'重新回来'的开始。"

我："苹果？是吃吗？"

他："嗯，不过，最后吃。那才是苹果的味道呢！"

我："苹果？什么味道？"

他陶醉得半眯着眼睛回味："当我决定结束的时候，就拿出预先准备好的苹果，把苹果洗干净，看着果皮上的细小颗粒觉得很陌生，愣了一会儿，试探性地咬下去……我猜大多数人不知道苹果的真正味道！我告诉你吧：用牙齿割开果皮的时候，那股原本淡淡的清新味道冲破一个临界点开始逐步在嘴里扩散开，味道逐渐变得浓郁。随着慢慢地嚼碎，果汁放肆地在舌尖上溅开，绝对野蛮又狂暴地掠过干枯的味蕾……果肉中的每一个细小颗粒都在争先恐后地开裂，释放出更多苹果的味道。果皮果肉被切成很小的碎片在牙齿间游移，味道就跟冲击波一样传向嘴中每一个角落……苹果的清香伴随着果汁滑向喉咙深处……天哪……刚刚被冲刷过的味蕾几乎是虔诚地向大脑传递这种信息……所有的感官，经过好几天的被遗忘后，由精神、感觉统驭着，伴随着一个苹果，卷土重来！啧啧，现在想起来我都会忍不住流口水。"

看着他溢于言表的激动真的勾起我对苹果的欲望了。

我也忍不住咽了下口水："你试过别的水果吗？"

他又咽了下口水："还没，我每次都想：下次试试别的！可事到临头又特馋苹果给我的那种刺激感……真的，说句特没出息的话：为了苹果你也得试试，两天就成。"

我已经被他的描述感染了："然后呢？"

他愣了一下才从对苹果的迷恋里回过神来："然后？哦，然后是找回自己的感觉，没有因为那些天的神游而打算放弃肉体，而是坚定地统驭肉体。那是真实到让我做什么都很踏实的感觉。是统一的，是清晰的。我觉得，被放逐的精神找回来了。"

那天回家的时候，我特地买了几个苹果，我把其中一个在桌子上摆了很久。那是用来质疑我自己的：我真的知道苹果的味道吗？

颅骨穿孔——前篇：异能追寻者

这位是自己找上门的，好像是朋友的朋友的亲戚，反正拐好多弯找到我，类似于“我是超人表弟朋友的邻居”那种关系。

他衣着考究，干净整洁，不到40岁的样子，人看上去是那种聪明睿智的类型。感觉应该属于事业有成的人，反正不是那种在温饱线上挣扎的——我指表情神态。他找我的目的很简单……但是后来事情就复杂了。

寒暄之后，他干净利落地切入正题。

他：“你知道颅骨穿孔吧？”

我：“脑科手术？”

他：“对。”

我：“怎么了？”

他：“我想做，不过不是因为病，而是我想做。”

我：“你说的是国外那些文身爱好者那种？我劝你别做。”

他：“不是那种，是和神学以及宗教有关的。”

我脑子里依稀有点印象，好像上什么课的时候讲过一些，相关资料也看过点，但是很少，一带而过。

我：“欧洲古代的？”

他："没错，看来你还是知道点的，好多人都不知道。"

我："其实我知道的也不多……"

他："你知道多少？"

我："只知道跟宗教有点关系。反正是在脑袋上打孔，也有整个开颅的……"

他："嗯，是这样。其实开颅手术几千年前就存在，各种方式的开颅，有钻孔的，有削去一块的，还有干脆整个头盖骨打开的。最初的目的因为没有任何记载，所以在考古界一直不是很理解，认为可能是为了减轻头疼或者为了一种时髦。不过，几个世纪前的欧洲倒是有这方面的记载，还很详细。"

我："嗯，我知道就是欧洲的。但是你说的起源自几千年前，那个跟欧洲的有关系吗？没有明确史料记载吧？"

他："没有，但问题关键不是要个说法。"

我笑了："你不是真想实践吧？"

他没正面回答我："为什么这么做，你应该知道吧？"

我："好像是说当时的宗教团体注意到人在婴儿时期，颅骨不是闭合的，有个很大的缝隙，也就是俗称的'囟（音xìn）门儿'。人胎儿期在子宫内，脑部不会发育得太大，那是为了出生时候的顺畅，以免造成难产。在出生后，一直到闭合前，大脑才是处于高速发育的状态。一两岁后，那个缝隙才渐渐地闭合、钙化，成为保护大脑的颅骨。成人头顶的头骨中间都会有闭合后的痕迹。"

他："没错，是这样。在颅骨缝隙闭合后，脑腔成了封闭状态，脑体积不再增大，因为有了颅压，血液不会再像原来那样大量地流向脑部了。一些宗教组织注意到这个后，设想能不能人为地在颅骨开孔，减少颅压，让血液还像原来婴儿时期那样大量流向脑部，企图造成人为的大脑二次生长，结果就有了这个手术。"

我："原来是这样啊……"

他："嗯，Trepanation，也就是颅骨穿孔。"

我：“你信那个？”

他：“为什么不信？”

我有点诧异：“我记得成人大脑的皮质层和脑膜不允许大脑再增大了吧？而且颅腔也就那么大了……”

他笑得很自信：“没错，成人骨质已经钙化了，颅腔就那么大了，即便穿孔后脑容积也没可能再增加。但是颅压减轻了，大脑还是比原先得到了更多血液、更多的养分。”

我觉得他说得没错，但是不认同：“那对智力提升有直接影响吗？这个目前科学依据不足吧？”

他：“目前所知的记载，都是科学界和医学界无法解释的。”

我：“你……看过？”

他：“对。”

我：“你最近接触什么邪教人士了？全国人民都知道那个功是扯淡的。”我半开玩笑。

他爆发出一阵儿大笑：“跟邪教无关的，我自己研究这个有四年了。你可真幽默。”

我认真地告诉他：“那个很危险的，如果没记错的话，原来欧洲很多人手术后都感染最后死了。而且颅腔内的脑脊液是为了保护大脑的，你轻易地开颅后也许会感染，或者大脑受损，那个真的很危险。”

他也认真地看着我：“现代医学是过去那种粗暴手术比不了的，而且我也不打算弄很大，只要在颅骨上开个孔就成，很小，大约手指的直径，然后再用外面的皮肤覆盖缝好。我只想要减掉颅压。”

我：“之后呢？你想得到什么？说句实话我觉得你已经很聪明了，真的。”

他又是一种极具穿透力的大笑：“你真的很幽默，我要的不是那个。”

我：“那你要什么？”

他：“我手头的相当一部分资料记载了这么个情况：做过Trepanation的人，有大约三分之一的人在手术后不久有了异能。”

我疑惑地看着他：“你是指……”

他：“有些人能见到鬼魂、亡灵，有些人能预知未来，有些人受到了某种感召，有些人得到了类似凭空取物之类的能力，还有人获得了非凡的智慧，甚至还有可以飞行的记载。”他一直镇定的眼里流露出兴奋。

我：“这事不靠谱，欧洲那些记载很多是为了宗教统治瞎编的，什么吸血鬼和人类还打过几年仗之类，我不信。”

他无视我的质疑：“你认识的人有人试过吗？”

我：“没，没那么疯的。”

他微笑着看着我：“就要有了。”

我不知道该怎么劝他，说又说不过他，他既然已经研究了好几年，那么这方面肯定知道的比我多。而且我也没有什么有力的证据反驳，我只是处于反复强调却没办法解释的一种状态。说实话，很无奈。

我：“你为什么要告诉我这些呢？为什么要来找我呢？”

他：“我不知道我做了Trepanation后会有什么反应。如果有了，我邀请你能参与进来研究下。不只你一个，脑科医生、神经科医生、欧洲历史学家甚至民俗学家我都谈过了，都会是我的后援，一旦我手术后有了异能，你们都可以更深地参与进来，当我是试验品都成。同时，我还付你们钱。”

说实话我觉得他是该好好看看病了，真的。

我：“我可能到时候帮不了你，你最好别做，你如果是那三分之二呢？那不白穿孔了？”

他：“那就当我是为了科学献身吧。”说完又是一阵儿笑。

我尽力劝了，他坚持要做，我也没办法，看来他打定主意了。

过了几天，我也找了一些相关资料来看，中文的很少，大都是外文资料。我拿了一部分找人翻译后看了，觉得没谱，都不是正统宗教搞的。了解了一下情况得知，他不是那种生活痛苦、对社会严重不满、老婆跟人跑了、上班被同事挤兑的人，我不明白一个人好好的为什么这么折腾自己。我觉得他可能是闲的。

大约一个月后，他发了一条短信给我：下午动手术，祝我好运吧！

颅骨穿孔——后篇：如影随形

在那位异能追寻者做了颅骨穿孔手术后约三周吧，我接到了他的电话，说要立刻见我。我听出他的语气急切，所以没拒绝。说实话我也很想知道他手术后怎么样了。

不过，当我见到他的时候，我知道，他被吓坏了。

我是看着他进来的。

他刚进院里，我就觉得不对劲，他那种镇定自若的气质荡然无存，头发也跟草似的乱成一团，神色慌张。如果非得说气质的话——逃犯气质。而且，他的眼神是病态的焦虑。

我推开门让他进房间："你好，怎么急急忙忙的？被邪教组织盯上了？"我开着玩笑。

他不安地四下看着，眼里满是恐惧。

我不再开玩笑，等我们都坐下后直接掏出录音笔打开。

我："你……还好吧？"

他："我不好，出问题了。"

看着他掏出烟时的急切，我知道制止不了，于是起身开了窗。

他："我做手术了。"顺着他用手掀起的头发，能看到在他额头有一个弧形切口，好像刚拆线不久的样子。在那个弧形创口内侧，一块大约成人拇指直径的皮肤有点向里凹陷，不是很明显。

他："开始没什么，有点疼，吃了几天消炎药怕感染，之后我希望有奇迹发生，最初一周什么事都没有，但是后来出怪事了，我找了民俗学家，他弄了一些符给我挂在床头，可不管用。我吓坏了，所以找你来了。"

我："你找过神经科医生和脑科医生了没？"

他："如果别人看不见，就不会相信，所以我最初找的是你们俩。"他应该是指我和那个民俗学者。

我："你告诉我发生了什么奇怪的事，看见了什么？"

他："不是奇怪，是恐怖。"

我等着他说。

他狠吸了一口烟："我能看见鬼。"

我："……在哪儿？"

他："光照不到的地方就有。"

他现在混乱的思维和语言让我很痛苦："你能完整地说是怎么回事吗？"

他花了好一会儿定了定神："大约一周前，我半夜莫名其妙就醒了，觉得屋里除了我还有别的。最开始没睁开眼睛，后来我听见声音了，就彻底醒了。"

我："什么声音？"

他："撕扯什么东西的声音。" 他又点上一根烟。顺便说一句，整个过程他几乎就不停地在抽烟。

他："那会儿我一点都不迷糊，我清楚地看到有东西在我的床边，似乎用手拉扯着什么，我吓坏了，大喊了一声开了灯。结果那个东西就跟雾似的，变淡了，直到消失。"

我："你看清那是个什么东西了吗？"

他眼里带着极度的恐惧："是个细瘦的人形，好像在掏出自己的内脏，还是很用力的……五官我没看清，太恐怖了，我不行了……"

我觉得他马上就要崩溃了，赶紧起身接了杯水给他，他一饮而尽，我又接了一杯递给他，他木讷地拿在手里，眼神是呆滞的。

我："每天都是这样吗？"

他显然没理会我："第二天我就去找民俗学者了，他说是什么煞，然后给了我一些纸符，说挂在床头就没事。我没敢睡，坐在沙发上等着。后来困得不行了，闭了会儿眼，等我睁眼的时候，那个东西又来了，就蹲在门口灯光照不到的地方，一点一点地用力从自己肚子里往外扯东西……我手拿着剩下的符，壮着胆子对它喊，它抬头对着我笑了下，我看见一排很小的尖牙……"

我："是人长相吗？"

他："不知道，我看不清。"

我："你搬出去住吧，暂时先别住家里了。"

他绝望地看着我："没用，这些天我试了，酒店、朋友家、车里，都没用，别人也看不见！明明就在那里都看不见！而且，不用到夜里，白天很黑的地方它也会在，它到处跟着我。只要黑一点儿的环境，它就出来了，慢慢地，不停地往外掏自己的内脏，我真的受不了那个掏出来撕裂的声音了……"

我："……嗯……你有没有尝试着沟通或者接触它……"这话我自己说了都觉得离谱。

他："它是透明的，我扔过去的东西都穿透了……"

我看到他脸上的冷汗流得像水一样。

我："但是那个东西不是没伤害你吗？"

他："它的内脏快掏完了，最近晚上拉扯出来的东西已经很少了，我能看到它的手会在肚子里找很久，还发出指甲挠骨头的声音，咔嚓咔嚓的……等找不到的时候，就抬头死死地盯着我……"

他的衣领已经被汗水湿透了，人也很虚弱的状态，似乎在挣扎着坐稳："我不行了……" 说着他撒手松了水杯，人也顺着椅子瘫下去了。我赶紧绕过去扶着他。其实被吓坏的是我，当时脑子里就一个念头：千万不要死在我的办公室。

几个小时后他躺在病床上昏睡着，我问我的朋友，也是我送到那家医院的医生："他是虚脱吧？"

医生："嗯，低血糖，也睡眠不足……你说的那个颅骨穿孔的就是他？"

我："嗯，是。"

医生："你当时怎么不找人收了治疗啊？"

我："他那会儿比你还正常呢，怎么收？"

医生："……要不观察吧，不过床位明天中午前必须腾出来。"

我："嗯，没问题，我再想办法。"

当天傍晚，介绍他找我的朋友来了，朋友的朋友也来了。我问出了他的家人电话。当晚是他亲属陪着他的，三个，人少了他闹腾。

晚上到家我打电话给另一个骨科专业的朋友，大致说了情况后问能不能把患者颅骨那个洞堵上。他说最好先问问做穿孔手术那人，这样保险。如果是钻的话可能好堵一点儿，如果是一片片削的就麻烦点儿，但是能堵上。

第二天我又去了医院，听说患者折腾了一夜，除了哭就是哆嗦。

我费了半天劲总算要来了给他做颅骨穿孔手术医生的电话。

然后我跑到外面去打电话——因为我很想痛骂那人一顿，为了钱什么都敢干！

不过我没能骂成，因为给他做手术的医生在电话那头很明确，并且坚定地告诉我："我是被他缠得不行了才做手术的，但是出于安全考虑，我并没给他颅骨穿孔，只是做了个表皮创面后，削薄了一小片头骨而已，穿什么孔啊，你以为我不怕出事啊……"挂了电话后，我明白了。根本就没有什么实质的穿孔手术发生，患者属于彻底的自我暗示。我决定，帮患者换一家对症的医院，例如心理咨询机构或者精神病院。

我在往回走的时候，想起了一个故事：一个姓叶的古人，很喜欢龙……

与此同时，那个曾经困扰我很久的问题又再次袭来：到底什么才是真实？

【特别声明】

本书第十二篇、第十三篇提到的颅骨穿孔（Trepanation）的手术说明、手术动机及获得“异能”统计数据，均源自欧洲历史文献记录。但值得一提的是，所有一手资料全部出自非官方记载（由民间记载，并且有严重的极端宗教成分）。有兴趣，并且有能力翻译的朋友不妨自己找来确认（笔者在这里就不做书目推荐了）。特别强调的是，笔者并不认同这种手术及手术后获得的所谓“能力”，请读者不要轻信这种手术以及所带来的“能力”。如果有人因看完本文执意尝试颅骨穿孔，那么一切后果均与笔者无关。特此声明。

生化奴隶

这是一个比较典型的病例。

他每天洗N次手，如果没人拦着他会洗N次澡，而且必须用各种杀菌的东西洗，不计代价地洗，也就是说，对人有没有害不重要，先拿来用再说。跟他接触的时候绝对不可以咳嗽、打喷嚏，否则他会跳开——不是夸张，是真的跳开，然后逃走。这点让我很头疼。最初以为是严重的洁癖、强迫症，后来才知道，比那个复杂。

我：“你手已经严重脱皮了，不疼吗？”

他低头看了看：“有点。”

我：“那还拼命洗？你觉得很脏吗？”

他：“不是脏的问题。”

他看人的表情永远是严肃凝重，就没变过。

我：“那你想洗掉什么？”

他：“细菌。”

我：“你也看不到，而且不可能彻底洗掉的。”

他：“看不到才拼命洗的。”

我：“你知道自己是在拼命洗？”

他：“嗯。”

话题似乎僵住了，他只是很被动地回答，不想主动说明。我决定换个方式。

我："你觉得我需要洗吗？"

他："……你想洗的话，就洗。"

我："嗯……不过，怎么洗呢？"

他皱眉更严重了："洗手洗澡你不会？如果你不能自理的话，楼下有护理病区。"

我："呃……我的意思是，我希望像你那样洗掉细菌。"

他依旧严肃地看着我："洗不干净的，从出生到死，不可能洗干净的。"

我："但是你……"

他："我跟你的目的不一样。"

这是他到目前为止唯一一次主动发言，为的是打断我。我觉得他很清醒，于是决定问得更直接些。

我："你洗的目的是什么呢？"

他："洗掉细菌。"

完，又回来了，这让我很郁闷，就在我觉得这次算是失败的时候，他居然主动开口了。

他："你看电影吗？"

我："看。你喜欢看电影？"

他："你看过《黑客帝国》吗？"

我："《Matrix》？看过，挺有意思的。"

他："其实我们就是奴隶。"

我："你是想说，那个电影是真的？"

他："那个电影是科幻的，假的。但是我们真的是奴隶。"

我："我们是什么的奴隶？"

他："细菌。"

我：“你能说得明白些吗？我没理解。人怎么是细菌的奴隶了？”

他神经质地四下张望了下（说一句，我们这屋没人，门关着），压低声音说：“我告诉你的，是真相。你听了会很震惊，但是，你没办法摆脱，就像我一样。虽然电影里都是皆大欢喜，但是，现实是残酷的。人类的命运就是这样的。”

我：“有这么悲哀吗？”

他：“你知道地球有多少年了吗？”

我：“你指形成？嗯……好像是46亿年。”

他：“嗯，那你知道地球有多细胞生物多少年了吗？”

我努力在大脑中搜寻着可怜的古纪名词：“嗯……我记得那个年代，是寒武纪吧？但是多少年前忘了……”

他：“5亿年前，最多不到10亿年。之前一切都是空白，没人知道之前发生了什么。”

我：“哦……真可惜……”

他：“你知道人类出现多少年了吗？”

我：“这个知道，类人时代就是人猿时代，十几万年前。”

他对着我微微前倾了下身体：“明白了？”

我：“……不明白。”

他：“人类进化才花了这么点时间，寒武纪到地球形成，30多亿年就什么都没有？空白的？”

我：“你是说……”

他：“不是我说，而是事实！就算地球形成的前期那几亿年是气体和不稳定的环境，我们往多里说，10亿年，可以了吧？那么剩下的20多亿年，就什么都没有？一定有的，就是细菌。”

我：“你是说细菌……进化成人……细菌人了？”

他：“你太狭义了，人只是一个词，一个自我标志。你想想看，细菌怎么就不能进化了？非得多细胞才算进化了？细菌的存活能力比人强多了吧？细菌的繁衍方式是自我复制，比人简单多了吧？进化进化，多细胞生物其实是退化！变脆弱了，变复杂了，变挑剔环境了，这也能算进化？”

我：“但是有自我意识了啊。”

他：“你怎么知道细菌没自我意识！脑细胞有自我意识怎么来的？目前解释就是聚在一起释放电信号、化学信号。如果这就是产生意识的根本，那细菌也能做到。细菌的数量远远高于脑细胞吧？很多细菌在一起，到达一定的量值，就会产生质变。生物进化最需要的不是环境，而是时间。恶劣的环境是相对来说的，对细菌来说不算什么，30亿年的时间，足够细菌进化了！”

我：“细菌的文明……”

他：“细菌的文明和我们肯定是不一样的，我们所认为的物质对它们来说是没有意义的。我们看不到、摸不到细菌，但是它们却在我们身边有着自己的文明，超出我们理解范围的文明。如果你看过生物进化的书，你一定知道寒武纪是个生物爆炸的时期，那时候生物的进化可以说是超光速，很多科学家都搞不明白到底怎么就突然出现多细胞生物了，然后飞速地进化出了各种更复杂的动物，三叶虫、原始海洋植物、无脊椎动物、藻类。真的有生物进化爆炸吗？我说了，进化最重要的是时间，那种生物爆炸是巧合。比方说你走在街上，风吹过来一张纸，是彩票，恰好飘在你手里了，你抓住了，而且第二天你看电视发现，那张是中了大奖的彩票，幸运吗？而且这种事情，假设每天都会在你身上发生一次，够幸运了吧？但是如果跟寒武纪进化爆炸比起来，那只算吃饭睡觉，不算巧合，太平常了。”

我努力去理解他所说的：“那生物是怎么来的？”

他：“细菌制造的。多细胞生物必须和细菌共生才能活，你体内如果没细菌帮你分解食物，你连一个鸡蛋也消化不了。人没有细菌，就活不下去。别说人了，现在世界上哪种生物不是这样？为什么？”

我：“好像那叫生物共生吧？”

他："共生？不对，细菌为什么制造多细胞动物出来呢？因为我们是细菌文明的生物工厂，我们可以产生必要的养分，如糖分，供养细菌。"

我："但是人类可以杀死细菌啊！"

他："对，没错，但是你杀死的是细菌的个体，你没办法杀死所有细菌。而且，细菌的繁殖是自我复制，对吧？你杀了细菌的复制体有什么用？细菌还是无处不在。如果真的有一天细菌们觉得我们威胁到它们的生存了，大不了杀了我们。细菌的战争，人类甚至看不见。武器有什么用？你都不知道自己被入侵了。恐龙统治了地球两亿年，也许早就有了自己的'恐龙文明'，但是突然之间就灭亡了，很可能就是细菌们认为恐龙文明威胁到了自己，从而将之毁灭的。对细菌来说，毁灭一个文明，再建立一个新的文明太简单了，反正都是被细菌奴役。"

我："你是说细菌奴役我们吗？"

他："细菌任由我们发展着，我们文明与否它们根本不关心，如果发现我们威胁到了细菌的文明，那就干掉我们好了，易如反掌。而且，只是针对人类大举入侵，别的生物还是存在。也许以后还会有猫文明或者蟑螂文明，对细菌来说无所谓，一切周而复始。"

看着他一口气说完后严肃忧郁地看着我，我想反驳，但是似乎说不明白。

他小心地问我："我想去洗个手。"

我呆呆地坐着。我知道他所说的那些都是建立在一个假定的基础上，但是又依托着部分现实。所以，这种理论会让人抓耳挠腮，很头疼。

几天以后，我在听那段录音的时候，我还是想明白了。问题不在于他想得太多了，或是其他人想得太少了。而是对我们来说，未知太多了。如果非得用奴役这个词的话，那我们都是被未知所奴役着，直到我们终于看清、看透了所有事物的那一天。

只是，不知道那一天到底还有多远。

永远，永远

在一次前期调查的时候，我习惯性地找到患者家属想了解一下现在是什么情况。家属没说完我就知道了，这是最头疼的类型。因为就目前的医疗水平来说，那种情况基本算是没办法解决的，只能看运气，很悲哀。

跟她闲聊了一阵儿，我觉得老太太脑子挺清醒，精神也还好，不过有时候说话会语无伦次。

我：“阿姨最近气色好多了。”

她笑了：“人都这岁数了，也不好看了，气色再不好那不成老巫婆了？哈哈。”

我：“叔叔去年的病……好些没？”

她：“好多了，在医院那阵儿把我给急的。我岁数大了身体不行了，也经不起折腾，但又放不下。不过好在没事了，他恢复多了，但是经常气短，现在在屋里歇着呢。”

我往空荡荡的那屋瞟了一眼：“没事，文涛（患者长子）忙，就是让我来替他看看您，顺便把东西送过来。”

她：“我知道你们年轻人事情多，现在压力那么大。他们几个最近回来特别勤，估计是不放心我们老两口，其实都好着呢，你们忙你们的，抽空来玩，我们就挺高兴的。”

我：“阿姨，我问您件事，您还记得去年这个时候您在做什么吗？”

老太太自己嘀咕着，皱着眉仔细地想。

她狐疑地看着我："去年？这个时候？应该是接你叔叔出院了……但是后面的事儿我怎么想不起来了……"

我："去年什么时候出院的？"

她："5月初啊……"

5月初就是家属说他们父亲去世的时候。

家属前几天的描述："我爸去年去世的，我们都很难过，最难过的是我妈。好几次差点也哭过去了……这一年来我们兄弟姐妹几个都经常带着孩子回去陪她，可老太太一直就没怎么缓过来，老是说着说着眼圈就红了……前几天我又回去了，开门的时候我觉得我妈气色特好，我还挺高兴，但是进门后我们都吓坏了。我爸遗像给撤了，他用的茶杯还摆着，我妈还叫我陪我爸聊天，她做饭，我们看遍了，家里就我妈一人，我们怎么说她都跟听不见似的……吃饭的时候，桌上始终摆着一副多余的碗筷，我妈还不停地往里面夹菜，对着那个空着的座位说话……后来我问了好多人，都说我爸的魂回来缠着我妈，我们不信，老两口感情一直很好，当年一起留的学，一起回的国，后来又一起挨批斗……虽说日常吵架拌嘴也有，但是绝对没大矛盾，都那么多年了……我怀疑我妈是接受不了现实，精神上有点儿……"

于是，在家属委托下，我去了患者家。

我："对啊，去年的现在，6月份，您想不起来在做什么了？"

她想了一会儿后一脸恍然大悟的神情："对了！我想起来了，去年是我们结婚40周年。那阵儿我们忙着说找老同事办个小聚会，结果他身体还是太虚了，没办。"

我："那您打电话给老同事们取消聚会了吗？"

她："我哪儿顾得上啊，就照顾他了，所以我让大儿子打的。我说我想不起来了呢！这一年我就照顾他了，每天都是这件事，想不起来了，我就说我记性怎么突然差了……”

我沉重地看着她，不知道怎么开口。家里的摆设等都是两个人用的生活器具：杯子、拖鞋、老花镜……

她宽慰地看着我：“我没事，这些年我身体很好，现在照顾他也算还人情了。当年在国外留学，我水土不服，都是他伺候我，我还特感动呢，没想到他到这时候要债来了。哈哈哈。”

聊了好一阵儿，她很自然地认为丈夫还活着，我尝试说明，但既没有好的时机，也没忍心开口。后来老太太说今年的41周年结婚纪念日，不打算请人了，自己一家人过。

我：“阿姨，最近夜里您睡得好吗？”

她：“还行啊，最近都挺好的，一觉到天亮。平时我神经衰弱，有点动静就醒了。”

我：“叔叔呢？”

她：“他还那样，打雷都不醒的主儿，睡到天亮……最近也不半夜起来看书，倒是不会吵我了……他的一些书……这些天我找不到了，忘在医院了？医院……”

我：“叔叔跟您说话吗？”

她：“说啊，慢条斯理的，一句话的工夫都够我烧开一壶水了，哈哈哈……对了，我去给他续上水啊，你等一下。”

我：“嗯……我能看看吗？”

她站起身：“好啊，来，他习惯在卧室的大椅子那儿。”

我跟着她进去了，她所说的那把大椅子上空荡荡的，椅子靠背上放了一件外套、一本书。她对着空椅子介绍我，然后看着椅子开始说一些生活琐事，场面很诡异，于是我慢慢地退了出去。

这种老式的两居室就两间房子加一个很小的门厅，我只能回另一个房间。我留意到老太太刚才坐过的椅子旁放了厚厚的一叠卡片，随手拿起来翻了翻，看样子都是老两口这些年互赠的，生日、新年、春节、结婚纪念日等等。就在我准备放回去的时候，我看到最上面那张，落款日期是去年写的。卡片上的字迹娟秀、清丽，看来是患者的。看过后，我把那张卡片私自收了起来。

当老太太从屋里出来的时候，我改主意了，闲聊了几句后起身告辞。

几天后，患者主治医师约了患者家属，尽可能把他们都找到一起。而我客观地说了所有情况和我的判断后，告诉他们我的想法：是否入院治疗的问题，我希望他们再考虑，我个人推荐以休养为主，然后把那张卡片还给了他们。几个人传看后，都沉默了，只是点了点头。

当晚在家，我找出笔记本，又看了一遍我从卡片上抄下的那段文字。

自从我沉迷在逻辑分析与理性辨析后，从未觉得情感竟然如此重要。

我觉得情感很渺小，既不辉煌，也不壮烈，只是一个小小的片段，但是却让我动容。我也知道这篇看起来很枯燥、很平淡，没有玄妙的世界和异彩纷呈的思想，但是我依旧偏执地尝试着用我拙劣的文字以及匮乏的辞藻，任性地写下这一篇，谨以此来纪念那位老人真挚的情感，并以卡片上的那段文字，作为这一篇的结尾。

指间的戒指不再闪亮

婚纱在衣柜早就尘封

我们的容颜都已慢慢地苍老

但那份心情，却依旧没有改变

感谢你带给我的每一天

正是因为你

我才有勇气说

“永远，永远”

真正的世界

她："这也是我不久前才想通的。你知道为什么有些时候，面对一些很明显的事物却难以分析，不敢下定义吗？其实是思维影响了人的判断，所处思维状态导致了人看不清本质，干扰人判断的能力。"

我："但是这跟你所做的有什么直接联系吗？"

这个患者身边的很多人形容她被"附体"了。男友为此弃她而去，家人觉得她不可救药，朋友都开始远离她……之所以出现这种情况，是因为几年前她开始模仿别人。

最初她身边的人还觉得好玩，后来觉得很可怕，因为她几乎模仿得惟妙惟肖，除了生理特征外，眼神、动作、语气、习惯、行为、举止，没有一点不像的。借用她前男友的描述："那一阵儿她总是模仿老年人，不是做给别人看，是时刻都在模仿，我甚至觉得是跟爸生活在一起。而且，最可怕的是，她看我的眼神……那不是她。我觉得她被附体了。我自以为胆子不小，但分手都是我趁她不在家，然后逃跑似的搬出去了。搬出去后才打电话告诉她的，我觉得她接电话的声音，是个老头……"

但我所感兴趣的不是灵异内容，而是另一个问题：那些所谓"附她体"的，都是活人。

她："有直接关系，我刚才说了，人怎么可能没有思维？"

我再次强调："你看，是这样，我并没有接触你很久，也不是很了解情况。当然了，我从别人那里知道一些，但亲身接触，到目前为止，一个多小时。所以……"

她："所以，你希望我说明白点？"

我："对，这也对你有好处。"

她笑了："对我？什么好处？"

我："如果你都不让我把事情弄明白了，你后面会面对一系列的测评和检查，耽误时间不说，对心理上……"

她："我明白了，我也知道你要说什么了……是个问题。不过，我尽可能从开始给你讲，如果你还不明白，我也没办法，但是我会尽力。"

我："好，谢谢你。"

她是那种言辞很犀利的女人。

她："嗯……从哪儿开始呢？这样吧，我刚才的话你先放一边不想，我问你件事：你想没想过你看到的世界也许本身不是这个样子的？"

她的话让我一惊，这个问题是长久以来一直困扰我的。

她："说个简单的吧。你知道人类眼球的结构是球形的，对吧，球形晶体。根据透镜原理，景物投射给视网膜的是上下颠倒的图像，但是大脑自行处理了这个问题，左脑控制右手，右脑控制左手。这样问题就解决了，但本质上，我们眼中的世界是颠倒的。"

我："嗯，是这样。"

她："我是从这里出发想了很多，这是最初。下面我要跟你说的，需要你尽可能地展开自己的想象。"

我："……好吧，我尽力而为。"

她："咱们再进一步，因为，我们每个人都是有思想的，所以在我们看待事物的时候，其实是加了自己的主观意识。也就是说，你认为的鲜艳，在我看来并不见得是鲜艳；你看到的红，我也许会觉得偏黄；你尝到的甜，在我尝过后会觉得发酸；你认为的很远，我很可能觉得不是特远；你认为那很艺术，我却觉得很通俗。这样说明白吗？”

我：“你的意思是说：经历、造诣、学识、见识、知识，这些因素影响了我们看待事物的本质？”

她：“你想事情太绕了，看本质。你说的那些经历啊，知识啊，都算是客观的吧？这些客观影响了你，组成了你的思想，所以最终又成了你的主观。当你知道得越来越多，你就和别人越来越不一样。实际上，每个人都是越来越和别人不一样。”

我：“是这样吗？”

她：“是这样，我们每个人看到的世界，偏差会越来越大，但是会有所谓的集体价值观在均衡着我们的主观。”

我：“嗯……”

她：“后来我想到这个就开始好奇，别人眼中的世界，是什么样子的呢？”

我：“我懂了，这就是你开始模仿别人的最初原因，对吧？”

她：“没错，我开始想了很多办法，最后决定还是用这个最笨的办法，也就是我们常说的：换个角度看。不过，这个换角度，要复杂得多。因为要换角度看的不是一件事，而是整个世界！最开始我先是慢慢观察别人的细节，然后记住那些细节的特征，再然后开始试着模仿别人，体会对方为什么这么做，说白了就是变成你模仿的那个人。模仿的时间久了，会了解被模仿者的心态，进一步，就学会用对方的眼睛去看事物了，如果掌握得好，甚至可以知道对方在想什么。”

我：“有点像演员……不过，知道对方想什么这个有点玄了。”

她：“一点儿都不，我知道很多朋友不怎么理我是觉得我可怕，所谓附体只是借口，其实更多的是我知道他们想些什么，所以他们觉得很可怕。不过那会儿我已经接近更高级别的模仿了。”

我：“是模仿得更像了？”

她：“不，是心灵模仿。不动声色地就知道对方的想法。因为模仿别人久了，对细节特征抓得很准，所以揣摩到对方的心态纯粹是下意识的，不用行为模仿就可以看透。你认为这是巫术或者魔法吗？”

我：“这么说过来，不觉得。”

她：“就是啊，花几年的时间一直这么做过来会觉得很简单，无非就是对细节的注意、把握、体会，对眼神的领悟，对动作的目的性都熟悉，习惯后不觉得多神奇。不过，做到心灵模仿，我觉得有天赋成分。也就是说，如果你天生观察细致，并且很敏锐的话，会更快。”

我：“这样会很累啊。”

她：“不，这样很有趣，你开始用别人的眼光看的时候，你会看得更本质，你也就会更接近这个世界的本质所在。”

我：“但那只是用别人的眼光去看而已，你不是说要看到真正的世界吗？”

她笑了：“没错，但是我说了，这是一个很笨的方法，实际是绕了个大圈，可我想不出更好的，我不打算走宗教信仰那条路。”

我：“你说你可以知道别人想什么，你知道我在想什么吗？”

她：“不知道，因为要跟你说清这件事，所以我一直在自己的思维中。不过……”她顿了一下：“不过我知道你对这个世界的本质很困惑。”

我愣了。

她：“神奇吗？只是我刚才注意到了你眼神轻微的变化而已。那个问题，困扰你很久了吧？”

我点了下头后突然意识到：我和她的位置好像颠倒过来了：“你很厉害……”

她微笑：“没那么严重，我们再说回来吧。”

我：“OK，但是你既然已经掌握了某种程度的心灵模仿，为什么还要进行行为模仿呢？”

她：“你知道我什么时候被称作‘附体’的吗？”

我：“这个他们没说。”

她：“在我开始模仿上了年纪的人那阵子。”

我：“模仿上了年纪的人有什么不一样吗？”

她：“民间传说中总是提到某种动物修炼多少年成了精对吧？事实上，我认为不用修炼，活够年头直接成精了，是因为阅历。你发现没，活得越久，阅历越多，人的思维就越深、越远。”

我：“是吗？”

她：“想想看，一个动物，在野外那种弱肉强食的残酷自然环境下，活个几百年，不成精才怪！什么没见过？什么没遇到过？什么不知道？没准真的就有，只是人类已经无法看到了，因为它们活得太久，经验太丰富了，过去说的什么山魈啊、山神啊、河神啊，没准就是那些活得很久的野生动物。人要是能活个七八百年，肯定也是老妖精！我这么说不是宣扬封建迷信怪力乱神啊，我只是强调下阅历和经历的重要性。”

我：“所以你刻意模仿老人的行为举止？”

她：“嗯，是这样……你有烟吗？”

我找出烟递给她。

她点上烟深吸了一口：“不好意思，我不轻易抽烟的。”

事实上我很高兴她面对我能放松下来。

她：“我在模仿那些老人的时候，发现逐步接近我想知道的那些本质了。”

我：“你的意思……”

她：“世界，到底是怎么样的。”

我：“我懂你的意思了。你选择这种兜圈子的方法，目的其实不是为了揣摩别人或者单纯地用别人的眼光看世界，而是为了不带任何主观意识地去看这个世界，对吧。”

她笑了。

我没笑，等着她说下去。

她："大多数老人很让我失望，因为他们阅历够了，经历也许不够，思维上还是没有我需要的那种超脱的态度。因为大多数上了年纪的人，遇到什么事情还是会有很强烈的情绪，但是身体又不允许有很强烈的反应，所以有时候他们的脾气就会很怪，我妈就是这样。不信你把身上所有关节都用绷带包上绷紧，这样过一周试试，你也会很郁闷的。可我要的不是这些，我需要的是脱离尘世的状态去看世界，我不知道该怎么做了。"

我："你是说，你陷入僵局了吗？"

她咬了下嘴唇："没错，但是，没多久，我发现我又进了一步，因为就在我以为这几年白费工夫的时候，我突然懂了。"

我："你得到超脱的状态了？"

她："比这个还强大。"

我："难道说，用完全不带思维和主观意识的眼光去看，还看不到真正的世界？"

她："对啊，那不是真正的世界。"

我："那究竟什么是？"

她掐了烟笑了："如果你带着自我意识去看，根据我前面说的，你看到的其实是你自己，对吧？你想过没有，真正要做的，不是什么都放弃了，不是无任何态度去看，那不是超脱，那是淡漠，就是俗话说的：没人味了，那种状态根本看不到，顶多目中无人而已，差得远了。"

我："可是你说了半天，到底怎么才能看到呢？"

她得意地笑了："想看到真正的世界，就要用天的眼睛去看天，用云的眼睛去看云，用风的眼睛去看风，用花草树木的眼睛去看花草树木，用石头的眼睛去看石头，用大海的眼睛去看大海，用动物的眼睛去看动物，用人的眼睛去看人。"

我认真地听着，傻了似的看着她，但大脑是沸腾的状态。

最后她又开了句著名的玩笑：“如果有天你看到我疯了，其实就是你疯了。”

那天走的时候，我觉得自己晕晕乎乎的，看什么都好像是那样，又好像不是那样。因为她说得太奇异了，都是闻所未闻的。我必须承认她的观点和逻辑极为完善，而且把我彻底颠覆了。我想，也许有一天，她会看到那个真正的世界吧。

孤独的守望者

他："在我跟您说之前，能问个问题吗？"

我："可以，不过，不要用'您'这个称呼了，咱俩差不多大。"

他："好的。我想知道，梦是真的吗？"

我十分小心谨慎地回答："从现有的物理角度解释，不是真的。"

他："那，梦是随机的吗？"

我："呃……应该是所谓的日有所思，夜有所梦吧？"

他："要是，梦里的事情跟白天的完全无关呢？"

我："嗯……那应该是你的潜意识把一些现实扭曲后反映到梦里了。"

他："这些，有定式吗？"

我："这我不好说，因为我毕竟不是这方面的专家，不过基本逃不出去吧。只是我个人推论。您问这个是想说什么？"

他："我找您的原因是我从小到大，每隔几年就会做同一个梦。"

我："每次一模一样？"

他："不，都是在一个地方，梦里我做的事情也差不多。但是我会觉得很真实，从第一次就觉得很真实，所以印象很深。我甚至都清醒地知道又是这个梦，努力想醒，但是醒不了。我快受不了了，每次做那个梦后都要好久才能缓过来。所以我通过朋友来找您，我想知道我是不是疯了。"

我："是不是疯了我也不能做出判断，你需要做各种检查才能确定……你都梦见什么了？很恐怖的？"

他："不，不是恐怖吓人的。"

我调整了一下坐姿："能告诉我吗？"

他："我醒了，睁开眼，周围是很模糊的光晕。我知道自己还在蛋壳里。需要伸手撕开包裹着我的软软的，像蛋壳一样的东西才能出来。蛋壳在一个方形的池子里，池子很简陋，盛了像水一样的液体泡着蛋壳。每次我醒来的时候，液体还剩一半。从池子里出来会有那种彻底睡足了的感觉。醒来后出了池子，我总是找一身连体装穿上，比较厚，衣服已经很旧了。"

我："你是在房间里吗？"

他："是的，房间也很旧。有好多陈旧的设备，我隐约记得其中一些，但是记不清都是做什么用的了。穿好衣服后我会到一个很旧很大的金属机器前，拉一个开关，机器里面会哗啦哗啦地响一阵儿，然后一个金属槽打开了，里面有一些类似猫粮狗粮的东西，颗粒很大，我知道那是吃的，就抓起来吃，我管那个叫食物槽。食物槽还会有水泡，水泡是软软的，捏着咬开后可以喝里面的水，水泡的皮也可以吃。"

我："食物和你周围的东西都有色彩吗？"

他："有，已经褪色了，机器很多带着锈迹……吃完后我会打开舱门来到一个走廊上。走廊两侧有很多门，所有门都像船上的舱门那种样子，但是比那个厚重，而且密封性很好，每次打开都会花很大力气。出来后我会挨个打开舱门到别的房间看，每个房间都和我醒来的那间一样，很大，很多机器。"

我："其他房间有人吗？"

他："没有活人，一共十个房间，另外九个我每次都看，他们的水池都干了，软软的蛋壳是干瘪的，里面包裹着干枯蜷缩的尸体。我不敢打开看。"

我："害怕那些干枯的尸体？"

他："我害怕的不是尸体，而是我接受不了只有我一个人活下来的事实。"

我："……嗯？只有你一个人？"

他："是的。所有的房间看完后，我都会重新关好舱门，同时会觉得很悲伤，我忍住不让自己哭出来。在长廊尽头，我连续打开几个大的舱门，走到外面小平台。能看到我住的地方是高出海面的，海面上到处漂浮着大大小小的冰块，天空很蓝，空气并不冷，是清新的那种凉。海面基本是静止的，在没有冰块的地方能看到水下深处。我住的地方在水下是金字塔形状，但是没有生物。”

我：“什么都没有？”

他：“没有。沿平台通向一个斜坡走廊，顺着台阶可以爬到最高处，那是我这个建筑的房顶——最高点。四下看的话，会清晰地看到水下有其他金字塔，但都是坍塌的，在水面的只有我这个。每次看到这个的时候，我就忍不住会哭，无声地哭。眼泪止不住，我拼命擦，不想让眼泪模糊视线，可是，没用。”

他沉默了好一阵儿，我也不知道该怎么劝。

他：“哭完我就一直站在那里往四周看，看很久，想找任何一个活动的东西，但是什么都没有。”

我觉得有点压抑：“一直这样看吗？”

他：“不是的，看一阵儿我会回去，到居住层的更深一层。那里有个空旷的大房间，里面有各种很大很旧的机器，有些还在运转，但是没有声音。我不记得那些机器都是做什么用的了，我只记得必须要把一些小显示窗的数字调到零。做完这些我去房间的另一头找到一种方形的小盒子，拿着盒子回到房顶。像上发条一样拧开盒子的一个小开关，然后看着它在我手里慢慢地自动充气，最后变成一个气球然后飞走了。”

我：“你尝试过做别的事情吗？”

他：“我不愿意去尝试，你不知道站在那个地方的心情。周围偶尔有轻微的水声，冰山、碎冰慢慢地漂浮。那个时候心里很清楚，整个世界，只有我一个人了，我觉得无比孤独。在做完所有的事情后，我就坐在房顶等着。我知道在等什么，但是我也知道可能等不来了。我想自杀，但是又不想放弃，我希望还有人活着，也许也在找我，像我在找他一样……我等的时候，忍不住会哭出来。那种孤独感紧紧地抓住我，甚至让我连自言自语的勇气都没有。我有时候想跳下去，向任何一个方向游，但是我知道一定会游到筋疲力尽，然后死在某个地方……”

我：“你……结婚了吗？”

他：“嗯，有个孩子。”

我：“……生活不如意吗？”

他：“一切都很好，也许有人会羡慕我。但是，你知道吗，那个梦太真实了！那种绝望的孤独感很久都没办法消退。你能理解星球上只有自己一个人的感受吗？我想大声地哭，但是不敢，我甚至连大声哭的勇气都没有。孤独的感觉如影随形，即使我醒了，我还是会因此难过。我加倍地对家人好，对朋友好，不计代价不要任何回报，只要能消除掉那种孤独的感觉。但是不可能，就算我在人群中，那种孤独感也紧紧地抓住我不放，我不知道该怎么办。”

我看到他眼泪大颗大颗地掉下来。

他：“我宁愿自己是那些干枯的尸体，我宁愿在什么灾难中死去，我不愿意一个人那么孤独地等着……找着……但是在梦里我就那么等着，我总是带着那么一点点希望等着，可是，从来没有等到过。每次视线里移动的都只是冰山，每一次耳边的声音都只是海水，每一次……”

他已经泣不成声，我默默地看着，无能为力。

他：“我没办法逃脱掉，我曾经疯了似的在网上找各种冰山和海洋的图片，我知道那是梦，但是那种孤独感太真实了，没有办法让我安心。我宁愿做恐怖的梦，宁愿做可怕的梦，也不想要这种孤独的梦。每次梦里我都在房顶上向远处望，拼命想找到任何可能的存在，我曾经翻遍了那里所有房间找望远镜，我想看更远的地方是不是还有同伴。如果有，不管是谁，我会付出我的一切，我只想不再孤独……那是刻骨铭心的悲哀，那是一个烙印，深深地烙在心上！我想尽所有办法，却挥之不去……”

他的绝望不是病态，是发自心底的痛苦。我尽可能保持着冷静在脑子里搜索任何能帮助他的办法。

我："试一下催眠吧？"

大约过了三周，我找了个这方面比较可靠的朋友给他做催眠。

两个小时后，朋友出来了，我看到她的眼圈是红的。

我："你，怎么了？"

她："我不知道，也许我帮不了他，他的孤独感就是来自梦里的。"

我把患者送到院门口，看着他走远，心里莫名地觉得很悲哀。

那是一个很美的地方，但是却只有他的存在。他承受着全部寂寞等待着，他是一个孤独的守望者。

雨默默的

这个患者在我接触的病例中，让我头疼程度排第三，我很痛苦。接触她太费劲，足足用了七个月。不是一个月去一次那种七个月，而是三四天就去一次的那种七个月！

她的问题其实是精神病人比较普遍的问题：沉默。

老实说我最喜欢那些东拉西扯的患者，虽然他们不是最简单的，但至少接触他们不复杂，慢慢聊呗，总能聊出蛛丝马迹。非得按照百分比说的话，侃侃而谈那种类型的患者最多只占三分之一；还有一部分属于说什么谁也听不懂；而沉默类型的差不多也有三分之一，可能也不到；剩下的就复杂了，不好归类。有时候只好笼统地划分为：幻听、幻视、妄想、癔症什么的。这也没办法，全国精神病医师+心理学家+ 各种能直接参与治疗的相关医师，全算上，差不多每人能摊上将近三位数的患者。这不仅仅是劳动强度问题，因为要进入患者的心灵，了解到患者的世界观才能去想办法治疗（强调：不是治愈，而是想办法治疗），这需要很多时间、很大精力的投入。跟正常人接触都要花好久，别说患者了。这行资深人士基本都有强大的逻辑思维和客观辨析本能。注意，我说的不是能力，而是本能。因为不本能化这些很容易就被动摇，而且还得有点死心眼一根筋的心理特征，说好听了就是执着。没办法，不这样就危险了——也不是没见过精神病医师成了医师精神病的。所以，有时候我很庆幸自己不是一个精神病医师。

刚才说到了那几类精神病人，所谓沉默类型不见得是冷冷的或者阴郁的，他们只是不愿意交谈，或者说，不屑于跟一般人交谈，反正自己跟自己玩得挺好。沉默类型中大体可以分三种：一部分伴有自闭症；另一部分是认为你思维跟不上他，没的聊；剩下的是那种很悲观很消沉的患者。实际上，绝大多数精神病人都是复合类型，单一类型的基本不会被划归为精神病患者，特殊情况除外。

再插一句：沉默类型里面不是天才最多的。侃侃而谈那类里面才是天才最多的——当然，你能不能发现还是问题。而且其中相当一部分很狡猾，喜欢在装傻充愣中跟你斗智斗勇，不把你搞得鸡飞狗跳抓耳挠腮不算完，而他们把这当作乐趣。

我要说的她，属于沉默类型中的第一种特征 + 第二种特征。她的自闭症不算太严重，但是问题在于她性格很强烈，一句话没到位，今天的会面基本就算废了。经过最初的接触失败以及连续失败后，我开始拿出了二皮脸精神，没事就去，有事办完绕道也去。我就当是谈恋爱追她一样。

终于，她的心灵之门被我打开了。

我：“我一直就想问你，但是没敢问。”

她笑：“我不觉得你是那种胆子小的人。”

我：“嗯……可能吧。我能问问你为什么用那么多胶条把电视机封上吗？”

她：“因为他们（指她父母）在电视台工作。”

我：“不行，你得把中间的过程解释清楚，我真的不懂。”

她是个极聪明的女孩，很小就会说话，老早就认字，奶奶教了一点，不清楚自己怎么领悟的。5岁就自己捧着报纸认真看，不是装的，是真看。幼儿园老师觉得好笑就问她报纸都说什么了，她能头也不抬地从头版标题一直读下去，是公认的神童。

她父母都在电视台工作，基本从她出生父母就没带过，是奶奶带大的，所以她跟奶奶最亲。在她11岁的时候奶奶去世了，她拉着奶奶的手哭了一天一夜，拉她走就咬人，后来累得不行了昏过去了，醒后大病一场，从此就不怎么跟别人说话了。父母没办法，也没时间，几个小保姆都被她轰走了。不过天才就是天才，一直到上大学父母都没操心过。毕业后父母安排她去电视台工作，但她死活不去，自己找了份美工的工作。每天沉默着进出家门，基本不说话。如果不是她做一些很奇怪的事情，我猜她的父母依旧任由她这样了。可能有人会质疑，会有这样的极品父母吗？我告诉你，有，是真的。

她皱了下眉："他们做的是电视节目，我讨厌他们做的那些，所以把电视机封上了。"

我："明白了，否则我会一直以为是什么古怪的理由呢，原来是这样。"

她："嗯，我以为你会说我不正常，然后让我以后不这样呢。"

我："封就封了呗，也不是我家电视，有什么好制止的。"

她笑了。

我："那你把门锁换了，为什么只给你爸妈两个人一把钥匙呢？"

她突然变得冷冷的："反正每次他们就回来一个，一把够了。"

我："哦……第二个愿望也得到满足了，最后一个我得好好想想。"

她认真地看着我："我不是灯神。"

我："最后一个我先不问，我先假设吧：你总戴着这个黑镜架肯定不是为了好看，应该是为了获得躲藏的安全感觉吧？"

她："你猜错了，不是你想的那种心理上的安慰。"

我愣了下："你读过心理学……"

她："在你第一次找我之后，我就读了。"

原来她也在观察我。

我："最后的愿望到底问不问镜架呢？这个真纠结啊……能多个愿望吗？"

她："当然不行，只有三个。你要想好到底问不问镜架的问题。"看得出她很开心。

我凭着直觉认为镜架的问题很重要。

我："……决定了，你为什么要戴着这个黑镜架？"

她："被你发现了？"

说实话我没发现，但故作高深地点头。

她仔细地想了想："好吧，我告诉你为什么，这是我最大的秘密。"

我："嗯，我不告诉别人。"

她："我戴这个镜架，是为了不去看到每天的颜色。"

我："每天的颜色？"

她："你们都看不到，我能看到每天的颜色。"

我："每天……是晴天、阴天的意思吗？"

她："不，不是说天气。"

我："天空的颜色？"

她："不，每天我早上起来，都会先看外面，在屋里看不出来，必须去外面，是有颜色的。"

我："是什么概念？"

她："就是每天的颜色。"

我："这个你必须细致地讲给我，不能跟前几个月似的。"

她："嗯……我知道你是好意，是来帮我的，最初我不理你不是因为你的问题，而是你是他们（指她父母）找来的。不过我不是有病，我很正常，只是我不喜欢说话。"

我："嗯，我能理解，而且是因为他们不了解你，才会认为你不正常的，例如电视机的问题和你把鱼都放了的问题。"

她曾经把家里养的几条很名贵的鱼放了。基础动机不是放生，比较复杂：因为养鱼可以不像养猫狗那样要定时喂或者要特别费心，养鱼现在什么都能自动，自动滤水，自动投食器，自动恒温，有电就可以几个月不管，看着就成了。她觉得鱼太悲哀了，连最起码的关注都没得到，只是被用来看，所以就把鱼放了。那是她不久前才告诉我的。

她：“嗯，不过……我能看到每天的颜色的事，我只跟奶奶说过，奶奶不觉得我不正常，但是你今后可能会觉得我不正常。”

我：“呃，不一定，我这人胆子不小，而且我见过的稀奇古怪的人也不少。你来解释‘每天的颜色’是我的第三个愿望，你不许反悔的。”

她：“……每天早上的时候我必须看外面，看到的是整个视野朦胧着一种颜色，例如黑啊、黄啊、绿啊、蓝啊什么的，从小就这样。比方说都笼罩着淡淡的灰色，那么这一天很平淡；是黄色这一天就会有一些意外的事情，不是坏事，也不是好事；如果是蓝色的话，这一天肯定会有很好的事情发生，所以我喜欢蓝色；如果是黑色就会发生让我不高兴的事。”

我：“这么准？从来没失手过？”

她笑了：“失手？……没有失手过。”

我：“明白了，你戴上这个镜架就看不见了对吗？”

她：“嗯，我上中学的时候无意中发现的，戴上这种黑色的镜架就看不到每天的颜色了，我也不知道为什么。”

我：“好像你刚才没说有粉色？对吧？”

她变得严肃了：“我不喜欢那颜色。”

她房间里一样粉色或者红的东西都没有。

我：“为什么？”

她：“粉色是不好的颜色。”

我：“呃……你介意说说吗？”

她：“如果是粉色，就会有人死。”

我：“你认识的人？”

她："不是，是我看到一些消息。报纸上或者网上的天灾人祸，要不就是同事同学告诉我他们的亲戚朋友去世了。"

我："原来是这样……原来粉色是最不好的颜色……"

她："红色是最不好的。"

我："哦？红色？很……很不好吗？"

她："嗯。"

我："能举例吗？如果不想说就说别的。对了，有没有特复杂你不认识的颜色？"我不得不小心谨慎。

她："就是因为有不认识的颜色，所以我才学美术的……我只见过两次红色。"

我："那么是……"

她："一次是奶奶去世的时候，一次是跟我很好的高中同学去世的时候。"

我："是这样……对了，你说的那种朦朦胧胧的笼罩是像雾那样吧？"

她："是微微地发着光，除了那两次。"

我觉得她想说下去，就没再打岔。

她咬着嘴唇犹豫了好一阵儿："奶奶去世那天，我早上起来就不舒服，拉开窗帘看，被吓坏了，到处都是一片一片的血红，很刺眼。我吓得躲在屋里不敢出去，后来晚上听说奶奶在医院不行了，我妈带我去医院，我都是闭着眼哭着去的，路上摔了好多次，腿都磕破了。我妈还骂我，说我不懂事……到了医院，见到奶奶身上是蓝色的光，可是周围都是血红的，我拉着奶奶不松手，只是哭……也是怕。奶奶跟我说了好多，她说每天的颜色其实就是每天的颜色而已，不可怕。她还说她也能看到，所以她知道我没有撒谎。最后奶奶告诉我，她每天都会为我感到骄傲，因为我有别人所不具备的……最后奶奶说把蓝色留给我，不带走，然后就把一团蓝色印在我手心里了……每当我高兴的时候，颜色会很亮……我难过的时候，颜色会很暗……我知道奶奶守护着我……"

她红着眼圈看着自己右手手心。

我屏住呼吸默默地看着她，听着窗外的雨声。

过了好一阵儿，她身体逐渐放松了。

她抬起头："谢谢你。"

我："不，应该谢谢你告诉我你的秘密。"

她："以后不是秘密了，我会说给别人的。不过，这个镜架我还会戴着，不是因为怕，而是我不喜欢一些颜色。"

我："那就戴着吧……我有颜色吗？"

她想了想指着我的外套："那看你穿什么了。"

我们都笑了。

作为平等的交换，我也说了一些自己的秘密，她笑得前仰后合。

其实真正松一口气的是我。我知道她把心理上最沉重的东西放下了，虽然这只是一个开始。

临走的时候，我用一根蓝色的笔又换来她的一个秘密：她喜欢下雨，因为在她看来，雨的颜色都是淡淡的蓝，每一滴。

到楼下的时候，我抬头看了一眼，她正扒着窗户露出半个小脑袋，手里挥动着那支蓝色的笔。

我好像笑了一下。

走在街上，我收起了伞，就那么淋着。

雨默默的。

生命之章

“你好。”我坐下，摘下笔帽，打开本子，准备好录音笔后抬头看着他。

只看了一眼，我就后悔了，后悔见他。

我也算是接触过不少精神病人了，他们之中鲜有眼神像他这样让我感到不安的。而不安的根源在于从他的眼神中什么都看不到，没有喜怒哀乐。如果面对的患者是兴高采烈那种亢奋的状态的，那我就不需要多问，听就是了；假若面对是沉默类型的也没关系，无非再多来几次试试；要是对方情绪很不稳定甚至狂暴，大不了就跑呗，跑快点躲开砸过来的一切，安全第一就成。然而，面前的他只有一种态度：超然。说实话我有点怕这类型的患者，因为在他们面前，我是那个被审视的人，甚至到了一种无所遁形的地步。

我甚至能预感到接下来必将是一段烧脑甚至颠覆我所有认知的时间。

他面无表情点了下头：“你好。”

糟糕了！我知道自己的预感没错，因为他平和地回应我的问候。对于一个很不稳定的精神病人来说这不正常。

我：“呃……听说你自杀过很多次？”

他面无表情地看了我一会儿：“那不是自杀，我只是想提前结束这一章。”

“一章？”这让我想到了曾经接触过的某一位患者，“你认为我们是在一本书里？”

他："不是书。只是这么形容。"

我："那是什么意思？"

他："只是一个环节罢了。"

我："呃……还是没明白。"

他漠然地看了我一会儿："死亡并不是真的死亡，只是我们这么说。死亡只是生命这一段的终结，但是我们还会用别的方式继续下去。"

"死亡不是死亡……"我在品味这句话，"那死亡是什么？"

他："这一章的结束，我说过的。"

我开始有点听明白了："原来是这样……那之后呢？是什么？"

他："我也不知道，某种形式吧。所以我想提早结束现在的环节去看看后面到底是什么。"

我："其实……"我隐隐地觉得话头不对，但一时又没想好要不要岔开，毕竟他是有自杀倾向的那类患者。

他没打算停下来而是继续就这个问题点还在说："生命和死亡只是我们起的名字罢了，生命本身不见得是好的，死亡也不见得是坏的。这些都只是必需的某种阶段。现在，被我们称作是生命的这个阶段，是某个巨大环节中的一个段落，之前我们经历过其他阶段，之后还会经历另一些别的什么，但是我们不清楚那是什么。"

我："我大概是听明白了，你是说我们的生命是某个……巨大的……嗯……某种连续性的一部分？"

他："差不多是这个意思。"

我："那，那个巨大的……我没办法称呼它，是什么形状的？环形？或者就像是DNA一样的螺旋体？"

他："你在试图用生命中的常识去解释生命之外。但假如真有什么形状的话，我认为应该是我们无法理解的，因为目前我们甚至都无法理解生命之外是什么。"

我突然觉得他的想法很有趣："也许它就是普通纯线性的。"

他非常认真地想了想："我不知道。"

我："但是你为什么会这么认为呢？"

他："我只是说这种可能性存在，所以我才打算提前结束生命来试试。"

我："但拿生命来……这太草率了，毕竟生命只有一次机会……"

他有点不耐烦地打断我："你怎么知道的？"

我被问愣了。

他："你们太喜欢用已知去解释未知了，然后以此为基准来评判。"

我："可是这很正常啊，毕竟我们身处在生命当中……"

他："不，不，不是这样的，你还是没能跳出来。也许，从下一个环节来看，认为我们现在的阶段只是某种孕育期呢，甚至我们这个阶段反而被称为死亡呢？在其他阶段看来，生死的因果关系也许正好是相反，而不是我们现在认为的这样。你太习惯于用已知解释未知了。或者说，在某种程度上你恐惧未知，就如同恐惧死亡。"

我知道他这种逻辑虽然建立在假设基础上，但却是不可攻破的，因为我没法推翻他的假设，除非我也像他那样假设。可这样一来我就和他所做的没有任何区别了。每次遇到这种情况我都会为人类的逻辑极限感到悲哀，并且有沉重的无力感以及某种程度上的绝望。

我决定再挣扎一下："用已知尝试着解释未知也没错吧，至少现在看来没错误，因为我们的定位就在生命中，而不是生命之外。"

他："你从身处的角度看当然没错误，但是从正确与否的角度看就不好说了。"

"好吧。"我彻底放弃了在这个问题继续纠结，因为他是对的，"你是从什么时候开始有这种想法的？"

他："从一张图片。"

我："能说说是什么样的图片吗？"

他："可以。是一张银河系的图片。"

我突然有一种不好的预感：不会和某些奇怪的学科有关吧？

他完全没留意到我情绪的变动，而是眯着眼睛似乎在回味："那是一张很美的图片，银河系像是个巨大的、闪亮的盘子，带着数以亿计的星体慢慢旋转着。那张图片就像是有魔力一样，足足吸引了我将近一个小时都没能把视线移开。有那么一阵儿我甚至已经置身于其中，漂浮在某个位置静静地看着它……直到最后我忘了双腿的存在，忘了掌握平衡，摔倒在地。"

我试着假想了一下后问："那让你想到了什么？"

他又愣了一会儿回过神来看着我："最早我们认为地是平的，日月星辰在这一大块平面上按照某种规律起起落落。后来我们发现地球是圆形的，但是我们认定日月星辰围绕我们运行，很自大不是吗？有人提出不同意见就被烧死，并且说那是邪恶的异端学说。你知道我在说什么——日心说。后来日心说被慢慢接受了，可那依旧是错误的。再往后，我们知道了更多，但到目前为止，大多数人都觉得地球只是安安静静地围绕着那颗恒星一圈又一圈地转。可实际上呢？太阳在银河系中带着我们狂奔，和其他数十亿颗星球一样，组成一个巨大的、闪亮的、不断移动的盘子。而且谁知道银河系是不是又归属于某种更为巨大的，大到我们无法认知、无法接受的存在呢？所以说，其实我们从出生起没有一秒钟在原地停留过，我们每一分钟都距离前一分钟几十万公里以上。但是这从很早很早以前就这样了，在还没有人类的时候就这样了，但我们才知道没多久。你问我当时在想什么，我想的就是这个。"

我不知道该怎么接下去，只好默默看着他。

他："现在，我要说的是，我们的生命，只是一个小段落，很小很小的一个小段落而已。之前有很多很多种其他的、我们无法理解的存在方式；之后也有很多很多我们完全未知的存在方式，就像最初我们无法理解我们存在于一个巨大的银河系中一样。因此，我想去体会一下，也许用体会这个词都不够了，那是一种远超过我们想象力的感受。然后当我决定的时候，仅仅是在生命这个微不足道的、小小的环节中做了个小小的决定，你们就无法接受了，说我疯了，把我关起来，还说是为了不让我伤害自己。不可笑吗？”

“因为……”我都能感受到自己的无力，“因为毕竟你还生活在现在这个……嗯……环节中啊……”

“是的，”此时泪水在他眼里慢慢聚集，“但是你们却不让我离开……”

我张了张嘴想说点什么，却发现自己无言以对。

从他那儿出来后，我一直是恍惚的状态。本来以为很快就过去了，但那种状态一直延续了很多天。大约一周后我做了个梦，梦见自己身处在一片虚无中，眼前有一个巨大的、闪亮的银河系缓缓转动着，无声无息。而更远的地方，有更多的银河系散落在黑暗中，无边无际。

最后的撒旦

我：“我看到你在病房墙壁上画的画了。”

他：“嗯。”

我：“别的病患都被吓坏了。”

他：“嗯。”

我：“如果再画不仅仅要被穿束身衣，睡觉的时候也会被固定在床上。”

他：“嗯。”

我：“你无所谓吗？”

他：“反正我住了一年精神病院了，怎么处置由你们呗。”

我：“是你家人主动要求的？”

他：“嗯。”

我：“是不是很讨厌我？”

他：“还成。”

我：“那你说点儿什么吧。”

眼前的他是个20岁左右的年轻男性，很帅，但是眉宇间带着一种邪气，我说不好那是什么，总之让人很不舒服——不是我一个人这么说。

他抬眼看着我：“能把束身衣解开一会儿吗？”

我：“恐怕不行，你有暴力倾向。”

他：“我只想抽根烟。”

我想了想，绕过去给他解开了。

他活动了下肩膀后接过我的烟点上，陶醉地深深吸着：“一会你再给我捆上，我不想为难你。”

我：“谢谢。”

他：“我能看看你那里都写了什么吗？”他指着我面前关于他的病历记录。

我举起来给他看，只有很少的一点观察记录，他笑了。

我：“一年来你几乎什么都没说过，空白很多。”

他：“我懒得说。”

我：“为什么？”

他：“这盒烟让我随便抽吧？”

我：“可以。”

他：“其实我没事儿，就是不想上学了，想待着，就像他们说的：好逸恶劳。”

我：“靠父母养着？”

他的父母信奉天主教，很虔诚的那种。从武威（甘肃境内，古称凉州）移居北京，前N代都是。

他：“对，等他们死了我继承，活多久算多久。以后没钱了就杀人抢劫什么的。”

我：“这是你给自己设计的未来？”

他：“对。”

我：“很有意思吗？”

他：“还成。”

我：“为什么呢？”

他再次抬眼看我：“就是觉得没劲……其实我也没干吗，除了不上学不工作就是乱画而已。”

我："家里所有的墙壁都画满了恶魔形象，还在楼道里画，而且你女友的后背也被你强行刺了五芒星，还算没干吗？"

他："逆五芒星。"

我："可是你为什么要做这些？"

他又拿出一根烟点上："你有宗教信仰吗？"

我："我基本是无神论者。"

他："哦，那你属于中间派了？"

我："中间派？"

他："对啊，那些信仰神的是光明，你是中间，我是黑暗。"

他说得轻描淡写，一脸的不屑。

我："你是说你信仰恶魔？"

他："嗯，所有被人称为邪恶的我都信仰。"

我："理由？"

他："总得有人去信仰这些才能有对比。"

我："对比什么？光明与黑暗？"

他："嗯。"

我："你不觉得那是很幼稚的耍帅行为吗？"

他抿了下嘴没说话。

我知道这个触及他了，决定冒险。

我："小孩子都觉得崇拜恶魔很酷，买些狰狞图案的衣服穿着，弄个鬼怪骷髅文在身上，或者故意打扮得与众不同，追求异类效果。其实是为了掩饰自己的空虚和迷茫，一身为了反叛而反叛的做作气质。"

他依旧没搭腔，但是我看到他喉结动了一下。

我："虽然你画功还不错，但是那也不能证明你多深邃，有些东西掩饰不了的，例如幼稚。"

他终于说话了："少来教训我，你知道的没多少。别以为自己什么都清楚，你不了解我。”

我：“现在你有机会让我了解你。”

他：“好啊。我告诉你：这个世界就是肮脏的，所有人都一样。道貌岸然的表象下都是下流卑鄙的嘴脸。我早看透了，没有人的本质是纯洁的，都一样。你不认同也没关系，但我说的就是事实。”

我微笑着看着他。

他：“人天生就不是纯洁的，每个躯壳在一开始就被注入了两种特性：神的祝福和恶魔的诅咒，就像你买电脑预装系统一样。事先注入这两样后，才轮到人的灵魂进入躯壳，然后灵魂就夹杂在这中间挣扎着。各种欲望促使你的灵魂堕落，各种告诫又让你拒绝堕落，人就只能这么挣扎着。有意义吗？没有，都是无奈的本性，逃不掉。等你某天明白的时候你会发现，自己的本质中竟然有这么肮脏下流的东西，想去掉？哈哈哈，不可能！”

我：“但是你可以选择。”

他提高了嗓门：“选择？你错了！没有动力，永远是贪欲强于克制，卑鄙强于高尚。人就是这么下贱的东西。只有面对邪恶的时候，高尚的那一面才会被激发，因为那也是同时存在于体内的特质，神的意图就是这样的。当你面对暴行的时候，你会袒护弱小，当你面对邪恶的时候你才会正义，当你面对恐惧的时候你才会无畏。没有对比，人屁都不是，是蝼蚁、是蛆虫、是垃圾、是空气里的灰尘、是脚下的渣子！”

我：“如果这个世界上没有神呢，没有恶魔呢？”

他站了起来，几乎是对我大喊：“那才证明这都是人的本质问题，早就在心里了，代代相传，永远都是！只给两个婴儿一杯牛奶，你认为他们会谦让？胡扯！人类是竞争动物，跟自然竞争，跟生物竞争，然后和人类竞争，你能告诉我哪一天世上没有战争吗？那是天方夜谭吧？除非在人类出现之前！我幼稚？你真可笑！我信奉恶魔，那又怎么样？自甘堕落算什么？我的存在，就是为了证明光明的存在，我不存在，就没有对比，就没有光明。人的高尚情操也就永远不会被激发出来，就只能是卑微的、肮脏的、下流的！有人愿意选择神，有人愿意选择恶魔！如果这个世上只有恶魔，那就没有恶魔了，就像这个世界只有神就没有神一个道理。我的存在意义就在于此！”

听见他的吼声，外面冲进来两个男护士，几乎是把他架走的。

走廊里回荡着他的咆哮：“你们都是神好了，我甘愿做恶魔，就算你们全部都选择光明，为了证实你们的光明，我将是最后一个撒旦。这！就是我的存在！”

听着他远去的声音，我面对着满屋的狼藉，呆呆地站在那里，第一次不知所措。

我必须承认，他的那些话让我想了很久，那段录音都快被我听烂了。

后来和他的父母聊过几次，他们告诉我患者曾经是如何虔诚，如何充满信仰，但是突然不知道为什么就这样了。而且他们说已经为他祈祷无数次了，他们希望他能回到原来的虔诚状态。

我本来打算说些什么，犹豫了好一阵儿没说。我想，从某个角度讲，他很可能依旧是虔诚的。

女人的星球

我推门进来的时候，吓了他一大跳，还没等我看清，他人就躲到桌子底下去了，说实话我也被吓了一跳。

关上门后我把资料本子、录音笔放在桌上，并没直接坐下，而是蹲下看着他。我怕他在桌子底下咬我——有过先例。

他被吓坏了，缩在桌子下拼命哆嗦着，惊恐不安地四下看。

我："出来吧，门我锁好了，没有女人。"

他只是摇头不说话。

我："真的没有，我确定，你可以出来看一下，就看一眼，好吗？"

跟这个患者接触大约两个月了。他有焦虑加严重的恐惧症，还失眠，而恐惧的对象是女人。

他小心地探头看了下四周，谨慎地后退爬了出去，然后蹲坐在椅子上，紧紧地抱着自己的双膝，惊魂未定地看着我。

我："你看，没有女人吧。"

他："你真的是男的？你脱了裤子我看看？"

我："……我是男的，这点我可以确认。你忘了我了？"

他："你还有什么证据？"

我："我今天特地没刮脸，你可以看到啊，这个胡子是真的，不是粘上去的。你见过女人长胡子吗？就算汗毛重也不会重成我这样吧？"

他狐疑地盯着我的脸看了好一阵儿。

他：“上次她们派了个大胡子女人来骗我。”

我：“没有的，上次那个大胡子是你的主治医师，他可是地道的男人。”

他努力地想着。我观察着他，琢磨今天到底有没有交流的可能。

他：“嗯，好像是，你们俩都是男的……但是第一次那个不是。”

我：“对，那是女人，你没错。”

他：“现在她们化装得越来越像了。”

我：“哪儿有那么多化装成男人的啊。这些日子觉得好点没？”

他：“嗯，安全多了。”

我：“最近吃药顺利吗？”他曾经拒绝吃药，说那是女人给他的毒药，或者拒吃安眠药，说等他睡了她们好害他。

他：“嗯，就是吃了比较困，不过没别的事。”

我：“就是嘛，没事的，这里很安全。”

他：“你整天在外面小心点儿，小心那些女人憋着对你下手！”

我想了下，没觉得自己有什么值得女人那么鸡飞狗跳寻死觅活惦记的，于是问他为什么。

他：“她们早晚会征服这个地球的！”

我：“地球是不可能被征服的。”

他：“哦，她们会统治世界的。”

我：“为什么？”

他又疑神疑鬼地看着我，我也在好奇地看着他，因为从没听他说过这些。

他：“你居然没发现？”

我：“你发现了？”

他严肃地点了点头。

我：“你怎么发现的？”

他：“女人，跟我们不是一种动物。”

我：“那她们是什么？”

他："我不知道，很可能是外星来的，因为她们进化得比我们完善。"

他好像镇定了一些。

我："我想听听，有能证明的吗？"

他神秘地压低声音："你知道DNA吗？"

我："脱氧核糖核酸？知道啊！你想说什么？染色体的问题？"

他："她们的秘密就在这里！"

我："呃……什么秘密？染色体秘密？"

他："没错！"

我："到底是怎么回事？"

他："人的DNA有23对染色体对不对？"

我："对，46条。"

他依旧狐疑地看着我："你知道多少？"

我："男女前44条染色体都是遗传信息什么的，最后那一对染色体是性染色体，男的是X/Y，女人是X/X。这个怎么了？"

他严肃地看着我："你们都太笨！这么简单的事都看不明白！"

我："呃……我知道这个，但是不知道怎么有问题了……"

他："男女差别不仅仅是这么简单的！男人的X/Y当中，X包含了两三千个基因，是活动频繁的，Y才包含了几十个基因，活动很少！明白了？"

我："呃……不明白……这个不是秘密吧？你从哪儿知道的？"

他一脸恨铁不成钢的表情："我原来去听过好多这种讲座。你们真是笨得没话说了，难怪女人要灭绝咱们！"

我实在想不出这里面有什么玄机。

他叹了口气："女人最后两个染色体是不是X/X？"

我："对啊，我刚才说了啊……"

他："女人的那两个X都包含好几千个基因！而且都是活动频繁的，Y对X，几十对好几千！就凭这些，差别大了！女人比男人多了那么多信息基因，就是说女人进化得比男人高级多了！”

我：“但是大体的都一样啊，就那么一点儿……”

他有点儿愤怒：“你这个科盲！人和猩猩的基因相似度在99%以上，就是那不到1%导致了一个是人，一个是猩猩。男人比女人少那么点儿？还少啊！”

看着他冷笑我一时也没想好说什么。

他：“对女人来说，男人就像猩猩一样幼稚可笑。小看那一点儿基因信息？太愚昧！低等动物是永远不能了解高等动物的！女人是外星人，远远超过男人的外星人！”

我：“有那么夸张吗？”

他不屑地看着我：“你懂女人吗？”

我：“呃……不算懂……”

他：“但是女人懂你！她们天生就优秀得多，基因就比男人丰富。就是那些活动基因导致了完全不一样的结果！男人谁敢说了解女人？谁说谁就是胡说八道。我问你，从基因上看，是你高级还是宠物高级？”

我：“呃……我……”

他：“就是这样。你养的宠物怎么可能了解你？你吃饭它明白，你睡觉它明白，你看电影它就不见得明白了吧？你上网它就不理解了吧？你跟别人聊天它还是不明白吧？你看书它明白？不明白吧。你看球赛高兴了或者不高兴了它明白？它也不明白！它只能看到你的表面现象：你高兴了或者生气了。但是为什么，它永远不明白。”

我：“嗯……你别激动，坐下慢慢说。”

他：“你能看到女人喜欢这件衣服，为什么？因为好看。哪儿好看了？你明白吗？”

我：“嗯，有时候是这样……”

他：“女人生气了，你能看到她生气了，你知道为什么吗？你不知道……”

我：“经常是一些小事儿吧……”

他再度冷笑："小事儿？你不懂她们的。你养的宠物打碎了你喜欢的杯子，你会生气，在宠物看来这没什么啊，有什么可气的？对不对？对不对？！"

看着他站在椅子上我有点儿不安。

我："你说得没错，先坐下来好不好？小心站那么高，女人发现你了。"

他果然快速地坐了下来。

他："没男人能了解女人的，女人的心思比男人多多了，女人早晚会统治这个世界，到时候男人可能会被留下一些种男，剩下的都杀掉。等科学更发达了，种男都不需要了，直接造出精子。可悲的男人啊，现在还以为在主导世界，其实快灭亡了，这个星球早晚是女人的……"

我："可怜的男人……感情呢？不需要吗？"

他："感情？那是为了繁衍的附加品。"

我："我觉得你悲观了点儿……就算是真的，对你也没威胁的。"

他："我悲观？我不站出来说明，我不站出来警告，你们会灭亡得更早！可惜我这样的人太少了。"

我："是啊……我知道的只有你。"

他："弗洛伊德，你知道吗？他也是和我一样，很早就发现了。"

我："欸？不是吧？"

他："弗洛伊德的临终遗言已经警告男人了。"

我："他还说过这个？怎么警告的？"

他："他死前警告所有男人，女人想要全世界！"

我已经起身在收拾东西了："嗯，我大体上了解怎么回事了，过段时间我还会来看你的。"

他："你不能声张，悄悄地传递消息，否则你也会很危险的。"

我："好的，我记住了。"

我轻轻地关上了门。

几天后我问一个对遗传学了解比较多的朋友，有这种事儿吗？他说除了来自外星、干掉男人、征服世界那部分，基本属实。

不过，我们都觉得弗洛伊德那句临终遗言很有意思，虽然那只是个传闻。

“女人啊，你究竟想要什么？”

篇外篇：有关精神病的午后对谈

需要强调的是，我不是这方面的专家、医师。这一篇的内容，只做参考。

在几年前我和一个朋友的伯父聊过一下午。整整那个下午我们都在说一个话题：精神病和精神病人。朋友的伯父早年海外求学，学医，后专攻精神科研究与治疗，在业界（全球范围）比较有名，曾对精神病的研究和治疗有过很大的贡献。

老头一点架子都没有，挺开朗的一个人，是真正的专家。说专业知识的时候从不故作高深，也不会用专业词汇显摆自己多么多么牛，都是以广大人民群众喜闻乐见的大白话表达。不像那些整天研究“比基尼到底露多少算道德沦丧”的“砖家叫兽”们，得瑟半天没人明白。我本能地觉得那天的对话也许会有用，于是记录下了大部分。

他：“你要录音啊？”

我：“可以吗？”

他：“可以是可以，不过我今天是无责任地说说，如果想用这些做参考写论文，怕会耽误你的。”

我：“您放心吧，我不用这个写论文，我只是想从您这里吸收一些知识，您看可以吗？”

他：“好，那我可就不负责任地说了啊，你发表了我也不承认（大笑）。”

我：“成，没问题。”

他："好，那你想知道什么呢？"

我："您是从什么时候起决定到这个领域的？"

他："我不是从小立志就专攻这科的，也没什么特别远大的志向要救死扶伤，那会儿我年轻，没想那些。我们家族祖上一直都是行医的（作者按：有家谱为证记载到300年前），所以我们家族出医生多（笑）。本身我是骨科，××年被国家保送到欧洲求学的时候，遇到这么一个事，也就是那件事，决定了我选择现在的专业。"

我："是特惨的一件事吗？万恶的资本主义体制下精神病人如何受摧残了？"

他："（大笑）那倒不是。是某次和一个同学去看她的哥哥，她哥哥在一家精神病医院实习。我在院子里等她的时候，就坐在两个精神病人附近，我听他们聊天。最开始我觉得很可笑，后来就笑不出来了。"

我："是内容古怪吗？"

他："不是，内容很正常，说的都是普通内容。但是两个人操着不同的语言，一个说西班牙语，另一个说英语，而且对话完全没有关系。一个说：'今天天气真是难得的好。'另一个回答：'嗯，不过我不喜欢放洋葱。'那个又说：'安吉拉还在世的话，肯定催着我陪她散步。'另一个又回答：'大狗不算什么，小狗挠痒痒的时候才最可笑呢……'两个人的话题完全没有关系，但是两个人聊得很热络。如果不听内容，只看表情、动作，会以为是一对老朋友在聊天。我在旁边听得一愣一愣的。本身西班牙语就是到那边才学会的，不太扎实，最初都以为自己口语听力出问题了。我就那么足足听了一个多小时，他们没一句对上的。等我回过神的时候，同学早就因为找不到我，自己先走了。"

我："是不是回去就开始留意这方面资料了？"

他："对，就是从那时开始，我才慢慢注意这些的。去图书馆看，缠着教授推荐资料，但是我发现并不是像我想的那样。"

我："对啊，骨科和精神病科是两回事啊。"

他："不是这个问题，而是资料的问题。最开始我以为西方在精神病科这方面的资料会很全，记载会很详尽，但是一查，才知道，不是我想的那样。到18世纪中期的时候，他们的很多精神病科、脑科的资料还跟宗教有关联，什么上帝的启示啊、神的惩罚啊、鬼怪的作祟啊，都是这些，而且被很多医生支持。"

我："其实也正常吧？医术的起源本身就是巫术嘛，巫医。"

他："不是的，在18世纪的时候，欧洲医学方面，尤其是外科方面已经很有水准了。但是精神科方面可能是被宗教所压制，一直没太多进展，甚至有时候受到排挤。"

我："所以？"

他："所以我最终决定专攻精神科。"

我："哦……我想知道您对精神病人治疗的看法，因为曾经听到过一种观点：精神病人如果是快乐的，那么为什么要打扰他们的快乐。"

他："这点我知道，其实应该更全面地解释为：如果一个快乐的精神病人，在没威胁到自身及他人的安全，又不给家人、社会增加负担的情况下，那么就不必要去按照我们的感受去治疗他。"

我："您认为这个说法对吗？"

他："不能说是错的，但是这种事情是个例，很少见。你想，首先他要很开心，不能冻着，不能饿着，还没有威胁性，家人并且不受累。多见吗？不多吧。"

我："那也有的吧？"

他："的确存在。例如有那么一个英国患者，家里比较有钱，父亲去世后三个姐姐和患者本人都拿到不少的遗产。患者情况是这样：每天都找来一些东西烧，反复烧透，烧成灰后再烤、碾碎，然后用那个灰种花，看看能不能活，各种东西都用来试验，别的不干，也不会干。吃饭给什么吃什么，不挑食，累了就趴在沙发上睡。他的三个姐姐很照顾他，雇了两个佣人，一个做饭收拾房间，另一个就算是他助理了，整天盯着，别烧了什么家具或者自己，就这么过的。你不让他烧，他就乱砸东西发脾气，给他点能烧的，他就安静了，慢慢地用酒精灯一点一点烧，吃什么穿什么都不担心，财产有会计师、律师和姐姐监管着，一切都挺好。这样的患者，没必要治疗，自己烧的挺好嘛，也不出去，也不打算结婚，专心烧东西种花，没有威胁性，不伤害任何人，还能创造就业机会。最重要的是，他很快乐。”

我：“怎么判断他的快乐与否呢？”

他：“只能从表面上看了，如果患者是哭笑颠倒的话，也没办法。因为这种情况下如果治疗，就会有很多奇怪的人权团体来找你麻烦，指责你剥夺了精神病人的快乐。”

我：“嗯，是个问题……精神病定义的基础是什么？过了一个坎儿就算，还是因患病杀人放火满街疯跑才算？”

他：“其实你说的是一个社会认同的问题了。我的看法是：人人都有精神病。”

我：“欸？”

他：“你想想看，你有没有某些方面的偏执？”

我：“嗯……我的电脑桌面上图标不能超过三个，多了必须放快捷栏或者干脆不放桌面，这个算吗？”

他：“算啊，多于三个你就不干对不对？”

我：“那您这么说我身边这种人多了。我认识个女孩，她必须把钱包的钱都按照面值排列好，正反面方向必须一致；另一个是必须把床上的床单绷紧，不能有一丝皱褶；还有一个朋友喜欢宽叶的盆栽，休息日必须挨个把叶子擦得贼亮；对了我还有一个习惯，三个月就把家里的家具换个位置摆放，这都算？”

他：“我们分开来说。你的家具移位啊，你朋友伺候花草啊，可以用‘情调’这个词。那个整理钱包的人和床单平整的人可以算是小小的矫情。其实这些都是轻微的强迫行为。但是，这些都没影响你和其他人的正常生活对不对？那就强迫着吧，没什么不可以的。不过你要是连别人的钱包也整理，跑到别人家去强行把人家的家具也挪来挪去，你就算精神病人了。至于去别人家擦花……我觉得这个我愿意接受（笑）。”

我：“嗯……那精神病到底是怎么来的呢？有具体成因吗？”

他：“这个我也很想知道，不仅仅是我，很多我的同行都很想知道，但是我们对于绝大多数精神病的成因都一无所知。只能肯定一点：有一部分精神病人是因为遗传缺陷。但这不是绝对的。基本上人人都有遗传缺陷，为什么只有一部分会发病还是个未解课题。说远点儿吧，对于癌症啊、艾滋病啊、肿瘤啊，治疗技术和方法近几十年随着设备提高都是飞速发展。为什么呢？因为病原明摆着就在那里。但是精神病不是，那个解剖是看不到的。就像中国传统医学的穴位脉络，那个只能活着的时候有，尸体解剖根本就没有，你怎么确定？而且穴位和脉络还是一天当中会有变化的。上午这个穴位可以有疗效，下午就没用了。

精神病这种问题更严重，精神是什么？这也就难怪西方宗教会干涉精神病研究的发展了。这是很难说的一个问题。精神病科还不同于神经外科，神经外科目前最好的是德国和日本，因为“二战”期间他们做了大量的活体实验。当然，这个是没有人性的，也是反人类的残忍行为。从这点我们再说回来，也就是通过德国和日本的活体大脑实验，我们才知道了大脑的很多功能。因为大脑就像一部电脑一样，不是每时每刻所有的零件都在工作，需要这部分的时候，这部分工作，不需要的时候，这部分是不活动的。电脑关了机就什么问题都发现不了，没有活体实验，很难知道，尤其是在过去透视技术不发达的时期。”

我：“我记得有说法是说大脑只被开发了20%，剩下的80%还没被运用。是不是很多精神病的成因都在没开发的那方面？”

他：“其实这是个谬传。也许是媒体对相关医学论文或者杂志的断章取义。那80%不是全部闲置的，你的呼吸、你的心跳、你的排汗、你的体能反应，都是那80%内控制的，换句话说，是维持生理机制。但是我承认还有一部分到目前为止没发现有任何的运用。不是没有运用，是没发现，也许需要什么情况才会被激活。但是这部分不会超过20%，也就是说，人类大脑实际已经被应用80%以上了。不要太相信小说电影里那些大脑潜能的科幻。人目前还不具备无限潜能的大脑，真的是无限潜能，那就不用发育这么大了。一个成人大脑多重？1.7公斤左右，这个重量对于现代人体重比例来说，已经很大了。”

我：“嗯……除了遗传缺陷外就没有能确定的其他原因了？”

他：“有，但是更难界定，例如心理因素、环境因素、成长因素，这些都导致了承受能力的不同。比方说吧，精神分裂的重要症状之一就是思维扩散和思维被广播（diffusion of thought ，thought broadcasting，英文原名由我本人查证后友情提供），就那些刚刚提到的各种客观因素导致的，在精神分裂患者中占了相当大的比例。”

我：“什么意思？思维扩散？”

他：“这是患者的一种错觉，觉得自己刚有什么想法，就跟广播似的，大家就都知道了。感觉自己的思维处于共享状态，没有任何隐私，由此导致（对他人）恐慌和不信任感。这种情况被称为思维扩散，其实这两种情况都是一样的，用两个词是因为患者的感受不同。思维立刻被共享，要不就是思维有广播发散出去的感觉……精神分裂或者精神分裂前期都具备这种特征。对于这类患者，我不敢说全部，但是其中一大部分只要我眼光和他们对视，我就能够确定。这不是我或者患者有了特异功能，这是临床经验。他们的眼神都是极度敏感和警觉的。”

我：“原来是这样……”

他：“而且在这种情绪下，患者对周围的人更加充满敌意，心理上更加焦虑。如果不及时进行心理辅导来调整或者治疗，会恶性循环的，因为他们会越来越敏感。比方你说了一句话，具体内容患者没听进去，就那么几个字他听进去了，串成了辱骂他的一句话或者讽刺他的一句话。他会认为你针对他了，你是坏人，你知道他的想法了，他没隐私了。同时会激起患者更多想法，以至于在他头脑中就脱离了正常的思维，成了有人在头脑中对自己说话，形成幻听。如果更严重的话，就会根据头脑中的对话产生幻视效果，看到了别人看不到东西，诸如此类。”

我："居然这么严重……"

他："是的，我曾经治愈过一个患者，是个小伙子。他就是严重的精神分裂。他说能看到街上很多外星人，别人看不到，外星人偷听他的思维，并且趴在每个人的耳边告诉别人。可是你想想看，当他用那种奇怪的眼神看别人的时候，别人也觉得他奇怪啊，也会多看他两眼，他就更加认为别人已经知道他想什么了，会狂躁，会失常。"

我："那精神分裂的治疗呢？"

他："家人的开导是必需的，精神病医师会听取心理分析师和心理辅导医师的建议，采取各种药物辅助治疗。但是必须强调一点，家属的配合相当重要。我们在欧洲曾经有过一个调查，被母亲适当疼爱的孩子，成年后会比被母亲忽视的孩子更加自信，同时和配偶、恋人的关系也更加稳定。最有意思的是，免疫力也更强。"

我："这么大差异？"

他："是的，不过患者自己也得慢慢调整心态，不能整天在意别人的眼神和态度。自己得学会放开心胸。海纳百川，有容乃大；壁立千仞，无欲则刚……"

记录资料节选至此，希望这则篇外篇能让一些朋友对一些专业问题有所了解。

时间的尽头——前篇：橘子空间

某次和一个关系很好的朋友聊天，因为他是驻院精神科医师，所以我说起了那位能看到“绝对四维生物”的少年，他听了后觉得很有意思，但同时也告诉我，他们院一个患者，简直就是仙。那患者是个老头，当时60多岁，在他们院已经十几年了，大家都管他叫“镇院之宝”。这么说不光是他的想法很有趣，更多的是他会“传染”。

最初这个老头是跟好几个人一个病房，里面大家各自有各自的问题：有整天在床上划船的（还一个帮忙挂帆抛锚的），有埋头写小说的（在没有纸笔的情况下），还有喜欢半夜站在窗前等外星人老乡接自己走的（七年了，外星老乡也没来），有见谁都汇报自己工作的：“无妨，待我斩了华雄再来此饮酒不迟！”

那种环境下，老头没事就拉着其他患者聊天，花了半年多时间，居然让各种病症的人统一了——都和自己一样的口径。大家经常聚在一起激烈地讨论问题——不是那种各说各的，而是真的讨论一些问题，但是很少有医生护士能听明白他们在说什么。

跟他聊过的其中少量患者很快出院了，这很让人想不透。那些出院的人偶尔会回来看他，并且对老头很恭敬，还叫老师。不过有一些病情加重了，院方换了几次房都一样。后来医院受不了了，经过家属同意，让老头住单间。开始家属还常来看，可一来就被拉住说那些谁也听不明白的事，逐渐子女来的也少了。好在子女物质条件很不错，打款准时，平常基本不露面。照理说那么喜欢聊天的一个人，自己住几天就扛不住了，但老头没事，一住就是十几年，有时候一个月不跟人说话都无所谓，也不自己嘀咕，每天乐呵呵地吃饭睡觉看报纸，要不就在屋里溜达溜达。现在的状况，按照朋友的说法就是："当我们院是养老院，住得那叫一个滋润！按时管饭就成，自己收拾病房，自己照顾自己，连药都停了，很省心。不过每天散步得派人看着，不能让他跟人聊天，因为他一跟其他患者聊天，没一会儿就能把对方聊激动了，这个谁也受不了。"

在朋友的怂恿下，加上我的好奇，那次闲聊的两周后，我去拜访了"镇院之宝"。说实话我很想知道他到底说了些什么。

进门后看到窗前站着个老人，中等身材，花白头发，听到开门回过头来，逆光，看不清。

医师："这是我的一个朋友，来看您了。"

这时候我看清了，一个慈眉善目的方脸老头。

他溜达到床边坐下，很自然地盘着腿。我坐在屋里唯一的椅子上，颇有论经讲道的气氛。

朋友说还有事就走了，关门前对我坏笑了一下，我听见他锁门的声音后有点不安地看了一下眼前的老头。

他说话慢条斯理的，很舒服，没压迫感："你别怕，我没暴力倾向，呵呵。"

我："那倒不至于……听说您有些想法很奇特。"

他："我只是说了好多大家都不知道的事情，没什么奇怪的啊。"

我："您很喜欢聊天？"

他："嗯，聊天比较有意思，而且很多东西在说出来后自己还能重新消化吸收一下，没准还能有新的观点。"

我觉得这点说得有道理。

我："听说您'治好'了一些患者？"

他："哈哈，我哪儿会治病啊，我只是带他们去了另一个世界。你想不想去啊？”

我盘算着老头要是目露凶光地扑过来，我就抄起椅子来，还得喊。这会儿得靠自己，跑是没戏了。

他大笑：“你别紧张，我不是说那个意思。”

我：“那您说的另一个世界，是什么地方？”

他：“是时间的尽头。”

我：“时间的尽头？时间有尽头吗？” 当时的我已经具备了一些量子物理学知识了。

他：“有。”

我：“在哪儿？”

他：“在重力扭曲造成的平衡当中。”

我觉得这就很无聊了，最初我以为是什么很有趣的东西，但现在貌似是纯粹的空扯。

我：“您说的扭曲是什么意思？”说话的同时我掏出手机准备发短信给朋友让他来开门。

他依旧不慌不忙：“看来你这方面的知识不多啊，要不我给你讲细致点儿？”

我想了想，攥着手机决定再听几分钟。

他：“你知道我们生活在扭曲的空间吧？”

我：“不知道。”

他：“不知道没关系，打个比方说的话会很容易理解。假如多找几个人，我们一起拿着很大的一张塑料薄膜，每人拉着一个边，把那张薄膜绷紧……这个可以想象得出吗？”

我：“这个没问题，但是绷紧薄膜干吗？”

他：“我们来假设这个绷紧的薄膜就是宇宙空间好了。这时候你在上面放一个橘子，薄膜会怎么样？”

我：“薄膜会怎样？会陷下去一块吧？”

他：“对，没错，是有了一个弧形凹陷。那个弧形的凹陷，就是扭曲的空间。”

我：“弧形凹陷就是？我们说的是宇宙啊？空间怎么会凹陷呢？”

老头微笑着不说话。

我愣了一下，明白了：“呃，不好意思，我忘了，万有引力。”

他继续：“对，是万有引力。那个橘子造成了空间的扭曲，这时候你用一颗小钢珠滚过那个橘子凹陷，就会转着圈滑下去吧？如果你的力度和角度掌握得很好，小钢珠路过那个橘子造成的弧形时，橘子弧形凹陷和小钢珠移动向外甩出去的惯性达到了平衡，会怎么样？”

我：“围着橘子不停地在转？有那么巧吗？”

他：“当然了，太阳系就是这么巧，月亮围着地球转也是这么巧的事啊？不对吗？”

我：“嗯，是这样……原来这么巧……”

他：“现在明白扭曲空间了？我们生活的环境，就是扭曲的空间，对不对？”

我不得不承认。

他：“明白了就好说了。我们这时候再放上去一个很大的钢珠，是不是会出现一个更深的凹陷？”

我：“对，你想说那是太阳？”

他：“不仅仅是太阳，如果那个大钢珠够重，会怎么样？”

我：“薄膜会破？是黑洞吗？”

他：“没错，就是黑洞。这也就是科学界认为的‘黑洞质量够大，会撕裂空间’。如果薄膜没破，就会有个很深很深的凹陷，就是虫洞。”

我：“原来那就是虫洞啊……撕裂后……钢球……呃，我是说黑洞去哪儿了？”

他：“不知道，也许还在别的什么地方，也很可能因为撕裂空间时的自我损耗已经被中和[①]了，不一定存在了，但是那个凹陷空间和撕裂空间还会存在一阵子。”

我：“这个我不明白，先不说它去哪儿了的问题。钢球都没有了怎么还会存在凹陷和撕裂的空间？”

他笑了：“这就是重力惯性。如果一个星球突然消失了，周围的扭曲空间还会存在一阵子，不会立刻消失。”

我：“科学依据呢？”

他：“土星光环就是啊，虽然原本那颗卫星被土星的重力和自身的运转惯性撕碎了，但是它残留的重力场还在，就是这个重力场，造成了土星光环还在轨道上。不过，也许几亿年之后就没了，也许几十万年吧？”

我：“不确定吗？”

他：“不确定，因为发现这种情况还没多久呢。”

我：“哦……那您开始说的那个平衡是指这个？”

他：“不完全是，但是跟这个有关。我们现在多放几个很大的钢球，这样薄膜上就有很多大的凹陷了，这点你是认可的。那么假如那些凹陷的位置都很好，在薄膜上会达成一个很平衡的区域，在那个区域的物体，受各方面重力的影响，自己本身无法造成凹陷，但是又达成了平衡，不会滑向任何一个重力凹陷。这个，就是重力扭曲造成的平衡。”

我努力想象着那个很奇妙的位置。

他：“如果有一颗行星在那个平衡点的话，那么受平衡重力影响，那颗行星既不自转，也不公转，同时也不会被各种引力场撕碎，就那么待在那里。而且它自己的重力场绝大部分已经被周围的大型重力场吃掉了，那个星球，就是时间的

① 关于“黑洞中和”的说法是患者假设，但是有些黑洞的确在逐渐消失。参考资料:《黑洞蒸发》——史蒂芬·霍金著。

终点。”

我：“不懂为什么说这是时间的终点？”

他：“你不懂没关系，因为你不是学物理的。要是学物理的不懂，就该回学校再读几年了。那是广义相对论，①有时间你看一下就懂了。而且，我为了让你明白一些，故意没用‘时空’这个词，而用了‘空间’。实际上，被扭曲的是时空。”

我：“嗯……可是，您怎么知道会有那种地方存在的？就是您那个时间的终点……呃，星球？”

老头笑得很自豪：“我去过！”

① 质量极大或密度极高的物体可以使时空结构延长——《广义相对论》。文中的意思是：在几个大型重力场的扭曲平衡点，时空是被造成扭曲后达成的平衡，所以那个星球所处的时空本身就是被几个重力所延长的。说得更直白一点：几个重的物体已经把薄膜压陷、绷紧了，这时候在那个平衡点放一个质量相对很小的物体，那个物体则很难造成薄膜的凹陷，即便有也是很小很小，仅仅维持自身的停留。推荐读物：《广义相对论》——阿尔伯特·爱因斯坦著

时间的尽头——后篇：瞬间就是永恒

看着患者那么自豪地声称去过时间的尽头，我一时蒙了。前面他说的我还没完全消化，冷不丁又说这么离谱的事，搞得我完全没反应过来。

我：“您……什么时候去过？”

他：“想去随时能去。”

我：“随时？”

他很坚定：“对。”

我：“现在能去吗？能让我看着您去吗？”

他：“现在就能去，但是你看不到。”

我：“我不是要去看时间的尽头，而是让我看到您不在这里了就成。”

突然间他的眼睛神采奕奕：“我回来了。”

我：“啊？”

说实话我见过不少很夸张的患者，但是像夸张到这种程度的，我头一回见到。

他：“我说了，我去了你也看不到。”

我：“您是指神游吧？”

他：“不，不是精神上去了，而是彻底地去了。”

我对此表示严重的怀疑和茫然。

他：“我知道你觉得我有病，不过没关系，我习惯了，但是我真的去了。我说了，那里是时间的尽头，就是没有时间这个概念，所以即便我去了，你也看不到，因为不属于一个时间。在那里，不占用这里一丝一毫的时间。”

我：“您的意思是，您去了，因为那里的时间是停滞的或者说没有时间，所以您在这里即使去了，在这个世界也发现不了，有两个时间的可能性。对吗？”

他：“不完全对，实际上时间有很多种。根据我们刚才说的‘质量扭曲时空’的那段话你就能接受了。”

我：“好吧，我们假设您真的去了。那么您怎么去的呢？”

他：“你必须先相信时间尽头的存在，你才可以去。”

我：“信则有之，不信则无？这就有点没意思了……”

他很严肃：“你可以不相信，但是你不相信并不能影响客观现实的存在，而且你也不能证实我所说的是错误的。至少，你无法在这个有时间的世界证实我是胡吹的。有个故事我想说给你：有个天生的盲人，很想知道什么是太阳。有人告诉他：你就站在太阳底下啊，感觉到热了吗？那就是太阳。盲人明白了：哦，太阳是热的。盲人有一次晚上路过一个火炉，觉得很热，就问周围的人：好热啊，是太阳吗？别人告诉他：这不是太阳，太阳是圆圆的。盲人明白了：原来又圆又热的是太阳啊。别人解释给他：不是的，太阳是摸不到的，太阳在天上，早上是红色的，中午是白色的，晚上又是红的了。太阳会发光，所以你觉得太阳是热的。盲人就问：天在哪儿？什么是红色？什么是黄色？什么是发光？没人能说清。于是盲人就说：你们都骗我，没有太阳的。”

我愣了一会儿，感觉似乎陷入了一个圈套或者什么悖论，但是说不明白。不过我明白为什么他是“镇院之宝”了，同时我觉得这老头也有邪教教主的潜质。

我叹了口气：“好吧，您去了，真的存在。那么，时间的尽头是什么样的？”

他也叹了口气：“我可能没办法让你相信了。不过，我还是会告诉你。”

我：“嗯，您说。”

他：“时间的尽头是超出想象的，那个地方因为没有时间，很难理解。比如说，你向前走一步，同时你也就是向所有的方向走了一步。这个你理解吗？你可以闭上眼想象一下。”

我虽然有些抵触，还是尝试着闭上眼想象我同时往所有方向迈了一步的效果。很遗憾，眼前画面是盛开的菊花。

我睁开眼：“不好意思我想象不出来。”

他：“嗯，我理解，这很难……好吧，如果你非要跟有时间的世界比较的话，我可以尽可能举例给你，不过不指望你有什么概念了。就当我是在异想天开地胡说吧：时间的尽头，有没有空气无所谓，有没有重力无所谓，不吃不睡无所谓，肉体存在就存在了，可以存在于任何点——只要你愿意。而且关于迈一步的那个问题，看你的决定，如果你继续向前，也就是往所有方向前进。同样，你可以同时看到所有的角度——是不是对你来说更困惑了？你亲眼看到自己的背影，很古怪吧？你也看到自己的正面或者侧面。你能看到，是因为三维还存在，但是第四维没了。”

我：“可怜的四维……”

他：“超出理解了吗？还有更夸张的。事实上，你连那一步都不用迈，只要你想走出那步，你就已经走出去了。没有时间的约束，就脱离了因果关系。你可以占满整个空间——那可是真正的空间，而不是时空。但是其实你就在某个点上。我知道你不能理解，实际上没几个人能理解，包括物理学家。”[①]

说实话我脑袋有点大。

---

① 理查德·费曼一次采访中对记者解释量子物理时说："谁也不理解量子理论。"理查德·费曼（Richard Philips Feynman），20世纪伟大的物理学家。1918年5月11日生于美国纽约市。曾对量子聚变（核）物理、量子（电）动力学和低温超导做出过杰出贡献。1965年获得诺贝尔物理学奖。1988年2月15日因癌症去世，享年69岁。

我："那，之后呢？会有无数个自我？"

他："不，只有一个。"

我："为什么？"

他："你的身体是具有三维特性的，所以你存在的点只有一个。但是没有了时间轴，你可以在任何地方，因为没有第四维的因果约束……四维时空这个概念估计你也不明白。"

我："不，我明白。"突然间很感激说人类是四维虫子的那个少年，没有他我今天什么也听不懂。

他："你明白？那好，我继续说。因为没有时间轴了，也就不存在过程了，在时间的尽头，所有的过程其实就是没有过程。因果关系需要有先有后，没有了时间，先后这个概念也就不存在了。"①

我觉得有点明白了，但是由衷地感慨这一步迈得真难——我是指理解。

我："好吧，那么您解释一下在没有时间的情况下，意识会怎么样？没有时间也就没时间思考了对吧？"

他："谁说我们的意识和我们在一个时空了？意识是由我们的身体产生的，但是存在于相对来说比我们的身体更多维的地方。"

我觉得这句话比较提神。

我："您等等啊，您是在否定物质世界对吧？"

他在笑："不，我不否定物质世界。我有信仰不代表我必须就去否定物质世界或者宇宙的存在。上帝也好，佛祖也好，安拉也好，只是哲学思想。思想产生于意识，我说了，意识不属于这个四维世界。来自意识的思想推动了人类的发展和进化，这讲得通啊，不矛盾。"

我："嗯，这个可能有道理……为什么话题跑到哲学上来了？"

① 参见《量子物理学：是幻想还是现实》——阿拉斯泰尔·雷著；参见《自然规律的特点》——理查德·费因曼著。

他：“你没发现吗？不管你说什么话题，说到最后全部都会涉及哲学。”

我：“好像是这样……”

他：“我们的祖先曾经从哲学的角度描述过不同的时间流：洞中七日，人间千年。只不过那会是一种从哲学角度的推测。”

我：“这个听说过……”

他：“对你来说时间的尽头让你很不理解，但是如果你把我们用薄膜假设的平面空间再好好想一下你就明白了。从唯物的角度确认不同的时间流存在，这没问题。达到了重力平衡，也就必定会有一个点属于时间的尽头。”

我：“这个我现在清楚多了，实际上我不理解的是怎么去。”

老头松开盘着的腿下地站了起来：“最开始没有生物，后来有了；最开始没有地球，后来有了；最开始没有太阳系，后来有了，银河系也一样，宇宙也一样。是所谓的凭空吗？凭空就违反了物质世界的物理法则。但是，真的不是凭空吗？无线电你看不到，红外线你看不到，X光你看不到。但是不管怎么难以理解或者不可思议，这一切的确存在着。一个唐朝的人来到我们的时代，看到有人拿着移动电话唠唠叨叨，他会觉得这个时代太神奇，简直是魔法，是仙境。实际上呢？是吗？吃喝拉撒哪样少了？这只是科技的进步，对不对？假如那个唐朝人比较好学，努力学习我们这个时代的生活，等有一天他也拿着移动电话说话，手里按着电视机遥控的时候，你再把他放回唐朝，你认为他说的谁信？我们学习历史，可以认识到我们自己的文明发展，所以不觉得是什么魔法。移动电话也好，电视也好，只是日常用品罢了。冷不丁把你扔到1000年后，你就是刚才来过这个时代的唐朝人。”

我认真地看着他。

他：“唯物论也好，唯心论也罢，其实没什么可冲突的。只要不用自己所掌握的去祸害别人，那就算自我认识提高了，没什么大惊小怪的。像我前面说的：你不相信并不能影响客观现实的存在。时间的尽头存在，而且我也的确去了。你是否认同，不是我的问题，是你的问题。”

我叹了一口气：“好吧，我承认您是仙级的……您原来是做什么的？”

他笑了：“我只是个精神病人罢了，曾经是个哲学老师。”

我：“……对了，我想问一下，之前有些患者好了是怎么回事？还有您跟那些患者说什么了？能把他们的情绪调动起来。”

他：“我带他们去了时间的尽头。”

我无奈地看着他，不知道该说什么了。眼前浮现出朋友锁上门离去前的坏笑。

然后我们的话题逐渐转入哲学，我发现，哲学基础扎实的人差不多都是仙级的。对于时间的尽头，我理解了，但是对于他说去过，我不能理解。或者说，以我对物质世界的认识来说，我不能理解。

朋友开门接我的时候，依旧挂着一脸欠揍的坏笑。

等他下班后，我们一起走在去吃饭的路上，我问他：“你听过他的言论吗？”

朋友：“时间的尽头吧？我听过，听晕了，后来自己看书，勉强听懂了。”

我：“你信吗？”

他：“你先告诉我你信吗？”

我：“我不知道。”

他：“我也不知道……不过，他跟我说过一句话我好像明白点了。”

我：“什么话？”

他：“尝试着用唯物的角度去理解，瞬间就是永恒。”

在墙的另一边

在见这位患者之前，我被两位心理专家和一位精神病医师严正告诫：一定要小心，他属于思想上的危险人物。在接到反复警告后，我的好奇心已经被推到了一个顶点。

老实说，刚见到他后有点失望，看上去没什么新鲜的。其貌不扬，个头一般，没獠牙，也呼吸空气，肋下没逆鳞，看样子也吃碳水化合物，胸前没有巨大的“S”标志，看构造变形的可能性也不大。不过，还是有比较醒目的地方——是真的醒目：他的目光炯炯有神。

按下录音键后，我打开本子，发现他正在专注地看着我的一举一动。

我：“你……”

他：“我很好，你被他们警告要小心我了吧？”

我：“呃……是的。”

他：“怎么形容我的？”

我：“你很在意别人怎么看你吗？”

他：“没别的事可干，他们已经不让我看报纸了。”

我：“为什么？”

他：“我会从报纸上吸收到很多东西，能分析好几天，沉淀下来后又会有新的想法，所以他们不愿意让我看了。”

我：“听说你的口才很好。”

他："我说的比想的慢多了，很多东西被漏掉了。"

我："自夸？"

他："事实。"

我突然觉得很喜欢跟他说话，清晰干净，不用废话。

我："好了，告诉我你知道的吧。"

他："你很迫切啊。"

我："嗯，因为据说你是那些心理专家的噩梦。"

他："那是他们本身也怀疑。"

我："怀疑什么？"

他："你会不会觉得这个世界不对劲？一切都好像有点问题，但是又说不清到底什么地方不对劲，看不透什么地方有问题。有些时候会若隐若现地浮出来什么，等你想去抓的时候又没了，海市蜃楼似的。你有时候会很明显地感觉到问题不是那么简单，每一件事情，每一个物体后面总有些什么存在，而且你可以确定很多规律是相通的，但是细想又乱了。这个世界有你太多不理解的，就像隔着朦胧的玻璃看不清一样，你会困惑到崩溃，最后你只好用哲学来解释这一切，但是你比谁都清楚，那些解释似是而非，不够明朗。是不是？"

我飞快地在脑子里重温他的话，并且尽力掩饰住我的震惊："嗯，有时候吧。"

他："如果真的仅仅是'有时候'，你就不会在接受了警告后，还坐在了我面前。"

他的敏锐已经到了咄咄逼人的地步了。

我："因为我好奇。"

他："对了，所以你会怀疑一切，你会不满足你知道的。"

我什么都没说，脑子里在仔细考虑怎么应对——第一次在这么短的时间内被迫认真应对。

他："我说的你能理解吗？"

我："我在想。"

他："没什么可想的，根本想不出来的，因为你现在的状态不对。"

我："也许吧。什么状态才能想明白呢？"

他："不知道。不过我多少了解一点。"

我决定先以退为进："能教给我吗？"

他："不需要教，很简单。你想想看吧，宗教里面那些神鬼的产生，哲学各种解释的产生，追寻我们之外的智慧生物，以及我们把所掌握的一切知识都拼命地去极限化，为了什么？为了找。找什么呢？找到更多答案。但是，实际上是更多吗？多在哪儿了？"

我："似乎话题又奔哲学去了吧？"

他："不，哲学只是一种概念上的解释，那个不是根本。"

我："呃……哲学还不是根本？那什么是根本？"

他："你没听懂我说的重点。哲学只是其中一个所谓的途径罢了，也许哲学是个死胡同，一个骗局，一种自我安慰。"

我觉得自己有点晕了，他的目光像个探照灯，让我很不舒服。

我："你就不要兜圈子了吧？"

他笑了："我们只看到一部分世界，实际上，世界很大，很大很大。"

我："你是想说宇宙吗？"

他："宇宙？那不够，太小了，也只是很小很小的那部分罢了。实际上这个世界跨越空间，跨越时间，跨越所有的一切。大到超越你的思维了。"

我："思维是无限的，可以想象很多。"

他突然大笑起来，这让我觉得很恼火。

他："想象的无限？你别逗了。想象怎么可能无限呢，想象全部是依托在认知上的，超越不了认知。"

我："嗯，这个……知识越多，想象的空间越大吧？"

他："扔掉空间的概念吧。神鬼被创造出来就是为了弥补空间的不足，什么时间啊，异次元啊，都是微不足道的一部分罢了，差得太远了。树上的一只小虫子，无法理解大海是怎么样的，沙漠是怎么样的，那超出它的理解范围了。捉了这只虫子，放到另一棵树上，它不会在意，它会继续吃，继续爬，它不会认识到周围已经不同了，它也不在乎是不是一样，有的吃就好。”

我：“既然有的吃了，何必管那么多呢！那只是虫子啊。”

他：“没错，我们不能要求虫子想很多，但是也同样不能认为想很多的虫子就是有病的。应该允许不同于自己的存在。”

我：“你是想说……”

他：“我并没有想说，只是你认为。”

我：“好吧，知道我们的世界渺小又能怎么样？对虫子来说即便知道了大海，知道了沙漠又能怎么样呢？不是还要回去吃那棵树吗？”

他：“你是人，不是那个虫子。你是自诩统治者的人，高高在上的人。”

我：“那就不自称那些好了。”

他微笑着看着我，我知道我上套了。

我：“你是想否定人吗？”

他：“不，我不想。”

我：“……回到你说的那个更大的世界。你怎么证明呢？”

他：“一只虫子问另一只虫子：‘你怎么证明大海存在呢？’”

我有点头疼：“变成蝴蝶也许就能看到……如果离海不是太远的话……”

他得意地笑了起来。

我明白了，这个狡猾的家伙利用我说出了他真正的主张。

我：“这可复杂了，根本是质变嘛……”

他：“你突然又困惑了是吧？”

我觉得脑子里乱成了一团。

他：“你有没有玩过换角度游戏？”

我：“怎么玩？”

他："在随便哪个位置的衣兜里装个小一点的DV，想办法固定住，然后再把兜掏个洞，从你早上出门开始拍，拍你的一天。等休息日的时候你就播放下看看，你会发现，原来世界变了，不一样了，全部都是新鲜的，一切似是而非，陌生又熟悉。"

我不得不承认这个玩法挺吸引我，想想都会觉得有趣。

他："过几天换个兜，或者装在帽子上，或者开车的时候把DV固定在车顶，固定在前杠上，然后你再看看，又是一个新的世界。这还没完，同样是裤兜，再让镜头向后，或者干脆弄个架子，固定在头顶俯拍，或者从鞋子的角度，或者从你的狗的脖子上看。怎么都行，你会发现好多不一样的东西，你会发现原来你不认识这个世界。"

我："好像很有意思……"

他："当个蝴蝶不错吧？"

我对于上套已经习惯了。

我："这样会没完没了啊。"

他："当然，这个世界太大了，大到超出了你的想象。"

我："时间够一定会看完所有的角度。"

他："你为什么老跟时间较真儿呢？没有时间什么事啊！真的要去用所有的角度看完整个世界，哪怕仅仅是你认知的那部分？难道不是你的思维限制了你吗？"

我："我的思维……"

他："我说了，思维是有限的。对吧？"

我："对……"没办法我只能承认。

他："我是个危险人物？"

我："嗯，可能吧。但是你说的那些太脱离现实了，毕竟你还是人，你在生活。"

他："是这样，但是依旧不能阻止我想这些。"

我："但是你的思维也是有限的。"

他："思维，只是一道限制你的墙。"

我："你说的这个很矛盾。"

他："一点也不。宗教也好，哲学也好，神学也好，科学也好，都是一个意思，追求的也是一个东西，但是你要找到。当然，你可以不去找，但是，总是有人在找。"

我："假设你说的是真的，找到后呢？"

他："啊……按照以往的惯例，找到后就支离破碎结结巴巴前言不搭后语地讲给别人听，有人记住了，有人没记住。记住的人又糊里糊涂地再传播，最后大家觉得他是某个学派或者宗教的创始人，然后一帮人再打来打去，把本身就破碎的这个新兴宗教又拆分为几个派系。直到某一天，几个古怪的人发现了其中某些不同，然后煞费苦心地再找，直到找不到答案，开始思考，直到遇到那堵墙。然后……吧啦吧啦，周而复始。"

我："你把我搞糊涂了，你到底知道什么？"

他笑了："对你来说，对你们来说，我只是个精神病人。"

任凭我再说什么，他也不再回答了，不过他的目的达到了：勾起了我对一些东西的想法，但是这样只能让脑子更乱。

那天晚上我失眠了，各种各样乱七八糟的思维混在一起，理不清头绪。我似乎理解了他说的，但是我不知道怎么做。第二天我很想跟他再聊聊，突然间我觉得这很可怕，因为我昨天晚上睡觉前一直在设计把DV固定在衣服的什么位置上。

我想起了N个精神病医师曾经告诉我的：千万千万别太在意精神病人说的话、别深想他们告诉你的世界观，否则你迟早也会疯的。

思维真的是限制我们的一堵墙吗？世界到底有多大？——在墙的另一边。

死亡周刊

我："你还记得你做了什么吗？"

他："记得。"

我："说说看。"

他："我杀了她。"

我："为什么要杀她？"

他困惑地看着我："不可以吗？我每周都会杀她一次。"

我："人死了怎么能再杀？"

他："她没死啊，只是我杀了她。"

我："那你为什么杀她？"

他："她每次都是故意惹怒我，反正她总能找到理由吵架，目的就是让我杀了她。"

我："她怎么就惹怒你了？"

他："故意找碴，或者踢我……嗯……下边。"

我："每次都是？"

他："嗯。"

我："你怎么解释她已经死了快两个月了？"

他有点不耐烦："我都说了，她没死，只是我杀了她而已。"

我："……好吧，总有个开始吧？第一次是怎么回事？"

他："那次她带我去她家……开始都好好的，后来她就成心找碴，我就杀了她。”

我：“怎么杀的？”

他：“用门后的一条围巾勒住她的脖子。”

我：“然后呢？”

他：“她挣扎、乱踹，嗓子里是那种……奇怪的声音……手脚抽搐，过了一会儿舌头伸出来了……是紫色的，后来不动了。”

我：“那不就是死了吗？”

他：“没死，不知道为什么她不动了，软软地瘫在地板上，整个脸都是紫色的……开始我很慌张，然后我觉得她可能是困了，就走了。出了她们院到街上，我看到她穿着那件大睡裙站在窗前对着我笑，还挥手。”

我：“你能看到她？”

他：“就在二楼啊，她们院临街的都是那种苏式老房子，窗户都很大，不拉窗帘晚上都不用开灯，路灯就足够了。”

我：“我的意思是你亲眼看见她挥手了？”

他：“嗯，后来每周我都会去看她，而且她每次都要我带一本时装杂志给她，因为她不逛街了。”

我：“……那么，你想她吗？”

他：“嗯，我什么时候能见她？”

我犹豫一下后，从旁边的公文袋里抽出几张照片放到他面前，那是从各种角度拍的一具女尸。尸体处理过，内脏没有了，四肢和身体用了很多保鲜膜和透明胶带分别缠上了，这使尸体看上去仅仅是个灰褐色的人形。那个人形穿着一件宽大的白色睡裙……我尽量让自己不去看照片。

他愣愣地看着照片好一会儿。

我：“你现在相信她死了吗？”

他狐疑地抬头看看我，又看看照片："她不是好好的吗？"

我："你在一个多月前勒死了她，之后你用很多盐把尸体做了防腐处理，再用保鲜膜和胶带缠好，穿上那件白色的睡裙，放在窗台下的地板上。有人看到你之后每周都会去一趟，带着一本杂志。不过，邻居再也没看到她出现，只有你去，所以报了案。现场你打扫得很干净，杂志整齐地放在床上，里面的人物头像都被抠掉了，杂志上只有你的指纹。"

他不解地看着我："我不懂你在说什么。"

我："好吧，那么你说说看是怎么回事，也许我能听懂你说的。"

他叹了口气："那我就详细再说一遍，我在她家的时候，她故意跟我找碴……"

我："这个你说过了，以后每周都是怎么回事？"

他："第一次杀她后，每周她都会打电话给我，说想我了，让我去陪她，还要我带一本时装杂志去。快到的时候，转过那个路口，就能看到路尽头的窗户，她站在窗前。她总是穿着那身宽大的白色睡裙站在窗前等我，看着我笑，很乖的样子。我上楼后自己开门，她通常都站在窗前，抱着肩说想我了。我们就坐在窗前的那张大床上聊天，她漫不经心地翻着杂志。每次聊一阵儿她就开始存心找碴，为了让我杀她。她喜欢我杀她。于是我就用各种方法杀她。有时候用手掐住她的脖子，有时候用绳子或者其他东西勒。等她睡着后我就穿衣服走了。我猜我刚出门她就跳起来整理好自己的衣服站在窗前等着，因为每次出了她们院走到她楼下窗口的时候，她都站在窗前对着我笑，挥手，很可爱的……"

我："别说了。你说她打电话给你，但是你的手机记录这一个多月就没她的号码打进来过，这个怎么解释？"

他："我不知道，也许她成心捣乱吧？"

我："你不认为她会死吗？"

他："你为什么总是咒她死？"

我："好吧，我不咒她死。能说说你对死是什么概念吗？"

他皱着眉严肃地看着我："没有呼吸了，心脏不跳了。"

我："你认为她有呼吸有心跳吗？"

他脸上掠过一丝惊恐："她不一样……她死了吗？"

我："对。"

瞬间他的表情又变回了平静："她没死，她每周都会打电话叫我去，叫我带杂志给她，远远地在窗前看着我，穿着那件宽大的白色睡裙对我笑……"

我关了录音笔，收起了照片和记录本。

在关门的时候，我回头看了一眼，他还在喃喃地说着怎么勒死她。

我记下了她家的地址，决定去现场看看，虽然已经很晚了。

快到的时候发现的确是他说的那样，一个丁字路口，对着路口的是一排矮矮的灰楼。

我看了一眼正对着路的那扇窗户，黑洞洞的。

绕进院里，我凭着记忆中的楼号找到了楼门，走楼梯到了二层。眼前是长长的一条走廊，被灯光分成了几段。

虽然我想不起房号了，却出乎意料得好找——门上贴着醒目的警用隔离胶带。我试着推了一下门，门没锁，胶带嘶嘶啦啦地响了。

这是一个不大的房间，看样子是那种苏式老楼房隔出来的。房间里很干净，没有奇怪的味道，也很亮，有路灯照进来。

我径直走到床边，站在窗前向丁字路的底端路口张望，空荡荡的。

看了一会儿，我缓缓地半闭上眼睛……朦胧中她穿着那身白色的大睡裙和我一起并肩站着，远远的路口尽头，一个人影拐了过来，越走越近。

我觉得身边的她在微笑，并且抬起手挥动了几下。

没一会儿，身后的房门无声地开了，他走了进来，穿透过我的身体，把杂志放在床上，慢慢地抱住了她。

我不用看就知道，他的手在她身上逐渐地向上游移，滑到了她的脖子上，慢慢地扼住，她无声地挣扎着。

终于，她瘫软在地上，肢体轻微地痉挛着。

而他消失在空气里。

一分钟后，她慢慢地起身，整理好衣服，依旧和我并肩站在窗前。

他出现在楼下了，两人互相挥了挥手。

她凝视着他远去。

等他消失在路的尽头的那一瞬间，她像一个失去了牵线的木偶一样瘫在地板上，身体、四肢都缠满了保鲜膜和胶带，毫无生机。

我睁开眼，看了一眼窗外空荡荡的街道后，转身离开了。

当我走在街上的时候，忍着没回头看那扇窗。

我想我不能理解他的世界。

他每周都会看到她期待地站在窗前，穿着那件宽大的白色睡裙，微笑着，等待他杀了她。

而他就是她的死亡周刊。

灵魂的尾巴

我：“你住院多久了？”

她：“啊……一个半月吧。”

我：“为什么啊？”

她：“干傻事儿了呗。”

我：“例如说？”

她狡猾地看了看我：“如果你把那盒口香糖都给我，我就告诉你，怎么样？”

我想了想：“OK，成交！”

她是我偶然遇到的，其实也不算偶然，在院里的病区走廊上。

那天下午我去院里办事儿，顺道去看了看原来我接触过的一位患者。办完事儿看完人，我往门口走，就在楼道口快到院子里的时候，一个十六七岁的小女孩靠在门口问我：“你有口香糖吗？”我翻了翻，找出一盒倒出一粒给了她，然后就是前面那段对话了。

她：“咱俩去那里吧。”她用下巴指向院子里的一棵大树，树下有个长条石凳。

在走过去的时候她把手里的口香糖盒子摇得哗啦哗啦响。

坐下后我看着她，而她盘着腿坐在石凳上，嘴里慢慢嚼着，眼睛眯着看几个患者在草地上疯跑。

我："好了，现在能说了吧？"

她没急着回答，用下巴指着草地上那几个患者问我："你知道他们几个为什么在那边跑吗？"

我："为什么？"

她："中间那个以为自己是轰炸机，最开始就他自己跑，后来不知道怎么说服另外那俩的，反正就让他们以为自己是炸弹，然后就现在就这样了。他整天伸着胳膊四处跑，那俩就在他胳膊底下跟着，也不吭声。我前些日子跟他们跑了一天，累死我了，精神病真不是人当的！他们能直接尿裤子里都不带歇气儿的……"

我："……你还跟着跑了一天？"

她："开始觉得好玩儿呗。"

我："那你呢？你以为自己是什么了？"

她扭头看着我："我什么也没以为，就是遇到怪事儿了。"

我："什么事儿？"

她："有天放学回来我遇到一个老头，看他挺可怜的，就回家拿了几个面包给他——我才不给他们钱呢，现在要饭的都比我有钱，所以只给吃的。后来老头说告诉我一个秘密来谢我。我问，他答，只能一个，什么都成。他说他什么都知道。我当时以为他是一个算命的，就随口问他：人有灵魂吗？他说有，然后就告诉我那些了。我觉得挺神的，而且很有道理，也就信了。第二天我还带着同学去呢，但是找不到他了……早知道我就问他买什么号能中大奖了……"

我："他说了，你信了，所以就来这里了？"

她："嗯，他说人有灵魂，而且不止人有，还说了有关灵魂的很多秘密。后来我就跟我妈说了，还跟老师同学说了。好多人都信了，不过我妈和老师都没信。我就老说，结果我妈就听老师的送我去医院检查，我花了快俩小时让医生也相信了，后来我才知道，那孙子医生是假装信了。后来我就被送这里来了。我犯傻了，还以为他能相信呢。”

我：“你都怎么说的？或者那个老头告诉你什么了？”

她认真地看着我：“你相信人有灵魂吗？”

我：“这个我不好说。”

她：“你要是连灵魂都不信，我告诉你也白搭。”

我笑了下：“那你应该给我一个机会啊，再说我们最开始没说不信就不讲了，我们说的是用口香糖交换。”

她看了一眼手里的口香糖盒子：“哦，对了，这个我给忘了……好吧，反正我都进来了，再多传授一个也不会把我怎么样，我告诉你好了。”

我：“好，谢谢。”

她：“人是有灵魂的，不过不是鬼啊什么的那种，是一种软软的样子，有头、有四肢，有尾巴。”

我：“欸？灵魂还有尾巴啊？”

她用那种年轻女孩特有的劲儿白了我一眼：“对啊，当然有了！”

我：“怎么会有尾巴呢？”

她：“你要是当猫，当猴子，没尾巴你怎么控制的？”

我：“我当猫？我……神经控制啊？”

她：“那是你们医生的说法，实际都是灵魂控制的。所有的生物其实都是灵魂填充进去的。狮子河马大象老虎猴子熊猫虫子蝴蝶蝙蝠螃蟹鱼虾，都是一个空壳，灵魂进去后就可以动，可以长大，没有灵魂的话，都是空壳。”

我：“那灵魂怎么进去的呢？”

她：“挤进去的，就是把自己塞进去。但是好多灵魂都在抢空壳，这个世上空壳不够多，灵魂才多呢，到处都是，大家没事儿就四处晃荡着找空壳进去。哺乳动物和鸟都是比较热门的，因为那正好四肢加上头尾，会舒服很多，没有四肢的那种空壳——虫子啊蛇啊什么的，灵魂也去，但是没那么热门。”

我：“那螃蟹怎么办？”

她："螃蟹和虾都是纯空壳，蛇不也是吗，挤进去就成。"

我："那不跟人一样吗？"

她不屑地鄙视我："你这个人脑筋真死！螃蟹有骨头吗？"

我："啊？没有……"

她："对嘛，螃蟹、虾、蜗牛、蜘蛛、蚂蚁、毛毛虫，那些都是纯空壳，进去就成。高等动物比较复杂，有个骨头后灵魂就顺着骨头塞进去，这样就理顺了。当蛇最难受了，我觉得。"

我："那也不对啊，好多没尾巴的哺乳动物呢？灵魂尾巴是多余的啊？比如人。"

她："不是所有灵魂都能当人的，好多灵魂都不会盘起尾巴来，所以塞不进去。会盘尾巴的就容易得多。不过也有几种特殊情况，这个就是比较厉害的了！比方说有尾巴特硬的，塞进去后把身体撑出一个尾巴形状来，结果生出来就带个尾巴。不过还有更厉害的，尾巴足够硬，直接撑破了。"

我觉得很好玩儿："那会怎么样？灵魂就漏出去了？"

她："不会的，你当是拉出去啊？有骨头呢，盘在骨头上就没那么容易掉出去。虽然我们都看不见，但是那根灵魂的尾巴其实还是拖着在身体后面的。露尾巴那些因为灵魂的一部分——就是灵魂的尾巴在身体外，所以还能感觉到别的灵魂，但是不那么强烈了。有些人为什么容易见到鬼？其实见到的不是鬼，是那些四处溜达的灵魂。而且有的时候那些四处溜达的灵魂看到露出尾巴的人，会觉得好玩儿，就跟着，其实没事儿。但是露尾巴的那位会吓得半死。"

我："这样啊……"

她："而且吧，尾巴那个洞有时候能溜出去的，一些灵魂有时候就溜出去玩，那就是灵魂出窍。"

我："这么诡异的事儿……被你说得这么简单……要是躯壳死了后呢？灵魂就出来了？"

她："不是死了，而是用旧了，用旧了就坏了呗。哪儿有什么天堂和地狱啊，都是灵魂四处溜达。”

我：“那为什么灵魂都不记得原来当灵魂的时候呢？”

她：“因为灵魂们不把原来记忆甩出去，很难进到新躯壳的大脑里，新的躯壳大脑都没发育呢，装不下那些。”

我：“这个解释真是……不过，有不愿意进躯壳只是四处溜达的灵魂没？”

她：“应该有吧，这个我就不知道了……不过有个特好玩儿的事儿。”

我：“什么事儿？”

她：“有些躯壳比较好，所以好多灵魂争着往里塞自己，结果弄得很挤。有些成功占据躯壳的灵魂尾巴本身盘好了，但是挤乱了。”

我：“你怎么知道有些灵魂尾巴没盘好弄乱了？”

她：“你有机会问问，一定有这样的人：有时候挠身体的一个地方，另一个地方会痒。比方说我吧，我就是。我挠左边肋骨一个地方的时候，左胳膊肘就会有感觉。我一个同学，他挠膝盖一个地方的时候，后脑勺会痒。那就是整条尾巴被挤到别的地方了，你挠尾巴尖儿，尾巴中间的部分可能会痒。”

我笑了：“真的吗？真有意思。能挤歪了啊……”

她很认真：“当然能！我知道你不信，随便吧，反正作为交换我告诉你了。”

我：“不，我信了一部分，挺有意思的。你好像在这里生活的还不错嘛。”

她：“什么啊，早腻了，要不我就不会跟着轰炸机跑着玩儿了，这里太没意思了。”

我想了一下，问她：“你想出去吗？”

她上下打量着我：“当然想啊……不过……你是院长？你能让我出去？不像啊，我觉得你倒是像三楼楼长……”

我忍不住笑了，然后认真地告诉她：“我可以告诉你出去的办法。”

两个多月后，我接到了她的电话。她说了好多感谢的话，感谢我教给她出去的办法，还说会一直保持联系，并且说我告诉她的那些，她会一直记得。

那天我对她说：想出去很简单，就跟灵魂盘起尾巴挤进躯壳当人一样。想不被人当成精神病，那就必须藏好一些想法，不要随便告诉别人，这样安全了。

因为我们的世界，还没有准备好容纳那么多稀奇古怪的事情。

永生

他："真不好意思，应该是我登门的，但是怕打扰您，所以还是请您来了。您别见怪。"

面前的这个对我用尊称的人，大约40多岁的样子，看得出是成功人士。

几天前，我接了一个陌生人的电话，说是我一个朋友向他推荐我，让我有时间的话抽空去找他一趟，用词极为客气和尊敬，弄得我有点不好意思。后来我向他提的那个朋友确认了下，确实有那么回事，所以抽时间就去了。见面的地方是北京著名天价地段的一栋商务写字楼——那是他公司所在。而这位神秘的先生是公司的老大。

我："您太客气了，都是朋友，我能帮上什么忙肯定尽力，帮不上的话我也会想办法或者帮您再找人。还有，我比您小很多，您就不要用尊称了吧？"

他做了一个笑的表情："好，那我们就不那么板着说话了。首先说一点，也许我有精神病，但是我自己不那么认为。"

我觉得他还真直接："那……您找我是……"

他："说起来有点矛盾，虽然我不承认我是精神病人，但是我觉得也许别人会有和我一样的情况，可能会被认为是精神病人。听着有点乱是吧？没关系，我只是想找人而已，找和我一样的人。"

我："呃……是有点儿乱……不过您想找什么样的人呢？"

他认真地看着我："和我一样，能不断重生，还带着前世记忆的人。"

我飞快地过滤问题所在："前世？"

他："好吧，我来说自己是什么情况吧。我能记得前世，不是一个前世，是很多个。"

我多少有点诧异："多少次前世？"

他："我知道你有些不屑，但是我希望你能听完。"

我："好。"

我没解释自己的态度，而是在沙发上扭了一下身体让自己坐得更舒服些。

他："我还记得我最初的父母。服饰记不清了，朝代的问题……这个很难讲。我记得一些对话，但是我没办法记得口音——因为每次我都是当时的本土人，听不出有口音。我身边的事情我记得更清楚些，一些大事，我记不住，例如朝代、年号、谁当权，这些都没印象了。我印象中都是与我有关的事情。"

我："例如说，您亲朋好友的事情？"

他："是这样，这些我都记得挺清楚。算起来四五十次重生了吧，原本我不记得那些前世。基本都是到了十几岁的时候，突然有一天就想起来了，我记得前世自己是谁、是做什么的、什么性别、经历过什么、曾经的亲人，我都记得。而且……"

他停了一下："我都记得我是怎么死的。"

我发现一个问题，眼前的这个人，没有一丝表情，就像新拆封的打印纸似的，清晰、干净，但是没有一点情绪带出来，只是眼睛很深邃，这让我觉得很可怕，可细想又看不出具体哪里可怕。这么说吧，不寒而栗，尤其是和他对视的时候。

我："不好意思，问一句不太礼貌的话，每次都是人类？"

他："没什么不礼貌的，很正常。每次都是人。"

我："还有您刚才提到了会知道每次都是怎么……去世的？"

他："是，而且很清晰。我甚至还记得我的父母怎么死的，我的妻子或者丈夫怎么死的，我的孩子怎么死的。我都记得。"

我决定试探一下："您，现在会做噩梦？"

他："不会梦到，但更严重，因为根本睡不着，严重失眠。每次夜深人静的时候，我会想起很多经历过的前世，不是刻意去想，而是忍不住就浮现出来了。"

我："这方面您能举一些例子吗？"

他："曾经我是普通的百姓，在一个兵荒马乱的年代，几次浩劫都躲过去了，我和家人相依为命，可最后我们全家都被一些穿着盔甲的士兵抓住了。我眼看着他们杀了我的父母，奸杀我的妻子，在我面前把我的孩子开膛破肚，最后砍下我的头。我甚至还记得被砍头后的感觉。"

我："被砍头后的感觉……"

他："是的。先是觉得脖子很凉，一下子好像就变轻了，然后脖子是火烧一样的感觉，疼得我想喊，但是嘴却动不了。头落下的时候我能看到我没头的身体猛地向后一仰，血从脖子喷出来，一下一下地喷出来，身体也随着一下一下地逐渐向前栽倒。我的头落地的时候撞得很疼，还知道有人抓住我的头发把头拎起来。那时候听到的、看到的都开始模糊了，嘴里有血的味道。之后越来越黑，直到什么都听不见看不见，没有了感觉。"

我觉得自己有点坐立不安："别的呢？"

他："很多，我是某人的小妾，被很多女人排挤，最后被毒死；我是一个士兵，经历过几次血流成河的战争后，眼看着密密麻麻的长矛捅向我，根本挡不开，而且一次没捅死，反复很多次，直到我眼前发黑什么都不知道了；我是一个商人，半路被强盗杀了，就那么被乱刀砍，过了很久才死；我是一户人家的仆人，只是因为说错了一句话就被活活打死；我是一个农民，在田里干活的时候被蛇咬到了，毒发而死……"

我："您等一下，没有正常老死的吗？"

他："有，但是那样的反而印象不深，越是痛苦的，记忆越清晰。"

我："是不是那么多次自己的死亡和家人的死亡让您觉得很痛苦？"

他："现在我已经麻木了，对于那些，我都无所谓了。还记得我找你的原因吗？我现在，没有朋友，父母都去世了，没有家人，不结婚，不要孩子，因为我已经不在意那些了，都不是重要的。我只希望有个能理解这种苍凉的同伴，不管那会是谁。也许你们会认为那是精神病，是就是吧，我不在乎，只是希望有个人能和我有同样的经历，能理解我的感受。我知道你现在一定认为我在胡言乱语，对于这一点，我也不在乎。我只是想找到那个存在，我们在一起聊聊，哪怕口头约定下一世还在一起，做朋友，做家人，做夫妻都成。前世我自杀过，但是没用，我只是终结了那一世，终结不了再次重生。"

我："重生……"

他："自从我意识到问题后，每一世都读遍各种书，想找到结束的办法，或者同我一样的存在，但是从未找到过。我努力想创造历史，但是我做不到，我只是一个普通人。我曾经在战场上努力杀敌，真的是浴血，可仅仅凭我，影响不了战局。我努力读书想考取功名，用我自己的力量左右一个朝代，但是我总是深陷其中最后碌碌而为。我觉得自己很没用，毕竟史书上留名的人太少了。几世前我就明白了，想做一个影响到历史的人，需要太多因素，要比所有人更坚定，要比所有人更残忍，要比所有人更冷静，要比所有人更无悔，要比所有人运气更好，要比所有人更疯狂，还要比所有人更坚韧……太多了！所以，我认了，承认自己只是一个草民罢了。但是我也看到无数人想追求长生不老，从帝王将相到那些想修炼成仙的普通人。焚香放生，茹素念经，出家炼丹，寻仙求神，都是一个样。可是长生不老真的很好吗？看着自己的亲人和朋友都不在了，自己依旧存在，一代又一代地独自活着。看着身边的人都是陌生人，没有真正的同伴，没有家人，没有朋友，没人理解，这样很好？我实在不觉得，我只希望能终结这种不断的重生，我曾经几世都信宗教，吃斋念佛，一心向道，但是没用，依旧会再次重生。

我知道自己看上去很冷漠，那是因为我怕了，我不敢有任何感情的投入，我受不了那些。我不相信我是唯一的，但是目前我知道的就只有我一人。”

我看着他，他的表情一直平静冷淡，甚至眼神都没有一丝波动。那份平静好像不是在说自己，而是在说一部电影、一本小说。

我：“那么您这一世……很成功吗不是？”

他：“对我来说，这是假的，只能让眼下过得好一些，但是更多的是我想通过财力找到自己想找的，我不接受自己是唯一的重生者。但目前看，你也没见过这种情况。不过，我依旧会付钱给你，这点不用推辞。”

我：“很抱歉我的确没听说过这种情况，所以我也……”

他打断我：“没关系，就当我付钱请你陪我闲聊天吧。如果你今后遇到像我一样重生的人，希望你能第一个告诉我。如果是真的，我会另有酬谢，你想要什么样的酬谢，我都可以满足你——当然，在我能力之内。”

我：“您……这个事情跟很多人讲过吗？”

他：“不是很多，有一些。”

我：“大多的反应是羡慕吧？”

他：“是的，他们不能理解那种没办法形容的感受，或者说是惩罚。”

我：“还有别的说法吗？”

他：“有的。问我前世有没有宝藏埋下了，或者某个帝王长什么样子，要不做女人什么感觉之类的。问得最多的，是问我怎么才能有钱，我告诉他们了，但是没人信。”

我：“嗯……您能说答案吗？”

他：“可以，我可以告诉任何人这点，很简单——不管身处什么时代，安稳的也好，战乱的也好，浮夸世风也好，只要做到四个字：隐忍、低调。”

我想了下：“嗯……有点儿意思……”

他稍微前倾了下身体看着我："你……怎么看？"

我直视着他的眼睛："我知道很多类似的情况，虽然不是重生，但是我很清楚那种痛苦有多大，否则不会那么多人疯了。"

他重新恢复坐姿："也许吧……可能其实我就是精神病人，只是我有钱，没人认为我疯了，那些没有钱的，就是疯子……能找到那么一个就好了，哪怕一个。"

后半句话他好像是对自己说的。

那个下午我们又聊了一些别的，什么话题都有。必须承认，他的知识面太广了，到了惊人的程度。回去后问了向他介绍我的那个朋友，朋友说他没上过什么学。

我有时候想，这种有孤独感的人，应该算是一个类型，虽然属于各种各样的孤独感，但是都是让人痛苦的，可又没办法，就那么独自承受着。但是，他如果没有那些物质方面的陪衬呢，会不会被家人当作精神病人，至今还在某个房间的角落喃喃自语，或者已经死了？转往下一世，真的是重生吗？他是向什么神明许过愿望？真的有神明吗？

他说得也许没错，无数人希望得到永生的眷顾，用各种方式去追求——真身不腐，意志不灭。但是没人意识到，永生，也许只是个孤独的存在。

镜中

她警惕地上下打量了我好久，又探头看了看我的手腕。

我：“我没戴手表。”说着抬起手腕给她看。

她又狐疑地看了一眼后，抱着膝盖蜷在椅子上向后缩了缩身体。

我：“其实戴了也没事儿，我那块表是黑色的电子表，不反光。”我在撒谎。但是这个谎必须撒，因为她惧怕一切能映出倒影的物体。

“没用，表面还是有块玻璃。”说着她神经质地向前伸了伸头，并且飞快地偷瞄了我一眼。

我：“那个很小没关系的。”

她：“他们会凑在上面窥探我们，不信你看看就知道了。”

我耐心地解释：“反光嘛，你凑过去看当然能看到自己眼睛的倒影了。”

她把身体缩得更紧了：“你都被骗了。镜子里的世界是另一个世界，并不是倒影。”

我：“你为什么会这么认为呢？”

虽然她蜷在椅子上，却没有一分钟是静止状态，总是在不停地缩着身体某个部位，或者神经质地把脖子向前伸，眼神里充满了警觉和不安。

她：“你没见过罢了。”

我：“呃……的确没见过。你，见过？”

她凝重地望了我一会儿，点点头。

我：“是什么样的？”

她："你有烟吗？给我一根。"

我犹豫了一下，从包里翻出香烟，抽出一根递给她，并且帮她点上。

她带着珍惜的表情缓缓吸了一口，身体略微放松了点。

我耐心地等了几分钟后才追问："那是什么样的？"

"怪物。"她说，"都是怪物。"

我："什么样的怪物？"

她："多看一会儿你就能看出来了，模仿我们的怪物。"

我保持着沉默。

即便夹着烟，她的手指也不停地相互摩擦着："看得够久，就能看出来了。镜子里根本不是你。"

我："啊……据我所知，那种现象被称为'感知饱和'吧？是一种很常见的心理现象，例如我们长时间盯着一个字看会觉得那个字越来越陌生……"

"你被骗了。"她打断我，"根本不是你说的那种什么现象。当你看镜子的时间足够长，镜子里的那个'你'就会出来把你替换掉。"

我："呃，其实在来见你之前我也尝试过长时间地照镜子，并没发现……"

她不耐烦地用夹着烟的那只手挥了挥："不够长。"

我："呃……那要看多久。"

此时她眼中充满了恐惧："两天。"

我："一直看着镜子？"

她："对。"

我："结果呢？"

她很惨地笑了一下："在我忍不住喝水的时候，我瞟了一眼，发现她并没喝水，而是直勾勾地盯着我看。"

我："不会吧，理论上……"

"去他妈的理论。"她声音不大，却充满了愤怒。

我："……嗯……接下来镜子里……那个……做了什么吗？"

她声音有些颤抖："她不需要做什么，但是我动不了。"

我："像是被梦魇那样的吗？"

她回过神看了我一会儿后又深深地吸了一口烟："不……不是……开始只是眼睛无法移开，接着就觉得手指是僵硬的，从指尖一点点地扩散。我想低头，但脖子是死的，动不了。然后我想起身跑，可是腰和腿也开始变硬了，根本不能动……我被吓哭了，但是她却在笑。起先是很脏的那种笑……我形容不好，然后变成很恐怖的笑容——整个脸颊都慢慢裂开。我喊不出，动不了，只能看着她在镜子里对着我笑，当时我以为自己死定了。"

我感觉到自己手臂上起了一层鸡皮疙瘩："你是怎么逃掉的？"

"水。"她完全无视烟灰掉在衣服上。

我："什么？"

她："我喝下去的那口水救了我。因为全身包括舌头都是僵硬的，所以那口水顺着嗓子流下去，呛到我了，接着突然间就能动了……我是一边咳一边爬着跑掉的。"

我："嗯……你回头看了吗？"

此时她几乎是带着哭腔的："看了，她恶狠狠地正贴着镜子里面看着我跑，好像还在说着什么，但我听不见。"

通常情况下我都不会去尝试着推翻患者所说的任何观点和看法，但是这次我觉得应该稍微提示一下。

我："嗯……我只是提出其他可能性，不是质疑你。会不会是你对着镜子太久产生的幻觉或者错觉？你看，你两天不吃不睡，看着镜子，所以……"

她缩了缩身体，头也不抬地打断我："你知道宗教仪式中有一种处刑方式叫'摄魂'吗？"

"什么？"我听明白了，之所以还要问是因为诧异。

她："就是把人捆在椅子上，然后用三面很大的镜子围住。"

我："好像听说过……"

她："每天一次有人来给犯人灌食，那期间用黑布遮住镜子，时间很短。"说到这儿她停了好一会儿，呆呆地盯着手里快烧尽的烟，"然后，最长也就一星期多点，犯人要么疯了，要么死了，要么半生半死。"

我："半生……什么是半生半死？"

她："人在，魂魄不在，就算被放了也一样。不会说，不会做，不会想，怕黑，怕光，怕一切。"

我忍不住深吸了一口气。

她："可以说是被吓死的。"

我："现在，还有那种宗教刑罚吗？"

"不知道。"说着她松开手任由烟蒂落在地面，然后出神地望着地面。

我："你为什么要那么做？"

她迟疑了一会儿声音变得很低："嗯……有次……我照镜子的时候……恍惚间觉得镜子里的我……似乎做了一个……嗯……和我不一样的表情，但当我仔细看的时候又恢复了。我就……我就留意观察……后来发现其实这种情况很多。然后我就……偷偷又观察别的能反光的地方，偶尔也能看到那种情况……发生……"

我："所以就试了？"

她默默点点头，从表情上能看出来她在努力克制着自己的恐惧感。

我打算让她放松下："其实已经没事了，因为你逃掉了……"

她摇摇头。

"什么意思？"我突然有一种毛骨悚然的感觉。

她："也许……也许我并没逃掉……"

我："什么？"

她头垂得更低了："也许我并没逃掉，现在已经在镜子里了，你们都是怪物。"她在椅子上紧紧缩成一团，不停地颤抖。

回到家后我没急着查资料，而是打电话给曾经治疗过她的朋友。朋友告诉我，她这种情况属于一种接近人格丧失的症状，也许将来会进一步导致人格分裂，也许什么都不会发生。谁也不清楚后面会是什么。我没再问下去，闲聊了一会儿后直接挂了电话。

当晚睡前我端着一杯水靠在窗边发呆。等回过神的时候，我看到玻璃窗映出的那个人。

他一直在看着我。

莫名其妙地，我感到一阵彻骨的寒意。

表面现象

在公园的长椅上坐着三个人。其中一个人在看报纸，另外两个人不停地在做撒网、收网、把网里的捕获物择出来的动作。一看就知道那两个是精神病人，于是周围很多人指指点点地议论。有个警察仔细观察了一会儿后，问那两个“撒网”的人在干吗。那两位说：“没看到我们在捕鱼啊？”警察转过头问看报纸的那个人：“你认识他们？”看报纸的人说：“对啊，我带他们出来散心的。”警察说：“他们精神有问题吧？在公共场合这样，会吓到别人，你赶紧带他们回去吧。”看报纸的人回头看了一眼说：“对不起，我这就带他们回去。”说完放下报纸做拼命划船的动作。

这个笑话是一个精神病人讲给我的，我笑了。

讲笑话给我的这位患者是一个比较有意思的人，很健谈，说话的时候眉飞色舞的。多数医师和护理人员都很喜欢他。我和他的那次对话是在院里傍晚散步的时候进行的。

我：“你的笑话还真多，挺有意思的。我觉得你很正常啊。”

他：“正常人不会被关在这里的，他们说我有妄想症，虽然我的确不记得了。”

我：“有人发病期间的确是失忆的，可能你就是那种失忆的类型吧？”

他：“谁知道呢，反正就关我进来了……关就关吧。”

我：“你还真想得开。”

他："那怎么办？我要是闹腾不就更成精神病了？还是狂躁类型的，那可麻烦了。你见过重症楼那些穿束身衣的吧？"

我："见过，勒得很紧。"

他："就是，我可不想那样。"

我："别人跟你说过你发病的时候什么样吗？"

他："嗯……说过一点，他们说我有时候缩在墙角黑暗的地方，自己龇着牙对别人笑，笑得很狰狞……"

我："那是妄想症？"

他："反正都那么说，但是没说具体是怎么了，也没说我伤害过谁。幸好，否则我心里会愧疚的。"

我："你现在状况还不错啊，应该没事的，我觉得你快出院了。"

他："出院……其实，我觉得还是先暂时不要出院的好……"

我："为什么？外面多自由啊。"

他停下了脚步，犹豫着什么。

我也停了下来："怎么了？家里有事还是别的什么？"

他咬着下嘴唇："嗯……其实……有些事情，我没跟别人说过。"

我："什么事情没跟别人说过？"

他犹豫不决地看着我："其实……我记得一些发病时候的事情……"

我："你是说……你记得？"

他认真地想了一会儿，好像下了个决心，然后左右看了看，压低了声音："我知道狞笑的那时候是谁。"

我："那时候不是你吗？"

他："不是我，是别的东西……"

他的眼里透出恐惧。

我："东西？什么样的东西？"

他："在小的时候，我经常和院里的几个孩子一起玩儿。因为我比较瘦小，所以他们总是欺负我。有一次暑假，我们在隔壁那个大院玩儿的时候，发现一个楼的地下室不知道为什么敞开着，我们决定下去探险。”

我：“那时候你多大？”

他：“七八岁吧。”

我：“哦……然后呢？”

他：“我们就分头去找破布和旧扫帚，把布缠在扫帚上，点着了当火把用。因为地下室的门很窄，我们只能一个一个地走下去。我故意走在中间，因为害怕。那种地下室里面都是楼板的隔断，看着很乱。地下一层还能看到一点亮光，所以觉得不是那么吓人，后来他们说去地下二层，我说我想回去了，那些大孩子说不行，必须一起，我就跟着他们下去了。地下二层转遍了，又去地下三层……”

我：“那么深？一共几层？”

他：“不知道，可能是四层或者五层，因为地下四层被积水淹没了，下不去了，只能到地下三层。就在地下四层入口那看着积水的时候，不知道哪儿传来很闷的一声响，我们都吓坏了，谁也不说话拼命往回跑。因为我个子矮，跑的时候被人从后面推了一把，一下子撞到了一堵隔断墙上，然后我就晕过去了。”

我：“别的小孩没发现吗？”

他惊恐地看着我：“没，他们都自己跑了。我可能没晕几分钟就醒了，看到我的火把快熄灭了，我吓坏了，爬起来顾不上哭就拼命跑，但是那个地下室到处都是那种隔断墙，我分不清方向，迷路了。我不知道该怎么办，站在那里眼看着手里的火把一点一点地熄灭了，周围漆黑一片，除了我的呼吸声，再也没有任何声音了。我当时觉得头很晕，吓傻了，不知所措地站在那里……你能知道那种感觉吗？被巨大的恐惧紧紧抓住的感觉，不敢喊，不敢动，甚至不敢呼吸！就那么僵直地站在那里。”

我觉得头发根都奓起来了。

他：“过了不知道多久，分不清是幻觉还是真的，我隐约听到有小声哼歌的声音，虽然声音很小，听不出从哪儿传来的，但觉得四面八方都是。那时候我已经吓傻了，眼泪忍不住流下来，但是却一动不能动，就像梦魇一样，把我定在那里。在我觉得我快崩溃的时候，似乎有什么东西慢慢地摸我的脚，不是一下一下地摸，是不离开皮肤的那种摸，顺着我的脚，摸到我的小腿、大腿、身体、肩膀，然后在我的脖子上停了好一阵儿，就是那种似有似无的摸，我感觉那似乎不是手，形状是个什么东西的爪子，很大……我那个时候全身都湿透了，眼泪不停地流下来，但是根本喊不出来，也动不了……我最后只记得那只爪子扒开了我的嘴，然后我就什么都不记得了……”

他眼里含着泪，身体颤抖着看着我：“我不知道后面发生了什么，我什么都不记得了……”

他抱着双肩慢慢地蹲在地上，身体不停地抽搐着。

我急忙蹲下身轻轻拍着他的肩膀：“好了，没事，别想那么多了，那应该只是个噩梦……”我左右张望着，想看附近有没有医师和护理人员。

突然他抓住了我的手，抬起头，龇牙狞笑着盯着我：“其实就是我啊！”那是一个完全陌生的声音。

我吓坏了，本能地站起身拼命挣脱，但是却摔倒在地。

他慢慢地站起来，我惊恐地看着他，而他露出一脸温和的笑容并且对我伸出手：“真不好意思，吓到你了。”

他把惊魂未定的我拉起来，带着歉意：“太抱歉了，没想到反应这么大，对不起对不起。”

我：“你……你刚才……”

他：“啊，真的对不起，那是我瞎说的，不是真的，对不起吓到你了，很抱歉。”

我说不出是什么感觉：“天哪，你……”

他马上又一脸严肃地看着我：“我的演技还不错吧？”

我愣了一下："什么？"

他："您看，外界传言说我演技有问题，都是造谣的，您刚才也看到了，我能胜任这个角色吗？"

我有点恍惚："角色？"

他表情恢复到眉飞色舞："对啊，我深入研究了下剧本，我觉得这个角色不仅仅……"

远远地跑过来一个医师："你没事吧？"看样子是对我说的。

我："没事……我……"

看得出那个医师忍着笑："看你们散步我就知道大概了，远远跟着怕你有什么意外，不过这个患者只是吓唬人罢了，没别的威胁，所以……"

他打断医师的话："您看，我分析得对吧？"

我愣在那里不知道该说什么好。

医师："你说得没错，不过先回病房吧，回去我们再商量一下。"

那天回家的路上我都是魂不守舍的，我承认有点儿被吓着了，到家后才发现录音笔都忘了关。愣在那儿坐了一会儿，忍不住又听了遍录音，自己回想都觉得很可笑。

我始终忽略了患者告诉我的——他是妄想症。

那天我没做噩梦，睡得很好。

超级进化论

她：“你看，我们从胚胎时期起，就已经微缩了整个进化过程。”

我：“怎么讲？”

她：“我们最开始是个单细胞对吧？然后是多细胞形式，再然后又是鱼一样的东西，接下来是爬虫的样子，没多久又变成哺乳动物的大致外形，当然那会儿还有尾巴。最后尾巴和体毛在子宫里面退化没有了，人形就出来了。”

我脑子里仔细想着一个胎儿的成型：“不都是这样吗？”

她瞪大眼睛看着我：“你不觉得有意思吗？上亿年的进化，300天就搞定了啊！你这个人……而且我们就是竞争动物，从开始就在和自己的母体——妈妈，在斗争。”

我：“等一下啊，这个有点离谱了吧？”

她：“离什么谱啊，就是那么回事。”

我：“胎儿时期跟母体斗争？怎么斗争啊？”

她：“胎儿是什么？就是寄生体！吸取母体营养，寄生在母体内。既然是寄生物，母体会排斥，淋巴系统肯定会起作用，要杀死胎儿这个巨大的寄生体。但是胎儿会释放一种化学物质，叫什么我忘了，你可以自己去查……目的是存活在母体内，继续自己的高速进化。那种化学反应的冲突，直接表现出来就是刚怀孕的妈妈会厌食啊，会呕吐啊，会脾气不好啊。其实你发现没？越是健康的女人，怀孕的时候反应越大，因为自己身体好啊，排斥寄生物的能力就强，胎儿也就比较累了。不过几个月之后，没事了，因为胎儿释放的那些化学物质导致免疫系统认为胎儿是个器官，所以开始源源不断地输送养分，那个小东西胜利了。”

我：“那么失败了就是流产了？”

她：“对啊，最初的免疫斗争失败了就流产了啊。次品，没资格生下来！”

我：“原来是这样。”

她不屑地看着我：“当然了，你以为游泳游得快的就胜利了？那才刚开始！”

我：“冠军之后还这么复杂啊……对了你刚才好像说到体毛什么的？”

她：“嗯，胎儿时期都有体毛的，很长，跟个小野人似的。”

我：“那出生后怎么没了？”

她：“我怎么知道？没人知道，就知道是进化的结果，具体原因都在争来争去的。不过我相信海猿论。”

我仔细地想着这个词，好像在什么地方看过。

她：“你别想了，就是一群猿猴生活在海边，后来不知道为什么就逐渐变成两栖生活了，经常在水里。身体上的毛发慢慢脱落掉，皮肤像海兽一样变得光滑了，而且皮肤下面有一层比较均匀的脂肪。我们都是海里的猴子变来的，那就是海猿论。”

我迟疑了一下：“没记错的话，这个现在还不能确定吧？”

她：“对啊，什么都讲证据啊，海猿论缺乏的就是化石证据，好像没有化石也正常，都在海里或者早就被海水腐蚀了。不过我觉得海猿论的最重要证据不是化石，是行为。”

我：“不好意思，这部分我一点都不记得了，上学学过吗？”

她得意地看着我：“上学不教这个，这都是自己查来的。我告诉你吧，原本说海猿论的有力证据是人类直立行走。说是因为长时间两栖生活，让泡在水里的那些猴子慢慢地学会后肢站在水里直立了。那个我不信，鳄鱼泡了好几百万年也没见站起来一只过。我相信的那个证据是抱孩子的姿势。人类抱孩子的方式，跟所有灵长动物都不一样，没有任何灵长动物是像人类那样抱孩子的。”

说实话我差点就自己比画上了。

她："猴子、猩猩抱孩子都是怎么抱？让孩子抱着母亲的腰对吧？头的位置正好能吃奶。人类不是，人类是让孩子的头和自己的头同一水平，为什么？"

我："同一水平？为什么……哦，你是说呼吸对吧？"

她："没错！就是呼吸！海里的猴子们要还是原来那种姿势抱的话，孩子吃奶是方便了，喝水也方便了——全淹死了。所以人类抱孩子的姿势是最独特的，让孩子的头和妈妈的头同一水平，保证呼吸。"

我："真有意思。"

她："有什么意思啊，这都不知道，打岔这么远。"

我："哦，不好意思，你接着说你的那个。"

她："说到哪儿来着？"

我："出生了。"

她："对，出生了。出生之后，环境已经不完全是自然环境了，已经成了人为环境了。人类进化到今天，很多地方都脱离了自然竞争，变成人类之间的竞争了。虽然还是红桃皇后定律，但是这个性质已经变了……"

我："太抱歉了，您还得给我解释下什么叫红桃皇后定律。"

她猛地刹住话头，看着我笑了："小同志，基础知识不扎实嘛。"

我也忍不住笑了，她才二十出头的年纪。

她："那个是出自一个故事，《爱丽丝漫游仙境》，看过吧？也叫《爱丽丝奇遇记》。"

我："嗯，看过那个，好像还有个动画片来着。"

她："对，就是那个。那里面红桃皇后刁难爱丽丝，告诉她，你要拼命奔跑，并且保持在原地。"

我："哦，怎么变成定律的？"

她："生物进化就是这样，大家都拼命进化，保证自己还存在着。马进化出高速，大象进化出鼻子，老虎进化出力量，乌龟进化出龟甲，兔子进化出大耳朵和大脚，老鹰进化出聚焦型的瞳孔，长颈鹿进化出长脖子；仙人掌进化出刺，辣椒进化出辣味素，槐树进化出很苦的树皮，杉树进化得更加高大，其他的还有什么板根啊、气根啊，好多好多种进化出来的特征，都是为了一个目的：存活！拼命进化，保证自己在生物圈中的地位，也就是拼命奔跑，以保持在原地。”

我：“懂了……红桃皇后定律。”

她：“你得交多少学费啊，啧啧……我继续。现在人类虽然也是遵循着红桃皇后定律，但是完全是为了在人类社会中生存下去。这已经超出物种进化竞争，是同种进化竞争了。还不是那种小面积的竞争，是全体行为！多有意思，已经残酷到全体同种竞争了。”

我：“好像那也算一种自然竞争吧？保证优良的基因存在……不对。你误导我了，那是纳粹的优质人种理论。”

她大笑：“你太逗了，真好玩，是你自己想偏了，我没说那个不好或者抱怨竞争，我想说的也不是这个。”

我：“呃，那你想说什么？”

她：“我一再地跟你说到进化、进化、进化，我们现在，就是处在超级进化的阶段。但是很有意思的是进化的环境是我们自己造成的，然后我们在这个环境里，都什么得到进化了？社交能力，头脑反应。但是自然环境原本的进化不仅仅是这些，这些只是一部分，自然环境下需要肌肉，需要速度，需要保护色。人类这些都没进化出来，反而指甲牙齿都退化了，对不对？”

我：“好像是……”

她：“错了吧，小同志，那不是退化，那是为了进化，人类身体这么柔弱，还退化了很多，其实这些都无所谓，也不重要了。人类的进化之所以是最成功的，就是进化了大脑。有了大脑，可以不要指甲，不要獠牙，不要尾巴，不要什么都能消化，不要夜视的眼睛。有了大脑就够了，有了进化出的优质大脑，可以随意藐视周围的任何生物。”

我：“哦，这就是超级进化了对吧？进化了大脑。”

她："才不是呢，这才开始。前面说了我们是在同种竞争，周围的竞争对象都有聪明的大脑，那就只能接着自我完善、自我进化。在这么残酷的环境下，大脑的进化比原来更重要了，比原来更高速了，对吧？这个，才是超级进化！"

我："……超级进化，的确是这样。"

她兴奋地站起身挥动着宽大的病号服袖子："今后的人类，还会有很多器官没有了，但是无所谓了。嘴巴可以变成吸管，食物是流质的好了；眼睛可以更小，反正不用警惕周围环境；手指可以变成很多个，打字就更方便了；腿可以退化得更小，油门刹车全用手解决了；脖子要变粗，这样才能托住那个大脑袋……"

病房里的其他几个患者也开始兴高采烈地手舞足蹈起来。

医护人员进来了，我退出去了。

站在病房外，我看着医护人员逐一安抚了那些患者后，单独把她带出来散步。她在走廊上对着我吐了下舌头，欢天喜地跟着医护人员去溜达了。

在楼道尽头的拐弯前，她远远地扔给我一句："怎么样？超级进化者。觉得自己很了不起吧？有空来听课啊，老师我喜欢你！"

我站在走廊上看着她消失后，伸出双手仔细地看着，说不清是什么想法。

可能是为自己而迷茫吧，我这个超级进化者。

迷失的旅行者——前篇：精神传输

如果说，我还有那么可怜的一点量子力学知识的话，完全是因为我这几年看了很多相关书籍和论文，旁听了很多让我崩溃的量子力学课程。我之所以那么做，并不完全是为了接触“量子少年”或者“镇院之宝”，更是因为他。

还记得在“四维虫子”中我搬来的外援吗？那位年轻的量子物理学教授，就是通过这位朋友，我才认识的他。而且，在“认识”两字之前，我觉得应该还要加上：很荣幸。

在调研“四维虫子”案例大约两年后的某天，那位量子物理学教授急切地找到我，明确表示需要我的帮助。路上，我没得到太多解释，他只是告诉我要做的：确认那个人是不是精神病，即便我反复强调我没有独立确诊的资质。

于是我见到了他。

第一天。

我：“呃，你好……”

他：“你好，为什么要录音？”

我：“这是我的习惯，我需要听录音来确认一些事情，这样才能帮到你。”

他不确定地看了眼物理教授。

他：“好吧，我知道你来是确认我是不是有精神病的，如果我是个精神病人，反而会好些。”

我：“有什么事比成为精神病人还糟糕吗？”

他有点不安：“嗯……对你们来说，我来自另一个世界……”

我看了一眼我的教授朋友。

我：“您……从哪个星球来的？”

他：“地球，但是不同于你们的地球。”

我：“啊……异次元或者别的位面一类的？”

他：“不，我是另一个宇宙来的……确切地说，是一个月后的那个宇宙的地球。”

我：“……不好意思，你的话我没听懂，到底是另一个宇宙？还是你穿越时间了？”

他：“那要看你怎么看了。”

我再次看了一眼量子物理学教授。

他：“这个解释起来很麻烦，我还是尽可能让你先听懂吧，否则逻辑方面你会因为某些东西不明白而没法判断，不过你的朋友能帮到你。”

我：“好吧，你从头说吧。”

他：“宇宙不是一个，是好多个。”

我：“多宇宙理论吗？”那个我倒是知道，但是仅仅限于这个名词。

他：“我想想从哪儿说起……因为我不是这方面的专家，所以我知道的也不多，我只是使用者。”

我：“OK。”

他：“你知道时间旅行悖论吧？”

我：“不太清楚，能说说吗？”

他：“是这样，假设你回到了50年前，杀了你祖父，也就不会有你了对吧？但是没有你的存在，你怎么会回去杀了你的祖父呢？”

我：“……的确是悖论，怎么了？”

他："没多久后，解释不是这样了。后来被解释为'不可改变性'。例如说你回到50年前，你却没办法杀死你的祖父。也许行凶过程中被人拦住了，也许你以为杀了他了，其实他没死，也许你根本找不到你祖父，也许你虽然杀了祖父，但是那会儿你祖母已经怀上你父亲了……大概就是这样，反正就是说你杀不了你的祖父，或者改变不了你已经存在的现实。"

我："嗯，这个我明白了，悖论不存在了。"

他："你说对了一半，悖论的确不存在。但是你可以在你祖母怀上你父亲前杀死你祖父……"

我："那不又是悖论了吗？"

他："实际上，你杀死了你的祖父，你的父亲还是会存在。只是，在你杀死的那个宇宙不会存在了，包括那个宇宙的你也不会存在了。"

我："那个杀死祖父的我哪儿来的？别的宇宙？"

他："是的，这就是多宇宙。实际有你存在的宇宙，有你不存在的宇宙；有你中了大奖的宇宙，也有你没中大奖的宇宙；有你已经老了的宇宙，有你还是婴儿的宇宙；有希特勒战败的宇宙，有盟军战败的宇宙；还有希特勒压根就没出生的宇宙，甚至还有刚刚爆炸形成的宇宙……很多个宇宙。"

我："很多？有多少个？"

他："我不知道，虽然我所在那个宇宙的地球科技比你们发达很多，但是我们那里的科学家们至今还是不知道有多少个宇宙。总之，很多。"

量子物理学教授："这些在量子物理界目前还是个争论的话题，而且我们对多宇宙的说法是：宇宙在不停地分裂，有无数个可能。但是他告诉我宇宙不会分裂，就是N个，已经存在了。"

我："同时存在？"

量子物理学教授："没有时间概念，只能从某一个宇宙的角度看：那个时间上稍早一些，这个时间上稍晚一些，还有差不多的……"

我转向他："是这样吗？"

他："比这个还复杂，在你说的同时概念里，有下一秒你眨眼的，还有下一秒你舔嘴唇的。"

我忍不住眨了眼又舔了一下嘴唇。

我："原来是这样……在你们那里能确认多宇宙的存在吗？"

他："是的，否则我也来不了这个宇宙。"

我："……对了，你刚才说你们的科技比这个宇宙的地球发达很多？能举例吗？"

他："嗯……我留意了一下，最明显的就是你们还用喷气机，我们已经开始有反重力运输工具了。"

我："……好吧，听起来很先进很科幻，怎么做到的？你应该知道。"

他："自从发现了引力粒子后就能做到了，用反重力器。"

我："那你可以做出来一个给我看吗？"

他像看一个白痴似的看着我："我又不是机械或者物理应用学家，我怎么知道那东西怎么做？你们的这个地球有喷气式飞机，你知道那是涡轮增压的原理，但是你做一个我看看？"

我："呃……好吧，那么既然你是别的宇宙来的，你总该知道是怎么过来的吧？别说你一觉睡醒就过来了。"

他无视我的讥讽："通过惠勒泡沫。"

我："毁了什么泡沫？没明白。"

量子物理学教授："他说的是量子泡沫，不是毁了，是惠勒。你们的地球也有惠勒[①]吗？"后半句是问他。

---

① 约翰·阿齐博尔德·惠勒（John Archibald Wheeler），生于1911年7月9日，美国著名的物理学家、物理学思想家和物理学教育家。惠勒生前是美国自然科学院院士和文理科学院院士，曾任美国物理学会主席。1937年惠勒提出了粒子相互作用的散射矩阵概念。1939年提出了原子核裂变的液滴模型理论。惠勒在广义相对论大体上还是数学的一个分支的时期，把它引进物理学。1965年获得爱因斯坦奖。1969年惠勒首先使用"黑洞"一词，从此传播世界。1968年获原子能委员会恩利克·费米奖，1982年获玻尔国际金质奖章。1983年他提出了参与宇宙观点。1993年获马泰乌奇奖章。2008年4月13日，因患肺炎医治无效，在新泽西的家中逝世，享年97岁。

他："有，我们宇宙的地球和你们宇宙的地球相比，除了我们科技上发达一些，基本差不多。反重力器也是才有没多久的，至于多宇宙穿梭是政府行为。"

我有点眩晕，我觉得如果是一个科幻发烧友坐在这里都会比我明白得多。这些年我面对过很多种看似完善的世界观。有依托神学或者宗教的，有建立在数学上的，还有其他学科的，当然也有凭空胡说的。但是我最讨厌建立在物理基础上的——如果精神病医师面对的大多数患者都是这类型的话，我猜物理系毕业生们在就业问题上再不用发愁了。

我打断他们俩："不好意思，麻烦你们谁能解释下那个泡沫是怎么回事？"

量子物理学教授："惠勒泡沫，也就是量子泡沫，那是一个形容的说法而不是真的泡沫。在宇宙形成后，整个宇宙在扩散，宇宙中不是绝对同质的，是不规则分布的。宇宙中星系就是不规则分布的，这个知道吧？实际上我们已经证实了[①]。在非常非常小的维度上——不是纬度，而是四维时空的'维'。在很微小的维度上，时空也是不规则的，是混乱状态，就像一堆泡沫一样杂乱无章，比原子微粒还小。有些量子泡沫会有虫洞。因为量子泡沫这个词是物理学家约翰·阿齐博尔德·惠勒创造的，所以也管那个叫惠勒泡沫。"

我痛苦地理解着那个泡沫的存在。

我："是个微缩的宇宙？"

量子物理学教授："可以这么理解。或者从哲学角度理解，微观其实就是宏观的缩影。"

我："好吧，我懂了。"我转向他："你的意思是说，你从那个比原子还小的泡沫里找洞钻过来了是吧？"

他笑了："不是钻，而是传输。"

---

① 参见第三篇《四维虫子》。

我："你是学什么的？在你那个宇宙的地球……有大学吧？"

他："我是学人文的。"

我："你们的政府为什么不派士兵或者物理学家过来，而派人文学家过来呢？"

他看着我不说话。

我的确有点儿说多了，只好回到正题："好了，也就是说，你也不知道怎么传输过来了对吧？因为你不是技术人员……"

他打断我的话："我知道怎么传输。"

我和量子物理学教授飞快地对看了一眼。

我们几乎同时问："怎么做到的？"

他："数据压缩。"

量子物理学教授："你能说得详细点儿吗？"

他："是把我的个人信息转变成数据后，通过电子，实现在这个宇宙重塑。"

我："怎么回事？你是说把你转变成数据了？"

他："对，我的一切信息数据。"

我："我不懂。"

他："嗯……举个例子，这么说吧，一个外星人偶然来到了地球，觉得地球很有意思，想带资料回去。但是因为是偶然来的，自己的飞船不够大，不可能放下很多样本。于是外星人找到了一套大英百科全书，觉得这个很好，准备带回去。但是发现那还不行，因为那一套太多也太重了。外星人就把字母全部用数字代替，于是外星人得到了一串长长的数字，准备通过飞船的计算机带走；但是外星人又发现飞船上的计算机还要存储很多画面和视频，那串大英百科全书数字太长了，占了很多硬盘空间——我们假设外星技术也需要硬盘。那怎么办呢？外星人就测量了自己飞船精确的长度后，把它假设为1。又把那串长长的大英百科数字按照小数点后的模式，参照飞船长度，在飞船外壳上某处刻了很小的一个点。于是外星人回去了，他只刻了一个点，却带走了大英百科全书。回去只要测量出飞船的长度，再找到那个点在飞船上的位置……”

我：“我明白了，那个点所在的位置精确到小数点后很多位，就是那串大英百科数据，对吧？”

他：“是这样。”

我：“这个很有意思……但是跟压缩你有什么关系？”

他：“把我的信息压缩成数据，按照脑波的信号用电子排列。这样我就成了一串长长的电子信号，电子可以通过惠勒泡沫来到这个宇宙。”

量子物理学教授：“不对，讲不通。你现在的存在是肉体，不是信号。这边宇宙怎么再造你的肉体呢？”

他：“嗯，现在我们的技术没有那么好，所以只能找到我存在的其他宇宙，把我的电子信号传输到这个宇宙的我的大脑中，这样实际意识也是我了。”

我：“附体嘛……”

他：“可以这么说。”

量子物理学教授：“那你怎么回去呢？”

他：“大脑本身就可以释放电子信号的，虽然很弱。利用这点，每次传输都附加标准回传信息……我的脑波信号，开头部分是定位信号，结尾部分是回传信号。到了回传信号的定时后，定期在这个宇宙的替身大脑释放一个信息，刺激一下，然后这个大脑就会释放具有我特征的电子信号回去，那边负责捕捉接收。这样就可以了。”

我努力听明白了：“也就是说那边你的肉体还存在，你存在于两个宇宙……呃，一个宇宙的你，存在于两个宇宙，是吧？”

他：“就是这样。”

我：“精神跨宇宙旅行啊……可行吗？”我侧身对着量子物理学教授。

看量子物理学教授表情是在仔细想：“目前看理论上完全没问题……不过我的确没听说过……”

我转回头："但是你为什么找他呢？"我指的是量子物理学教授。

他："我想询问一下这个宇宙地球的量子物理程度，我希望能有人想个办法帮助我。"

量子物理学教授："他两天前就该回去了，但是那边不知道出了什么问题。"

他："是的，我回不去了。"

迷失的旅行者——中篇：压缩问题

傍晚的时候，那位“时空旅行者”走了，我则住在朋友家了。

我：“你觉得他是精神病吗？”

朋友有点急了：“你问我？我找你来就是问你这个的啊！”

我：“你先别激动……因为我对你们说的那些宇宙啊，泡沫啊，不是很明白，所以我没法做判断。你先告诉我他说的那些是不是真的属于量子物理科学范畴。”

量子物理学教授：“嗯……有些地方我也不是很明白。例如说到反重力装置的问题。他提到了引力子，这个……万有引力是一个现象，为什么会有万有引力，从根本上说还是未知的。”

我：“……啊？！”

量子物理学教授：“现在没人知道，引力场的存在是不是事实。所以说他提到的这个的确很有意思，如果真的发现了所谓的引力子，反重力装置还真有可能实现，那就可以说是一个重大的科技进步了。”

我：“还有吗？还有你觉得是瞎掰的没？”

量子物理学教授：“难说，我想明天他来了我详细地问一下。如果真的是他说的那样，那么他作为参与者肯定会对那方面知识有一些掌握，哪怕是岗前培训也得知道一些，不可能什么都不知道就放过来了，违反常理。而且他也提到过这是政府行为，那么岗前培训应该是有的。我觉得这是一个很重要的点，因为目前我所了解的量子力学知识里面，没听说过这种传输方式。哪怕他能说个大概，理论上可行都行……否则就是胡吹了。”

我：“你是说你有点相信他说的？”

量子物理学教授：“嗯……有点。因为关于穿越量子泡沫那方面，眼下的技术还是实验阶段，例如无条件电运——就是在我家这里无条件地把一个东西传输到你家。目前虽然可以做到，但是只能运送很微小的粒子……”

我：“停，电运啥的太复杂了，还有就是多宇宙理论是怎么回事？我听不懂就没法判断他是不是胡吹的，你必须今天晚上教会我。”

量子物理学教授认真地想了好一阵儿：“嗯……我试试吧……但是我只能说尽力……你原来听课都听哪儿去了？”

我无比坦然地承认：“睡着了。”

他叹了口气：“来我书房吧。”

坐下后，他认真地看着我：“这样吧，我看看能不能压缩最实质的内容，用最直白的方式给你解释下多宇宙理论。还记得双缝干涉实验吗？嗯……从这儿说吧：在19世纪的时候，物理界有个共识，像光啊、电磁啊，这类的能量都是以连续波的形式存在的，所以我们至今都在用光波、电磁波这类的名称。发现这个是19世纪物理界的很大成就。如果有人对此质疑的话，用一个实验就能证实这一点。”

我：“双缝干涉实验！”

量子物理学教授：“对！其实这是个很简单的实验，任何人都能做。”

我：“欸？是吗？那你现在做给我看！”

量子物理学教授：“别急，等我把理论知识贯彻完。咱们先说第一步：假设啊，假设你在我这个门上弄出个竖长条的缝隙来，我站在外面用手电向里面照射，你关了灯在屋里看，墙上会有一条光带对吧？”

我：“对，怎么了？”

量子物理学教授：“好，现在假设在门上掏了两个竖长条缝隙，我还是站在外面用手电筒照射，你会在屋里的墙上看到几条光带？”

我看着他："两条吗？"

他在关灯前神秘地笑了下，然后打开了手电筒，用那张有两条缝隙的硬纸挡住光束，墙上出现了一系列的光栅。我发出惊叹："天哪，居然这么多！"

量子物理学教授："看到了？"

我："怎么会这样？"

他重新开了房内的灯坐回我面前："透过缝隙的光波是相干涉的，在有些地方互相叠加了，然后就是你看到的，出现了一系列明暗效果的光栅。"

我："真有意思！"

量子物理学教授："我们假设门被掏出了四条缝隙，墙上的光带会是多少？"

我："呃，我算算……加倍再加上叠加……"

量子物理学教授："不用算了，这种情况下得到的光栅只有刚才的一半。"

我："四条缝隙的比两条缝隙的光带少？为什么？"

量子物理学教授："因为缝隙过多，就造成了光波互相抵消掉，这也就是光干涉现象。这个实验叫'杨氏双缝干涉'，[①]你回家可以尽情地做这个实验。"

我："嗯，我也许会做的。但是这跟多宇宙有什么关系？"

量子物理学教授："有，实验证明了光是波，但是后面出了个小问题：用光照射金属板，会产生电流，没人知道为什么。后来经过反复试验，通过研究金属板上光线的量和产生电流量的关系，得到了一个结论。"

我："直接告诉我结果吧。"

量子物理学教授："结果就是：光其实是以连续而独立的单元形式存在的能量，也就是，粒子。[②]这就是量子物理学的开端。"

---

① 英国医生、物理学家托马斯·杨（Thomas Young，1773 ~ 1829）最先在 1801 年得到两列相干的光波，并且以明确的形式确立了光波叠加原理，用光的波动性解释了干涉现象。每个人都可以尝试这个实验。实验要注意两点：1. 最好在黑暗环境下，同时保障光源是比较稳定的强光；2. 缝隙如果开得很宽会得不到光栅效果。

② 由德国物理学家马克斯·卡尔·恩斯特·路德维希·普朗克（Max Karl Ernst Ludwig Planck，1858 ~ 1947）在 1900 年提出。

我：“可光不是波吗？”

量子物理学教授：“物理学家们也开始争起来了，但是谁都没办法否定——因为这不是说说的事，计算过程都摆在那里，没有作假。这种混乱直到爱因斯坦对原子和粒子的研究结果发表后才结束。爱因斯坦把光粒子叫作光子，因为光子冲击了金属板，才产生了电流。”

我：“那杨氏双缝干涉实验怎么说？”

他笑了：“到了现在，已经证明了光子是带有波特性的粒子，它具有波粒二象性。”

我困惑地看着他：“好吧，我接受。不过你说了这么多，半句没提多宇宙的问题。”

量子物理学教授：“这是我要说的。通过前面的实验你看到了光的互相干涉，也就是说，光才可以干涉光。而后面又确定了光子这个问题。物理学家们就想：如果每次只放出一个光子，用专门的光感应器来接收，这样就没有干扰了，对吧？”

我：“嗯，应该是这样。”

量子物理学教授：“但是实验结果让所有人都不能理解。光子的落点很没谱，这次在这里，下次在那里，完全没有定式。”

我：“嗯……假如你计算下概率？”

他摇了摇头：“不要用数学来说，这是个真正的实验，真正的光，真正的感应器，在地下几公里的深处，排除了能排除的所有因素。但是，没有定式。”

我恍然大悟：“啊……你是想说，来自其他宇宙的光子干扰了这个光子[①]……那么，怎么来干扰的？”

量子物理学教授：“还记得量子泡沫吗？”

我：……

---

① “多宇宙理论”最早是由物理学家休·埃费里特在 1957 年提出的。

量子物理学教授："所以关于多宇宙的问题，还在争论不休。因为那个实验没有问题，但就是没有答案，只有多宇宙才能解释。而且，没有人能证明这个说法是错误的。但是，这彻底颠覆了我们目前所知道的很多东西。这个解释过于大胆了，已经到了匪夷所思的地步。"

我疲惫地倒在椅子上——天哪！

因为这一天有太多东西冲击进来了，以至于那天晚上我花了很长时间才睡着。

第二天。

我的朋友也一脸疲惫地坐在我旁边，而那个"旅行者"显得平静而镇定。

我："……你昨天回家了？"

他："对。"

我："这里跟你那边，除了那个反重力装置外，还有什么不同？"

他："你们南美是十几个国家各自独立的，在我们的地球南美是联盟形式存在，就跟欧盟似的。"

我："哦？这样多久了？"

他："筹备好多年了，成立了一年多。"

我："哦，美国总统是布什？"（当时是2006年）

他："对。"

量子物理学教授："你能说说你们的那个反重力装置是怎么制造引力子的吗？"

他："制造？不，不是制造，而是改变引力子的方向。"

看得出量子物理学教授有点诧异："……那怎么改变的，你知道吗？"

他："这个我就不知道了。"

我："好吧，那说些你知道的吧。"

他："嗯，我都会说出来，如果你们觉得我说的有严重的问题，或者真的是精神病的话，也就立刻告诉我吧。"

我点了点头："没问题，你能说说关于传输的事吗？"

他："好，那个我知道不少。"

量子物理学教授抢过我的本子和笔准备记下他看重的一些方面。

他："说传输就必须说大脑和人体。在我们通过DNA技术成功了解了大脑机能后……"

我打断他："你说你们彻底破解了大脑的全部机能？"

他："全部？算是大部分吧，记忆部分基本没有问题了。"

我和量子物理学教授对看了一眼："好，请继续。"

他："在了解大脑机能后，生物学家发现大脑的很多功能如果没有和肢体的互动就不能彻底了解，于是他们开始虚拟人体。"

我："虚拟？呃，是在计算机上模拟人体对吧？"

他："对啊。"

我："可是人体的细胞量那么庞大，计算机也许能扫描一下，但是全部转化成信息还得按照人体的机能运作，那不可能实现啊！难道你们的地球有什么量子计算机？"

他："呵呵，超级计算机还是有的，反正我们做到了，用压缩技术做。"

我："你还没说完思维压缩的问题呢，现在又提到人体压缩。到底是怎么做到的？"

他笑得很自信："打个比方说：你拍了一张蓝天的照片，一片蓝色对吧？如果把照片放很大，会看到很多排列在一起的像素点。每个像素点的蓝是不一样的，它们都有自己的独立信息。相机的功能越好，像素点越多，这样看上去蓝天更加逼真。但是这样这张照片的容量会很大……"

我："矢量图？"

他："是的，就是那个意思。但是这张照片如果不需要放那么大，就会技术压缩那些像素点。比方说如果这一个像素点和旁边那个像素点看上去差不多，那就不用储存两个像素点，把它们用一个信息表达就好了。如果这一片像素点都看起来差不多，那么把这一片像素点都变成一个。这样按照需要的清晰度，把那些像素点全部压缩了，照片容量会小很多。如果不需要放大很多，那么根本看不出来，这是像素压缩技术。我们用的就是这种技术。先扫描下细胞，把一些差不多的合并为一个信息，这样就轻松多了，比方说表皮细胞，我们以一平方毫米为单位，记录一个信息，或者记录一平方毫米单位的肝脏细胞……诸如此类。大脑细胞也一样，但是可以将精度提高一些，例如百分之一毫米为一个基础单位。这样就可以压缩了。”

量子物理学教授：“扫描的仪器……”

我：“呃，这个问题不大，我们也可以，利用核磁共振同时再辅助射线什么的，虽然花点时间，但是能做到。那些设备肯定不是医院里那种级别的……不过……”

我转向“旅行者”：“要是那个样本细胞不健康，有潜在危险，那岂不是那一片就都完蛋了？”

他：“这个我知道，但是我们也不必关注是否有个别细胞不健康的问题，毕竟不是要重新制造一个躯体出来，只是模拟就好了。利用模拟出来的虚拟躯体，和大脑的主神经连接就可以和大脑产生互动了，也许不那么完美，但是无所谓，因为目的不是完美，只要弱电刺激啊、神经反射啊、大脑啊，能按照我们的要求工作就可以了。然后停止其他智能反应，只保留生命维持的功能，也就得到了一个相对平和的大脑状态，这时候，刺激大脑记忆部分，让记忆部分释放那部分的弱电，再从中提取记忆信息，然后用电子按照大脑本身的模式，即时发送到这里。开头部分加一个强信号定位，结尾部分加一个回传定时记忆，好像在线传输那样传过来了。于是，我就到了。”

我们听得目瞪口呆，因为这似乎真的是可行的——除了发送回传那部分。

我：“这样啊……那就是只要记忆过来就好了……你们的地球治疗失忆一定

没问题了！”

他：“对，没错。接着说我，我知道我是来干吗的，我要做什么，足够了。至于现在的我是不是心脏不如那边好，我的指甲比这边长了还是短了都是无用信息，只要记忆过来就没问题了。”

量子物理学教授：“你是说有两个你吗？带着同一个记忆的？”

他：“可以这么说，不过从我过来的那一刻，我们的记忆就不一样了，那边发生了什么我不知道，这边发生了什么那边也不知道，除非记忆回传。”

我：“你这个说法，好像是灵魂分成了两个啊！”

他有点不以为然：“知道你们这里对多宇宙是怀疑态度，因为那样就等于有很多个上帝，很多个佛祖，很多个奥丁，所以你们就否定！是这样吗？我不清楚在你们地球上的人都怎么想的，在我们那里这不是问题。灵魂怎么就不能是很多个了？神怎么就只能有一个？没有神就没信仰了？难道没有上帝人就不爱了？没有佛祖就没有开悟了？没有教廷就道德沦丧了？到底是信仰自己的心，还是在迷信一个人或者一个组织？真正的信仰是不会动摇的，哪怕没有神都不能影响自己的坚定，这才是信仰。真正的信仰，能包容所有的方式，能容纳所有的形式。只有迷信的人才打来打去呢，整天互相叫嚣你是错的我才是对的，你是邪道我是正途。这是迷信，不是信仰。”

我觉得他说得有道理，甚至开始羡慕那个“他的地球”了。

量子物理学教授：“嗯，这个话题先放一边，我想知道一个技术问题：你们怎么确定能传送到这个宇宙的？定位怎么做？”

他：“你有没有过这种感觉：看到某个场景的时候突然觉得似曾相识，甚至可以预知下一秒发生的事情？”

量子物理学教授：“有过，但是那是大脑记忆部分产生的临时幻觉和错误。”

他："错误？产生错误还能预知下一秒？不对吧？其实那不是记忆错误，而是你的脑波瞬间和其他宇宙的脑波相通了。而相通的那个恰好是比你早一点的那个宇宙，你得到了另一个自己的记忆信息。那种事情很少就是因为你没办法长时间保持和另一个自己的联系。原理你应该清楚，其实就是另一个你的大脑记忆弱电信号通过量子泡沫传输给你了。虽然只有那么一瞬间。"

我和我的朋友都有点蒙，尤其是我，有点儿恍惚，我觉得有精神病的是我们。因为所有的疑点在他那里都轻松解决了。

量子物理学教授："呃……你刚才提到稍早一点的那个宇宙……我们的看法是宇宙是不停分裂的，而不是早就存在了无限个……"

他："你……唉，不觉得这个说法太主观太矛盾吗？分裂以什么为标准？过去、现在、未来所有可分裂的点都在不停地分裂。分裂后就消失了？没了？就你选择后分裂的还存在？这种问题……这么简单的逻辑问题……我还是学人文的我都知道……"

量子物理学教授有点不好意思了："因为我们的地球对于多宇宙是不确定的。"

他："好吧，是我有点着急了，对不起。我很想知道，从逻辑上，从技术上，我说的这些……这么说吧，我是精神病吗？"

我："老实说，如果你是的话，那么你是我见到的最……高深也是最可怕的精神病了。你说的基本可行。但是，不能排除你是偶然从什么地方得到的这些知识。不过，我想安排你尝试一下催眠，那个对你、对我们应该有很大的帮助。"

他缓缓地点了点头："也许……吧……如果催眠能找到我记忆里的那个回传信号就好了，有那种可能吗？"

我："我就是这个意思。如果你说的都是真的，还的确有可能！"

他期待地看着我："那我终于可以回去了。"

迷失的旅行者——后篇：回传

第二天晚上。

量子物理学教授："你觉得他……正常吗？"

我："不正常。"

量子物理学教授："你是说……"

我："一个人要是这种情况算正常吗？我没看出他不正常，所以才不正常。如果他胡言乱语或者随便说点儿谁也听不懂的语言我倒是很容易下判断。但是现在，如果他是正常的，那么我们是不是就都不正常了？"

量子物理学教授："……逻辑性呢？"

我："逻辑性……我已经见过太多逻辑完善的病人了，只不过他们对事物的感受错位了。而且很多比你我更理智冷静。不过这个……我总觉得有什么地方不对劲，又说不上来。"

量子物理学教授："可能是我们不对劲吧？我觉得很可怕……"

我："我也是……"

他看了下我："你好像比他痛苦。"

我点了下头。

量子物理学教授："从目前看，很多内容的确是他说的那样，只是技术上我们还没达到。不过，也许用不了多久技术上真的能实现了，这个才是最可怕的。"

我："他说的那些科技水平，现在我们到什么进度了？"

量子物理学教授："不知道，最近五年关于无条件量子电运方面，相关学术杂志上基本没有新内容了，偶尔有也是理论上泛泛的空谈。"

我："没有进展？还是说各国政府都在偷偷地干？你是阴谋论者吗？"

量子物理学教授："我不是。但是偷偷干是正常的，毕竟这个技术太诱人，可以说是把技术前和技术后划分为两个时代了。"

我："这么严重吗？"

量子物理学教授："想想看，凭空运送，什么都不需要，只需要接收者的个人信息就够了。我凭空就弄出一个苹果在手里，让你眼睁睁地看着我变出东西——还不是魔术师那种动作飞快的把戏，而是让你看到一些东西在我手中组成。你不觉得那是神话吗？我现在突然怀疑过去的神话传说都是真的了。原本那是真实的，后来成了历史，当文明衰退后，后人看了那些不相信，历史就变成了传说。如果反重力装置便携化，如果量子电运技术便携化，如果记忆接收芯片植入大脑，你可以自由地飞，你可以凭空拿到东西，你可以不用上学就得到你需要的任何知识，那不是神话是什么？之所以认为是神话，是因为科技程度还达不到。别用那种眼神看我，我知道这些听上去像个科幻晚会的发言。但我是以一个量子物理学教授的身份说的这些。我不信有什么神，我相信人类自己就是神——唯一的问题是：人类这个新的神，是否能控制自己的技术不毁灭自己。所谓的科学技术问题，都不算什么，唯一存在的问题就是：人到底是不是能控制住自己所创造的一切，而避免自我毁灭。"

我想了好一阵儿："嗯，如果我有小孩我不会让他选择魔术师职业的，下岗只是迟早的事。还有，你准备改行教哲学了？"

量子物理学教授笑了："改行教文学了——如何撰写悲剧，故事梗概就是：因无法控制的科技，导致了人类的自我毁灭。"

我："你需要做精神方面的鉴定吗？我可以帮你。"

量子物理学教授："需要的时候我会找你。"

我愣了一下："你说什么？"

量子物理学教授：“需要的时候……怎么了？”

我：“天哪！原来是这样！”

第三天。

我单独约了“旅行者”在一家茶餐厅见面。只有我和他，没有我的量子物理学教授朋友。

他：“不是说一周后才催眠吗？”

我：“嗯，那个没问题，在那之前我想再问你一些事。”

他：“哪方面的？”

我：“一个技术方面的，我还没太明白呢。”

他：“你问吧，我知道的肯定会告诉你。”

我：“你能告诉我，你以前有过传输经历吗？”

他：“没有过，这是第一次。”

我：“哦……那么你听过别人，就是有过传输经验的人讲过吗？”

他：“讲过，传输的一些必要知识和原理有人讲过，注意事项什么的都说了，但是没有更细致的东西了。我说过吧？这是政府行为。就是这样。”

我：“好，我明白了，那么这项技术是成熟的吗，对你们来说？”

他认真地看着我：“很成熟，虽然各国政府对外都宣称还是理论阶段，但是实际上很多政府之间都在合作，只是很隐秘罢了。”

我：“你说很隐秘，那么你怎么知道原来的实验呢？”

他：“最初的阶段我还没加入，为期五六年吧，都在进行一个叫‘观察者’的实验。等到技术等方面都稳定了，才开始大规模招募——当然不是在社会上招募。但是人员已经很多了，现在这个项目的核心人员，基本上都是最初的‘观察者’。像你们说的，军人啊、物理学家之类的人。”

我：“你们现在的项目叫什么？‘再次观察者’？”

他笑了下：“不，旅行者。”

我：“你在那边有家人吗？啊……我是指你结婚了？”

他：“没有，我跟父母住在一起，跟这里一样。”

我：“我们的地球和你们的差别大吗，到底？”

他：“其实差别不大，但是我被派过来的原因是他们说这个阶段是个分水岭，我们以后和你们的宇宙会逐渐拉大差距，所以需要有人来。”

我：“你们这次多少人？”

他：“很多，20多个。”

我：“不在一起吧？你们彼此知道身份吗？”

他：“不在一起，彼此不知道，因为出差错会很麻烦，毕竟我们有你们没有的技术。”

我：“如果你回不去了，你想过怎么办没？”

他严肃地看着我：“我很想回去，因为总有一种我不属于这里的感觉。”

我：“你能告诉我回传那部分是怎么回事吗？”

他：“回传就是在记忆电子流结尾的部分……”

我：“不，我问的不是技术，而是回传后，会怎么样？”

他愣了：“回传后？”

我：“我没听到过你说记忆消除部分，是不是回传后你的记忆就消除了？或者我反过来问：当初你被传输后，那边的你就是空白记忆状态了吗？”

他惊恐地看着我。

我：“我昨天仔细想了，总觉得有个问题，最初我没想明白，也忽视了。我猜，即便回传了，你还是在这里对吧？你的那个世界的记忆没被抹去对吧？你昨天也说过。从传送的那瞬间起，你和原来自己的记忆就不同了，你们是分开的灵魂了——假如说那是灵魂的话。同样道理，你回传了记忆，等于拷贝了一份回去，但是你依旧还在。是不是？”

他痛苦地抱着自己的头。

我："我知道我帮不了你了，因为我……没有消除记忆的能力。"

说完我故作镇定地看着他，但是心理上有着巨大的压力。

他抱着自己的头努力控制着身体的颤抖。

过了好一会儿，他抬起头："谢谢你到目前为止所做的一切，我接受了。"

我看见他眼里含着眼泪。

我："其实……"

他："好了，我知道了，我也明白那句话了。"

我："哪句话？"

他："记得在培训的时候说过，我们这个项目的名称是'旅行者'。你们也有那个吧？旅行者探测器。"

我："呃……美国那个旅行者探测器？[①]"

他："那次我们都被告知：这个项目为期十年，对于其他宇宙的信息，是像旅行者探测器一样，源源不断地往回发送。我最初的理解是要来很多次，现在我明白，是单程。"

他笑了一下，但那笑容很是凄凉。

我："……我觉得……其实你并没有，离开你的地球……"

他："那我算什么？附属品？信号发射器？"

我："……你知道这超出了……呃，超出了……"

他："传统道德？现有的人伦？还是别的什么？"

我沉默了。

他："没关系，谢谢你。我今后就在这里生活了，我也不必刻意做什么，反

① 1977 年 8 月 20 日美国发射了旅行者 2 号探测器；同年 9 月 5 日，发射了旅行者 1 号探测器。两个旅行者探测器沿着两条不同轨道，担负太阳系外围行星探测任务，飞向外太空。这三十多年来，旅行者 1 号探测器已经距离太阳超过 150 亿公里，成为了迄今为止飞得最远的人造物体。而旅行者 2 号与太阳之间的距离超过约 114 亿公里。这两颗探测器至今还在源源不断地向地球发送着它们"看"到的一切。而到 2020 年，两位旅行者将先后耗尽所有能量。此后，它们将彻底告别人类，在宇宙中默默漂流，直到永远。

正他们也能源源不断地得到相关的信息，我存在的意义就在于此。”

我：“另一个宇宙的你，也会感受到的……我是指你在这里的感受……”

他：“是的，是这样的。”

说着他站了起来。

他：“我该走了，再次谢谢你。”

我：“怎么说呢……祝你好运……”

他犹豫了一下后，认真地看着我：“我真的希望自己是个精神病人，因为那样也许还会有治愈的机会，还有一份期待。”

我在窗前看着他出了茶餐厅渐渐地走远，心里很难受。

量子物理学教授从不远处的座位上站起来，走到我面前坐下：“告诉他了？”

我：“嗯……”

量子物理学教授：“他接受吗？”

我：“有办法不接受吗？”

我们都沉默了一会。

量子物理学教授：“我突然觉得我们这样很讨厌，就让他等待着不好吗？还有个希望存在。”

我：“也许人就是这么讨厌的动物吧？想尽办法知道结果，但是从来不想是否能承受这个结果。”

量子物理学教授：“他……不是精神病人吧？”

我想了想：“他应该是。”

量子物理学教授：“为什么？”

我：“我没说太多，只是提示了一些他就明白了。我猜他可能早就想到了，但是不能接受，所以一直避开这个结论。”

量子物理学教授：“可能吧……就在这里生活着吧，反正也差不多……”

看着窗外，我想朋友也许说得对，但是我们都很清楚，对于迷失的旅行者来说，这里不是他的家，这里永远都是异国他乡。可他没有选择，只能生活在这个异乡。也许总有一天他会解脱。但在这之前，只能默默地承受。直到他的身体、他的记忆，最终灰飞烟灭。

永不停息的心脏

我：“终于坐在您的面前了。”

他：“真不好意思，前几次都是因为有各种各样的事情没办法脱身，所以临时改变时间的。”

我：“我知道您很忙，没关系……我们进入正题吧？”

我打开录音笔看着他。

面前这个50多岁的男人，是个生物学家。曾经在37岁到41岁之间因精神分裂导致了严重的幻视和幻听。痊愈后他曾经对别人说过，虽然那几年很痛苦，但很重要。就是这个说法，让我很好奇，所以拐了好几道弯找到这个人，并且终于坐在了他的面前。

他微笑地看着我：“你的好奇我能理解，让我想想从哪儿开始说呢？就从发病前期说吧。”

我：“好。”

他：“我发病的原因跟当时的课题有关，那时候我正在分析有关分形几何学和生物之间的各种关系。”

我：“分形几何学？那是数学吗？”

他：“是，不过好像高级数学对分形几何多少有些排斥……原因我就不说了，如果你搞无线通信的话，对那个可能会比较了解。我只说应用在生物学上的吧！”

我：“好，太远的不说。”

他：“简单地举例，比如说随便找一棵树，仔细看一下某枝树杈，你会发现那个分杈和整棵树很像，有些分杈的比例和位置，甚至跟树本身的比例和位置是一样的。如果再测量分杈的分杈的分杈，你会发现还是那样。假如你直接量叶梗和叶脉，还是整棵树分杈的比例。也就是说，是固定的一种模式来划分的。再说动物，人有五个手指，其实就是微缩了人躯干分出的五个重要分支——双臂、双腿、头；鸟类的爪子也是那样，头、双脚、尾巴，而翅膀平时是收起来的，尾巴却作为一个肢体末端的映射显现了出来，因为收起的翅膀不如尾巴的平衡性重要。这个叫作自相像性。”

我：“还真没注意过……有点儿意思。”

他：“你记不记得几年前流传着一个解剖外星人的录像？我第一次看就知道那是假的。你注意了吗？视频里面那个被解剖的外星人是四个手指。这是错的，因为片子里的外星人和我们一样，属于肌体组织生物，也具备了四肢和头，但是肢体末端映射却少了一个。假设那是真的，那只能解释为被解剖的外星人恰好是个残疾外星人了。所以，我看了一眼，就知道那是假的。”

我：“嗯，回去我再认真看一遍，的确没留意过这点。”

他：“其实分形几何到处都是，你随便找一粒沙，在显微镜下仔细看，沙的凹凸其实就是微缩了山脉；还有雪花的边缘，其实它是微缩了整个雪花的结晶结构。现在又证实了在原子内部的结构，和宇宙是一样的。就是无论巨细，都是一种分形结构无穷尽地类似分割下去。”

我想起了量子泡沫。

他：“我那阵儿研究的就是这个了，当时很疯狂，找来一切资料对照，什么神经血管分支啊、骨骼结构啊、细胞结构啊、海螺的黄金分割啊，最后我快崩溃了，觉得那是一个不可打破的模式，但是不明白为什么。于是……”

我：“我猜，于是您就开始从宗教和哲学上找原因了，对吧？”

他笑了："没错，你说对了。当时我找遍了能找到的各种宗教资料，甚至那些很隐秘的教派。可我觉得还是没得出一个所以然来，都是在似是而非的比喻啊、暗示啊，就是没有一个说到点上……然后我就疯了，精神分裂。因为那阵过于偏执了，脑子里整天都是那个问题。我觉得冥冥之中有一种人类理解之外的力量在推动整个世界，或者说，造就了整个世界。人是高贵的，但是却和花草树木，动物昆虫都在一个模式下，这一点，让我对自己、对整个人类感到极度的沮丧。"

我："有没有最后一根稻草？"

他："有的，我记得很清楚。那天我找来一只鸡，仔细地量它的爪子，量它的翅膀，结果还是一样的。但是当我累了站起来的时候，我发现另一个我还蹲在那里量。"

我："啊？别人看得见吗？"

他："别人怎么可能看见呢？那是我的幻觉。从那以后，我经常看见有自己的分身在各种地方量各种各样的东西。量完了会走过来，脸色凝重地问我：'为什么都是一样的？'"

我："有点吓人啊……"

他："那会儿不觉得可怕，只是觉得快崩溃了。我就想，这是一个模式还是一个固定的模型呢？真的有上帝，有佛祖吗？他们手里的尺子就那么一把？怎么都是一样的呢？"

我："嗯，彻底困惑了。"

他："不仅仅困惑，还因为我的专业工作就是生物学。从最开始，我始终都能看到各种各样的证据，证明人类是独特的，人类是优秀的，人类是神圣的。但是从应用了分形几何到生物学后，让很多潜在的问题都巨大化了。例如我们的大脑的确进化了，但是模式还是没变，脑干、小脑、大脑。虽然体积不一样，但是人脑神经的分形比例和一条鱼的脑神经分形比例没区别。为什么这点上不进化呢？难道说最初就进化完美了？但是不可能啊。那个时候，我整天都看到无数个我，在人群，在街道，在各种地方认真地量着。我带孩子去动物园，看到另一个我就在狮子笼里面量，我吓得大声喊危险……结果可想而知。”

我：“嗯，可以想象。”

他：“然后就是去医院啊，检查啊，吃药吃得昏昏欲睡啊，还住院了不到一年。”

我：“在医院那会儿也能看到分身吗？”

他：“很多，到处都是，每天都有好多个自己来我跟前发问：‘为什么都是一样的？’不过就是这样我还是出院了。”

我：“欸？医生怎么……”

他笑：“当然不是，这一点得感谢我爱人和孩子。他们心疼我，一定要把我接回来，孩子甚至睡在客厅，把他自己的房间让给我。这点我到现在都很感动。”

我：“嗯，这个很重要。”

他：“是这样。其实就算我精神分裂那阵，我也知道自己在做什么，我怕影响了他们，有时候觉得不对劲了，就算吃饭吃到一半，也立刻放下碗跑回自己房间去。关起门自己堵住耳朵蹲在地上，自己熬过去。等我出来的时候，我爱人和孩子就跟什么都没发生一样，和我有说有笑的。我知道他们在帮我，所以平时自己也拼命克制着。我不喜欢吃药，吃完药脑子是昏昏沉沉的，但是还是按时吃药，不想给他们带来麻烦。”

我：“您的毅力也很强。”

他：“不是毅力，是我不能辜负他们。后来我还惊动国际友人了——我外国的同学听说后特地来看我了。”

我：“不是带着《圣经》来的吧？”

他：“哈哈，就是带着《圣经》来的！他说如果我有宗教信仰就不会发生这种事情了……反正是想让我皈依天主教。我知道他是好意，那时候都明白，但是我还是没办法接受那些。”

我："您有宗教信仰？"

他："没有，我到现在也没有。不过，他说的一句话我觉得很有道理。"

我："是什么？"

他："那个老同学告诉我：有些现象，如果用已知的各种学科、各种知识都不能解释的话，那么对于剩下的那些解释，不要看表面是否很荒谬或者离奇，都要学会去尊重。因为那很可能就是真正的答案。但是求证过程一定要谨慎仔细，不可以天马行空。"

我："这个说法很棒，很有道理。"

他："所以这句话我记住了。"

我："那时候您……病了多久了？"

他："那会儿我已经精神分裂两年了。绝望的时候我觉得可能自己会一直这样下去了。"

我："快到转折点了吧？"

他："还没到，不过后面两年就不说了，都是一个样，直接说你期待的转折点吧！"

我笑了。

他："最后那一阵儿，差不多是发病的高峰期，都是让人受不了的感觉。无数个我，穿过墙壁，穿过门，从窗外跑来对我说：'为什么会都一样？'我堵住耳朵，缩在墙角，但是那些自己就跑到我的脑子里对我喊那句话，当时觉得整个头都在嗡嗡地响，经常考虑：自杀算了，一了百了。"

我："……太痛苦了。"

他："是这样，直到那一天晚上。那天晚上又开始这种情况了，我蹲在墙角，那些声音越来越大、越来越多。就在我痛不欲生的时候，突然一个炸雷似的声音在我耳边响起来，喊了一句话：'这个就是答案啊！'我总觉得那真的好像是谁喊出来的，因为当时震得我手脚发麻。"

我注意到他的表情有些奇特。

他："我愣了好一阵儿，猛然，明白了。我终于明白了！然后忍不住大笑，爱人和孩子吓坏了，赶紧冲进来，当时我激动得不行，走到他们跟前，抱着他们娘儿俩放声痛哭，告诉他们：我找到了，我回来了。"

我克制着自己的感情波动看着他。

他："那一瞬间，我的所有分身都消失了，所有的声音也都没有了，我知道我真的找到了。"

我："我很希望您能告诉我！"

他平静地看着我："马可以跑得很快，鱼可以游得很深，鸟可以飞得很高，这都是它们的特点，为什么呢？马跑得很快，但是马不会四处去问自己为什么跑得快；鱼游得深，但是鱼不会四处找答案自己为什么游得深；鸟可以在天空翱翔，但是鸟不会去质疑为什么自己可以飞得那么高。我是人，我不会那么快、那么深、那么高，但是我能够去找，去追求那个为什么。其实，这就是人类的不同啊，这就是人类的那颗心啊。"

我：……

他："其实，我想通了很多很多。生和死，不重要，重要的是去尊重生命；生命是否高贵不重要，重要的是尊重自己的存在。在自己还有生命的时候，在自己还存在的时候，带着自己那颗人类的心，永不停息地追寻那个答案。有没有答案，不重要，重要的是要充满期待。还记得潘多拉盒子里的最后一件礼物吗？"

我："希望。"

他笑了："没错，就是这个。就算会质疑，就算问为什么，那又怎么样？不需要为此痛苦或者不安，因为人类就是这样的，就是有一颗充满好奇、期待、希望，永不停息的心脏。"

我心里的一个结，慢慢地松开了。

那天临走的时候，我问他："痊愈之后您是什么样的感受呢？"

他没直接回答："你有宗教信仰吗？"

我：“不好意思，我没有……”

他：“没什么不好意思的，我也没有，不过，我想借用新约的一句话，就是你刚才问题的答案。在《约翰福音》第九章第二十五节的最后一句。”他狡黠地笑，并没有直接告诉我。

出了门我立刻发短信给一个对宗教颇有研究的朋友，让她帮我查一下。过了一会儿她回了短信给我：

《约翰福音》第九章第二十五节原文：He answered and said， Whether he be a sinner or no， I know not: one thing I know， that， “whereas I was blind， now I see.”

“whereas I was blind， now I see.”

“从前我是瞎的，如今我看得见。”

禁果

她：“难道不是吗？我觉得太刺激了！”

我：“我怎么觉得你思维倾向有些问题啊？”

她：“每个人都会有那种倾向吧？只是我说出来罢了。好多不说的，你可以直接把那种划分为闷骚类型。”

我：“嗯……不对，就算有你说的那种反叛或者挑战或者追求刺激的情绪，也没你那么强烈。你这个太……”

她：“那我就不知道了，但是我觉得对自己来说，这点真的是梦想，哈哈哈，我太没追求了。”

我：“正相反，我是觉得你太有追求了。”

坐在我对面的不是患者，是我的一个朋友，但是我觉得她有得精神病的潜质，这么说是因为她有一些很特殊的想法，特殊到我不能接受或者我觉得很疯狂……不好意思，不是很疯狂，是相当疯狂。因为迄今为止，我还没听到过任何人有这种想法——像她那样的想法。

她：“你不是在夸我吧？”

我：“不是。”

她：“唉……怎么不理解呢你？这样吧，我退而求其次再说我的第二愿望吧？”

我："等我坐稳一点儿。"

她笑："你真讨厌！"

我："好了您说吧。"

她："你有没有想过，假如你在埃菲尔铁塔上参观的时候，突然想大便，然后就躲在铁塔的什么地方，真的大便了？还看着那个自己排出的东西自由落体。"

我："啊？什么？"

她无视我的惊讶："我们再换一个地方：在参观自由女神的时候，在自由女神的火炬上大便？或者在狮身人面像的臂弯里大便？要不在金字塔里面？英国的大本钟上？或者北极南极的极点……"

我："停啊，停。怎么奔着违法乱纪去了？为什么要在那些地方去大便呢？"

她严肃地看着我："那是有意义的。"

我："什么意义？"

她："排泄是正常的生理行为对吧？但是人类把那事儿搞得隐私了，偷偷摸摸藏着干，我觉得那是不对的。那些建筑既然是人为的，那么所谓辉煌的定义也是人为的喽？所以我想在那种人为意义的辉煌上，做着本能的事儿……"

我："不好意思，我还得叫停。你这是行为艺术了吧？"

她："你知道我很鄙视那些所谓搞艺术的。"

我："可你的做法和思路已经是行为艺术了。"

她："你怎么老用现有的模式套啊？谁说那就算艺术了？那个算什么艺术啊？只是我很想那么做，觉得很刺激，至于别人认为是什么我才不管呢。谁说这是艺术我都会狠狠地呸一口！"

我："呃……那好吧，可是为什么要用那种方式刺激呢？你可以跳伞，潜水，蹦极，坐过山车……"

她不耐烦地挥了挥手："那些太小儿科了，我需要的是那种心理上和情绪的刺激，你说的那些一帮人都起哄，有什么刺激的？你给我根烟。”

我：“这是快餐店，不让抽烟。”

她：“你先给我，我点上，有人轰我我就叼着出去，总不能夺下来吧？”

我无奈地把烟盒打火机递给她。

她点上，轻巧地吸了一下后舔着嘴唇，带着一脸挑衅找碴的神态四处瞟着。

我觉得又好气又好笑。

我：“你怎么跟青春期小孩似的？”

她：“谁说只有小孩才能这样了？其实你想过没，我们都是那种四处找碴四处惹事儿的动物。”

我：“你是指人类？”

她：“嗯。你看，伊甸园禁果的故事知道吧？甭管有没有蛇的事儿吧，最初那两口子还是尝了对吧？我原来想过，要是他们俩都没吃，就一直那么纯洁地在那个花园里溜达着？有劲吗？”

我：“可能挺有劲吧？”

她：“有劲？我问你：知识，是负担吗？”

我认真想了想：“分怎么看了。”

她：“不不不，你错了，知识永远不会是负担，欲望才是负担。你的知识只是知识，你要看本质，有了知识，你自己又附加了很多欲望出来，也就是说，你获取知识的原始动力不是纯粹的。上大学是为了什么？工作后又上那些各种补习班是为了什么？为了渴望知识？呸！那是胡说！但是最初学院的建立是为了什么？为了传播知识，现在已经不是了，大学甚至成了虚荣的一部分——如果你是名牌大学出来的话。为了知识？这个谣传太冠冕堂皇了！”

我：“嗯，这点我同意，好像最早学院和书院的成立的确是为了传播知识，或者传播某种知识。”

她：“对吧？伊甸园那两口子，获得了一个新的知识：吃了那个无公害苹果，就怎么怎么样了，欲望导致他们去尝试。对不对？”

我："被你一说，觉得那么……"

她："哈哈，不管我怎么用词或者语气，我说得没错吧？而且很多事情原来不是隐藏着的，是很公开很荣耀的，周围的人也都怀着喜悦的心情对待。"

我："嗯？我没懂，你指什么？"

她："结婚就是。最初的婚礼是一种喜庆，一对野人决定一起弄个孩子出来，就宣布了，大家都道贺，然后两人手牵手进了小帐篷或者在某个角落开始做爱。现在除了最后一部分藏着，其他部分还是延续下来了。前一部分是什么？婚礼对吧？婚礼主要目的是什么？是个新闻发布会，是个行为说明会对吧？其实说白了就是结婚那对小公母，联名向双方的亲朋好友公开宣布，今晚我们俩要做爱啊。可大家不觉得肮脏下流，反而高兴地来参加。婚礼其实本身就是神圣的，制造后代，但是做爱那部分成了隐私了……当然了，现代的婚礼复杂了，都是人自己搞的。"

我有点儿蒙地看着她："婚礼原来是为了宣布俩人今晚做爱……"

她："对啊，其实婚礼很刺激。这么公开的宣称，多刺激啊，参加的人不知道吗？都知道吧？哈哈，真刺激。"

我："疯狂的婚礼……"

她掐了烟得意地看着我："怎么样，没人管吧？再说回来，如果我们最开始确定一个人成年仪式，就是要到某个指定辉煌的地点去大便，那么现在恐怕埃菲尔铁塔底下会修个露天化粪池吧？"

我："终于明白你要说什么了，你是想说去挑战那种现有礼仪和道德还有隐私的公众认知对吧？"

她笑了："你怎么非得复杂化这件事儿呢？我只是想刺激，没那么多大道理。这么说吧：是不是禁果，吃了能怎么样，对我来说没所谓。我想吃了它，才是目的。"

我："嗯……是在这么说，但是你的行为肯定有潜意识的成分……我懂了！"

她："嗯，你懂了吗？"

我："你是想说：纯粹。"

她很高兴地笑："哎呀，这个小朋友真聪明啊，就是纯粹。我们现在做事儿都是不纯粹的，都是很多很多因素在里面，为什么就不能纯粹地做件事儿呢？纯粹地做一件事儿，多痛快啊。你生活一年，能有一次什么都不想就是为了纯粹的做而做吗？没有吧？所以说你活得累。而我不是，我活得自在，我至少刚刚就做了啊，我在不让抽烟的地方抽烟了，就是想做一件纯粹的事儿。我说的那些在各种地方大便，也是一件纯粹的事儿。滚他的艺术，跟我无关！"

我："这是放纵吧？"

她："你这个人啊，死心眼。让你什么时候都纯粹了吗？我们都是社会动物对不对？而且还都脱离不了对不对？但是给自己的尝禁果的机会，哪怕一年就一次，不是为了任何理由，就是想尝，跟别人无关。我是杂志编辑，我依旧在城市、在人群里生活，我偶尔纯粹一下，行不行？"

老实讲，我的确被说动心了。

她笑得很得意："开窍了？我得撤了，约了人逛街。"

我："嗯……等你决定去什么辉煌地方大便的时候，提前通知我，我要做你纯粹的见证人。"

她仰起头大声笑，周围的人都为之侧目。

笑完她变魔术似的从包里翻出个苹果，放在我面前："尝尝看？"

我在二楼目送着她一溜小跑地出了店门远去了。

拿着苹果，我没有吃，就那么看着。

一种淡淡的清新味道，在空气中弥漫开来。

朝生暮死

她：“你下午没别的事了吧？”

我：“嗯，没事了。”

她：“那你先别走了，我们聊聊？”

我：“好啊。”

她是我认识很久的一个朋友，职业是心理医生，有催眠资质。曾经在很多时候给过我很多帮助，如果没有她，有些事情我甚至不知道该去问谁——对精神病患者这方面。

我：“是不是觉得我有精神病人的潜质了？”

她：“哈哈，看你说的，就闲聊。我突然对你很感兴趣。”

我：“嗯，认识七年了，今天才感兴趣的？”

她：“哟，都七年了。你记那么清楚？”

我：“对啊，我生日您总是送一种礼物——领带，各式各样的领带。”

她笑：“是，我很头疼送男人生日礼物……说起来，好像我老公也只收到过领带。”

我：“你就是礼物，对他来说你就是最大的礼物。”

她：“哈哈……下次我告诉他。唉！聊天还录音？习惯了吧？”

我：“嗯，您说吧。”

她："真受不了你……我是想问，你最初是怎么选择接触他们（精神病患者）的？不要说别的客观原因，我问的是你个人意愿的问题。"

我："还记得几年前你给我做的深催眠吗？"

她："因为这个？"

我："嗯……一部分吧。不过我听录音的时候自己都不敢相信。"

她："所以我说不让你听。"

我："不管怎么说，我就是从那时候开始萌生的那个想法，虽然后来想得更多……对了我跟你说过吧，每个人看待世界是不一样的。"

她："嗯，这个当然。"

我："后来我发现更多的东西，不仅仅是看到的不一样。"

她："啊？……你说说看。"

我："同一个世界的人，看到的都是不一样的世界。反过来，这些不一样的世界，也影响了看待者本身。"

她："你最近说话喜欢兜圈子，你发现没？"

我笑了："我的意思是说：既然一个世界可以演绎成这么多样，那么尝试一下很多个世界来让一个人看吧，这样似乎很有趣。"

她："我能理解，但是这样很危险。我现在最担心的就是你接触太多精神病人的问题。"

我："我知道危险，尤其我这种没受过系统的专业训练，就凭小聪明死顶的人。不过，我真是太好奇了。"

她："呵呵，我想问问，你平时个性挺强的，为什么能接触那么多患者？而且还都跟你聊得不错？"

我："我也是精神病呗。"

她很严肃："我没跟你开玩笑，也不想对你诊疗什么的，我想听你的解释。"

我："我说得玄一点你能接受吗？"

她：“你说吧，我见得患者比你多。”

我：“OK，每个人都有属于自己的空间，就在身体周围。用那些半仙儿的话就是‘气场’，说伪科学点儿就是个人的磁场。其实说的都对，也都不对。说的对是因为的确有类似的感觉，说的不对是因为它还是以概念划定的。我可以试着解释下，其实那种所谓个人的空间，是自身的综合因素造成的。拿我举例，从我的衣着、举止，到我的眼神、表情、动作，还有我因为情绪造成的体内化学物质分泌，它通过毛孔扩散到空气中，这些都是造成那个所谓空间的因素。”

她：“嗯，分析的有道理。别人在不知不觉中接触了你的化学释放，看到或者听到你的言谈举止，受到了一些心理上的暗示，结果就在感觉上造成了‘场’的效果。”

我：“就是这样的。而且这个‘场’还会传染。当有人感受到后，如果接受这个‘场’的存在，情绪上受感染，身体就会复制一些动作、化学气息什么的，说白了就是会传染给其他人。最后某个人的个人空间被大家扩散了，导致一些群体行为。例如集体练功一类的，经常出这种事情。”

她：“群体催眠或者说是症候群……你怎么打岔打这么远？”

我：“我没打岔。我是需要你先了解这个情况。好，我们说回来，你刚刚说我个性很强，其实我自己知道。但是带着这种个性是接触不了精神病人的，所以我会收敛很多。面对他们的时候，我没有表情，没有肢体语言，克制住自己的情绪和情感，我要全面压缩自己的空间。这样，我才能让对方的空间扩大，扩大到我的周围。也就是这样，他们才能接受我。为什么？因为我没有空间，我的空间和对方是融合的，我收缩阵营了而已。但是这种情况对方很难察觉。”

她皱着眉：“明白是明白了，但是好像用‘中立’这个词不太恰当……”

我：“不光是中立，是彻底的谦卑，态度上的谦卑。”

她：“嗯，有点那个意思……很有一套啊你！”

我：“别逗了，你也知道那个谦卑只是一时的姿态，其实我是要了解他们的世界，他们的世界观。”

她："那你为什么不了解正常人的呢？"

我："理论上讲没有正常人，因为正常这个概念是被群体认可的……"

她："别东拉西扯，说回来。"

我："哦……我挑这个群体是经过反复考虑的。你想啊，什么人会渴望对别人说这些呢？一定是那些平时不被接受的人，不被理解的人，被当作异类的人。他们很愿意告诉别人或者内心深处很愿意告诉别人，就算他们掩饰，但是相对正常人来说，也是好接触多了，他们相对很容易告诉别人：我的世界是这样的！而所谓的正常人很难做到那么坦诚，他们有太多顾虑了。这样我得多花一倍，甚至N倍的时间去接触，太累了。"

她："有道理。你说了为什么挑选那个人群，为什么想看很多个世界，以及你的好奇。可我还是想知道，最根源的到底是什么在驱使你。"

我认真地看着她："你肯定知道，不用我自己说吧？"

她："我们不要玩诸葛亮和周瑜猜火攻那套，我想让你说。"

我："呃……好吧。我从根本上质疑这个世界。"

她："你不接受那个公众概念吗？"

我："什么公众概念？"

她："活在当下。"

我："我接受啊，但是这并不妨碍我抽空质疑。我不觉得有什么冲突。"

她："好了，我现在告诉你，这就是我对你感兴趣的地方。"

我："质疑的人很多啊。"

她："不同就在于，你真的就去做了。我们原来聊的时候你说过，你会尝试多种角度看一个事物，你最喜欢说的是：要看本质。"

我："对啊，看清本质很多事情都好办啊。"

她："露馅了吧，你的控制欲太大了。你对这个世界的变幻感到困惑，你很想找到背后那个唯一的原动力，你知道那是本质，你想掌握它。否则你会不安、失眠，你会深夜不睡坐在电脑前对着搜索栏不停地找答案，你休息的时候会长时间地泡图书馆，查找所有宗教的书籍、历史的书籍、哲学的书籍，可是你看了又不信，反而更加质疑了，对不对？你不知道怎么入手，你觉得总是差那么一点就抓住了，但是每次抓到的又都是空气……”

我：“停！不带这样的！说好了闲聊的！”

她：“好，我不分析了，我想问，是什么让你这么不安呢？”

我：“我没不安。”

她：“别抬杠，你知道我指的是你骨子里的那种感觉，不是表面。”

我：“这得问您啊，深催眠那次的分析您始终不告诉我，为什么不告诉我？”

她狡猾地笑了：“等你长大了我就告诉你。”

我：“该死的奚落……”

她笑得很开心：“你知道吗，我没想到你会坚持这么久，指接触患者。”

我：“嗯，我自己也没想到。”

她：“不是一个人吧？”

她似笑非笑地看着我。

我：“你是说我精神分裂了？”

她：“几个？”

我：“我想想啊……四个吧？”

她：“痛快招吧，别藏着了。”

我：“有什么好处？”

她想了下：“等你走的时候，把那次你的催眠分析给你。”

我：“好！四个人格分工不同。最聪明、最擅长分析的那位基本都深藏着，喜欢静，喜欢自己思考，接收的信息只会告诉其他人格，不会告诉外人，这个叫分析者吧；而现在面对你的这个，是能说会道的那种，什么都说得头头是道，其实思维部分是来自分析者的，这个叫发言人好了；还有个女的，负责观察，很细致，是个出色的观察者，可能有些地方很脆弱，或者说软弱；还有一个不好说，不是人类吧，或者比较原始。”

她极力忍着笑：“藏了个流氓禽兽？”

我：“你现在面对的才是流氓禽兽。”

她笑得前仰后合：“不闹了……我觉得你情况很好。你接触了那些患者后，心理上没有压力吗？”

我：“怎么可能没有，而且很多是自己带来的压力。”

她：“自己带来的压力？”

我：“不要重复我最后一个词，这个花招是你教我的。”

她：“不好意思，习惯了。”

我：“我发现我接触得越多，疑惑就越多。因为他们说得太有道理，但是这跟我要的……虽然很接近的感觉，但总觉得还不是那个点……这么说吧，如果说有个临界点的话，每次都是即将到达的时候又没了，就到这里了。我猜可能不是我自己领悟的，所以没办法吃透……哎，这让我想起那句佛曰了：不可说，不可说。”

她：“我也想起这句来了，不过……原来你的质疑成了一种保护……可这样的话压力更大，你的世界观虽然没被扭曲或者影响，但是你的焦虑还是没解决啊！”

我：“没错，开始是。那阵严重失眠，我觉得真的快成三楼楼长了。不过，某次觉得即将崩溃的时候，还是找到了解决的办法。”

她：“找到宣泄口了？自残还是什么？”

我：“去，没那么疯狂，很简单，四个字：一了百了。”

她狐疑地看着我：“我怎么觉得这更疯狂啊？你不要吓唬我。”

我：“我还是直接说明白吧。死，就能解决那些问题，但是跟你想的不一样。”

她：“你怎么刚才好好的现在不正常了？”

我：“你没明白，死这个概念太复杂了，我用了其中一种而已。也算是自我暗示，每天睡前，我都会告诉自己：我即将死了，但是明天会重新出生的。”

她：“……原来是这样……明白了，真的可以做到吗？”

我：“不知道对别人是不是管用，但我很接受自己的这种暗示。每天早上，我都是新生，一切都是过去式了。虽然会有记忆，但那种状态只是一种时间旅行的状态，重点在于：旅行。就像出去旅游，心里明白总要回家的，这样，思维上的死结很快就打开了，就是说跳出来了，抽离了。每当面对一个新患者的时候，我总是尽可能地全身心去接受，全身心地融入，尽可能谦卑，尽可能地让对方放大自己的空间，我可以背负着全部。但是当晚，结束了，我卸下了全部。情感方面卸下了，而那些观点和知识作为资料收起来，就像人体内的淋巴系统一样，病毒碎片收集起来，增加了免疫力。其实电脑杀毒软件不也是这个原理吗？我也借用了，借用在思维上。不是我多强大，而是我学会了一种状态，用精神上的仿生淋巴系统来自我保护。”

她：“……朝生暮死……”

我：“嗯，就是这样的。”

她：“原来如此……”

我：“所以我再强调一遍：要看本质。本质上我要的是找到我想知道的。如果那部分是资料，我很乐意收起来，但是我知道那只是资料，而不是答案。”

她：“你到底算感性呢，还是算理性呢？你的感性是动力，但是你全程理性操控。”

我：“大多数人都是唯心唯物并存的态度，或者说介于两者之间。”

她：“这个我同意，不清楚为什么有人为这个争得你死我活的。”

我：“对啊，要接受不同于自己的存在啊……对了，你说我控制欲太大，我这不接受了不同于自己的存在吗？”

她抬头扬起眉看着我：“你清楚我说的是两回事！我觉得你算精神病人了，还是甲级的那种。”

我笑：“什么意思？还带传染的？”

她："你别往外择自己。传染？你那不是被动的传染，你那算蛊惑。"

我："可我的确是不知不觉中……"

她："你把自己也划归为一个案例吧？挺有特点的，属于特自以为是的那种。"

我："嗯？好主意！"

她反应了一下："你不是打算真的这么做吧？"

我的确做了，你看到了。我相信你一直在看。

你肯定也很想了解为什么我要花这么多时间精力去接触精神病人，这也不是什么八卦猛料，没什么不能曝的。

至于别人怎么看，我都接受，因为这个世界就是这样的啊，承认不同于自己的存在，这个很重要。关于我的承受能力问题，其实不是问题。在每天早上"出生"时就做好准备了，准备好接受那些不同的世界；每天晚上我"死"掉，结束掉该遗忘的，储存我所需要的。

我就是这样，"朝生暮死"地面对每一天。

预见未来

虽然他穿着束身衣，但是真的坐在他面前，我还是有点紧张，因为被人告诫患者有严重的狂躁倾向，还是发病不规律的那种。

我看着他的束身衣：“好像有点紧吧？”

他：“我主动要求的，怕吓着别人。”

我茫然点了下头。

他非常直接：“我可以预知未来，但是，我没办法判断什么是线索。”

很突然地听了这么一句我愣了下，赶紧低头翻看他的资料：“什么意思？未来？没有这部分啊……”抬头的瞬间我注意到他轻微扬了下唇角。

这位患者原职是公务员，大约30岁。他脸部的线条清晰、硬朗，不过眼神里流露出疲惫和不安——看上去就像思想斗争了很久的那种状态，实际上据说刚睡醒一个多小时。

他再次强调：“我能预见未来。”

我：“算命还是星相？”

他：“不，很直接地预见，可是，发生前我不知道那是什么。”

我：“什么？”

他不安地舔了下嘴唇：“举个例子吧，9·11，美国那个，知道吗？”

我：“知道，那个怎么了？”

他：“9·11发生前几天，我不知道为什么搜了很多世贸双子大厦的资料。其实没正经看，但是搜了很多。”

我：“巧合吧？如果做个统计，可能全球会有几十万人都那么做过——无意识的。”

他：“那只是一个例子，一个你知道的例子，其他的还有很多。”

我：“是吗？说说看。”

他：“我在超市莫名地买了一个杯子，样子和家里的一样，我甚至不知道为什么买，几天后，旧的杯子被摔碎了；有时候我会挑特定某个艺人的作品看，其实并不怎么喜欢看，纯粹只是打发时间，也没多想，几天后，那个艺人会死掉或者出事；我在整理东西的时候，可能会把某一件根本没用处的东西特地留在手边，几天后一个突发事件肯定就用上了；我突然想起某个朋友或者想起和他有关的一些事情，而被想的那个人，很快就会和我联系，不超过五天；或者我无意识地看到某个建筑，我想象它被火烧的样子，几天后，那栋建筑就会失火……这类事情发生过太多了。而且，这种预感最初是从梦里延伸出来的。”

我：“呃……梦见将发生的事情？”

他：“对，在即将发生的前几分钟。”

我：“我没懂。”

他：“我在梦里梦到电话响，然后不管什么时候，都会醒，接着电话就真的响了。衔接的速度很快，对方甚至不相信我半分钟前还在睡觉。”

我：“只是针对电话吗？”

他：“不，任何会吵醒我的东西。实际上任何能吵醒我的东西或者事情，都没办法吵醒我，因为我会提前半分钟左右醒来。”

我：“永远不需要闹钟？”

他：“是的，包括别人叫我起床或者有人来敲门。”

我：“从什么时候起这样的？”

他：“记不清了，小的时候就是这样。而且，原本还只限于梦里，但是从几年前开始，已经延伸到现实了，虽然我不能预知会发生什么。”

我：“懂了，就是说直到真的发生了，你才想起来曾经做过的、想象过的那些原来不是无意义的。”

他：“就是这样，没梦里那么具体。”

我：“你跟医生说过吗？好像没有吧？资料上……”

他：“我和第一个医生说过，看他的表情我就明白了，跟他说这些没用的。”

我：“那你为什么又对我说了？”

他：“你不是医生，也不是心理医生，你甚至不是医院的人。”

我：“你怎么知道的？”

他：“几天前我已经想好了，我会对相信这些的人说出我能预见未来。甚至我还把要说的在心里预演了一遍。”

我觉得有点不安。

他：“当你坐到我面前的时候，我就知道那天不是我瞎想了，也是个预见。”

我：“你是怎么做到的呢？”

我知道这么问很蠢，但还是忍不住问。

他：“如果知道就好了，那种情况不是每天发生，有时候一个月不见得有一次，有时候一周内连续几件事情，弄得我疑神疑鬼的。”

我：“呃……你还记得你狂躁的时候是怎么回事吗？”

他：“一部分。”

我：“问一句比较离谱的话：那是你吗？”

他：“是我，我没有分裂症状。”

我：“那么，你预见未来和你狂躁有关系吗？”

他有些不耐烦：“也许吧。我不确定，可能那些不是我的幻觉，是真的信息。”

我："真的信息？"

他看了我一会儿："没准什么时候，很突然地就发生了。一下子，很多很多信息从我面前流过，但是是杂乱的，没有任何规律，或者我看不出有什么规律……那些信息有文字，有单词，还有不认识的符号，还有零星的图片，混杂在一起扑面而来，我觉得一些能看懂，但是捕捉不到，太快了！"

我："你是想说这是引发你躁狂的原因吗？"

他："也许吧，我想抓住其中一些，抓不住。"

我："等等，我打断一下，你知道你狂躁后的表现吗？"

他："不是抓人吗？"

我："不仅仅是，好像你要撕裂对方似的，而且……"

他："而且什么？"

我犹豫了几秒钟："像个野兽的状态。"

他愣了一下："原来是这样……我记忆中是抓住别人说那些我看到的信息……太破碎了，我记不清了。"

我："你所说的那种很多信息状态，是不是跟你现实中预见未来的起始时间一致？"

他认真地想："应该是吧……具体的想不起来。最初还对自己强调那是巧合，但是太多事情发生后，没办法说服自己那是巧合了。"

我："而且你也没办法证明给别人看。"

他："是这样，有一阵儿我真的是疑神疑鬼的。你能想象那种状态吗？对自己所做的事情都感到迷惑，有的时候甚至觉得所有事情都是一种对未来的预见，可是没办法确定。越是这样，越不知道该怎么办。但是，总有一些不经意的事情发生，让我再次确定：又是一次预见。"

我："假设那真的是巧合呢？"

他："我已经排除了。因为一而再、再而三的就不会叫巧合了。没有那么凑巧的事情会发生很多次。"

我："想想看，是不是你无意识地捕捉到了那些经过你眼前的各种信息，所以你才有预见行为？"

他："也许吧。但是他们说我被催眠后讲了很多别人听不懂的东西，据说杂乱无章。"

他已经想到催眠了，这让我有点诧异。

我："嗯，录音我听了，的确是那样，医生没骗你。"

他："嗯，我对有些事情，想通了一些。"

我："哪方面的？"

他："也许我们都能预见很多事情的发生，但是发生的事情太小了，有些是陌生人的，也就没办法确定。"

我："你是说每个人都能预见一些事情的未来走向，但是因为不是发生在自己身上的，也就没办法知道其实那是预见未来？"

他："对。"

我："但是别人不做那种梦，也没有什么信息流过眼前啊。"

他："也许他们有别的方式呢？"

我："嗯……你看，是这样，如果你说这是个例，我可能会相信。但是如果说这属于普遍现象，我觉得至少还缺乏调查依据。"

他："你说得一点没错，但是谁会做这种调查呢？谁能知道很多事情的关联呢？也许我的每一个想法，其实都是会在未来几天发生的，但是那件事情不发生在我身边，发生在美国，发生在澳洲，发生在英国，我也就没办法知道。而且那件事情要是很小呢？不可能把每个人发生的每件事情都记录吧？即便记录了，也不可能都汇集到一起再从浩如烟海的想法中找到预见吧？如果那种预见是随机的，那么同样一个人的未来几天，分布在全球十几个人各自的预见中，那怎么办？"

我努力把思维拉回自己的逻辑里："可以那么假设，但是没正式确定的话，只能是假设。还有就是，你对这个问题想得太多了……"

他："我承认，但是这个问题不是困扰我的根本。换句话说，我不是因为能预见未来才进精神病院的，我是因为狂躁。我狂躁的原因是那些信息。这么说吧，没有那些信息，我无所谓，预见就预见了，不关我的事，可那些信息在出现的时候，我凭直觉知道那些很重要，虽然我可以无视，但是它们毕竟出现了，我就想捕捉到一些，却又没可能，但总是会出现。如果你是我，你难道不会去在意那些吗？你难道没有捕捉未来信息的想法吗？可最终你发现自己根本来不及看清那些，你会不会发疯？”

我很严肃地看着他，同时也在很严肃地想这个问题。

他：“人从古至今都在用各种各样的方式企图预知未来，占卜、星相、面相、手相，甚至通过杯底的咖啡渍痕迹，但是没有一种明确的方法，没有一种可靠的手段。而我突然有了这样的信息在眼前，但是太快，太多，超出了我的收集能力，我只能疯狂了，对于我在疯人院，我接受，但是我没一点办法。也许那个信息状态就不该让我得到，让一个聪明人拿去吧，放在我身上，不是浪费，而是折磨。”

我在他眼里看到的是无奈、焦虑、疲惫。

那天下午我把录音给我的朋友——也是这位患者的主治医生听了。看着他做备份的时候，我问他对这些怎么看，是否应该相信，他说他信。

我问他如果作为一个医生都去相信这种事情，那我该怎么看待这个问题。我的朋友想了想，说我应该自己判断。

未来是个不定数，如果再套上非线性动力学的话，会牵扯的更多，但结果都是一样的——依旧没有头绪。我甚至还自己想过如果是我，能不能捕捉到流过眼前的那些信息？老实说，我这人胆子不算小，但是让我选择的话，我最多也就是选择在电话响起的半分钟前醒来。更多的我也没办法承受了。

这时候我突然觉得，也许当个先知，可能真的像他说的那样，只是让人备受折磨。

双子

第一眼看见她，我就知道她一定是出生于那种衣食无忧、家教良好、父母关系融洽的家庭，因为她的镇定和自信——就算穿着病号服也掩饰不住。

我："你好。"

她谨慎而不失礼节地回应："你好。"

我："没关系，您放松，我不是做心理测评的。"

她："哦……那你是干吗的？"

我："我打过电话给您。某医师您还记得吗？他告诉我您的情况，我想了解更多一些，所以……可以吗？"

虽然电话里确认过了，但是我必须再确认一次。

她缓缓地点了点头。

我："如果您不想说，或者到一半的时候改主意了，随时可以停下。"

她："不，不会的。"

我："好，那么，您的情况是……"

她："我先要告诉你一件事，这个是比较……说巧合也好、注定也好、命运也好、遗传也好，反正这是我母亲家族的一个特点。"

我："遗传病吗？"

她："不，不是病。我母亲那边的家族，只要是女性，都是双胞胎。我的妈妈是，我的外婆是，一直往上算，有家谱记载的，到一百多年前都是。”

我：“双胞胎的确有遗传因素……不过您这个概率也太大了……那么您有小孩了？”

她：“我的两个女儿15岁。”

我：“明白了。记录上说您的妹妹去世了。”

她轻叹了下：“对，快一年了。”

我：“这些您能说说吗？”

她：“说就说吧，反正事情已经这样了……我是双胞胎中的姐姐，这个你知道。我是那种不大爱说话的人，我妹妹和我正相反。虽然我们长得很像，但是性格是完全相反的。她开朗外向，我不是。人家都说双胞胎各方面都很像，但是我们只有长得像。仅仅是看外表，相像到我女儿都分不清的地步。其实细看还是能分清的，因为我们是镜像双胞胎。我头上的旋偏左，她偏右。我有点习惯用右手，她用左手……我们的生活也不一样，她结婚又离婚，没有孩子。”

我：“就是说您和她面对面站着，是完全一样的？”

她：“对。”

我：“我曾经听说过双胞胎都有心灵感应，是吗？”

她：“很多人都那么说，其实没什么特别的心灵感应——如果你非得把那个叫‘心灵感应’。对真正的双胞胎来说，不存在什么奇妙的事。我不用什么特别的方式就能知道她在想什么、在干什么、身体是不是很好、情绪是不是有问题。”

我：“这还不够奇妙吗？”

她：“我不觉得。我们从没出生就在一起，彼此知道对方的想法和情绪不是什么了不起的事。我们小时候家里没有电视机，有了后觉得很新鲜。你一出生家里就有电视机，所以你不觉得那个有什么特别的，一个道理。”

我：“可能吧，但在非双胞胎看来已经很奇妙了。”

她："虽然她生活上不是很顺利，不过其他的还好。但是后来……你也知道，他前夫把她杀了。"

我："呃……我想确认一个问题，可以吗？"

她："你想问我那天有没有感觉对吧？有，我梦到了。"

我："梦到她前夫……"

她："对，所以没等人告诉我，我就打电话报警了。"

报告上是这么写的，报警的人是眼前的这位患者。

我："不好意思，我只是想听您确认下。"

她："没什么，过去了。"

她克制力很好。表情相对平静，眼圈却有点红。

我试探性地问："您抽烟吗，或者要水吗？"

她花了几秒钟就镇定下来了："我什么都不要，你可以抽烟。"

我："呃……不，我不是那个意思……那么后来呢？"

她："后来虽然我很难过，但是没发生什么特别的事。只是半年前我突然梦到我妹妹了，她说不习惯一个人。我一下子就醒了，之后事情开始不一样了。"

我："例如？"

她没回答，反问我："你相信鬼吗？"

说实话我对这个问题一直很困惑很费解，因为目前的说法极其混乱——虽然有很多说法能说明鬼不存在。比方说有个朋友就说过：见鬼的那些人都是看到穿着衣服的鬼吧？难道说衣服也变成了鬼？所以那个朋友断定鬼是人们一厢情愿的幻觉。而且的确没办法直接证明鬼存在。但大多数人说起鬼，都会信誓旦旦地说身边某个很亲近的人见过或者怎么怎么过，所以我对这种事情是中立态度。就算我有过类似的经历，可是，至今我没办法确认那是什么。所以我只能、也只好用不置可否的态度去看待这件事。

我：“嗯……不是太信……”

我觉得我这句回答跟没说一样。

她：“我原本不知道是不是该去信，但是我见过了。”

我没掩饰自己，叹了口气。

她：“我知道你不相信，有些医生也不相信，他们认为我受了刺激。但是我不是那么脆弱的人。生活中的打击我可以承受，但是超出想象的那些，我承受不了。”

我：“好吧，对不起，我放下我的观点和态度。”

她：“记不清在哪一天了，我早上起来洗脸，侧过身去拿洗面奶，眼角余光看到镜子里的我虽然动了，但是还有个跟我的影像重叠的影像。”

我：“……什么？我没听明白。”

她：“镜子里，我有两个影像。我照镜子的时候，和我的影像重叠了，我看不出来。但是我的影像随着我侧过身；另一个却没有，还是原来的姿势，并且看着我。我几乎立刻就知道那是我妹妹。”

我：“嗯，是这样，我对眼角余光问题知道一些。因为所谓的余光其实是视觉边缘，那个边缘是没有色彩感的，因为也不需要有色彩感。所以很多时候用余光去看，会出现模糊的一团，正经看却没有了。正是如此，才有相当多的人对此疑神疑鬼。”

她：“我能理解你的解释，而且最初我也认为只是眼花了。毕竟我妹妹不在了是个事实，加上我不久前又做的那个梦，所以也没太在意。但是那种事情频繁地发生。”

我：“嗯，就算您没有特别强调，但是我知道您和您妹妹的感情很好。”

她轻叹了一下：“是，如果不发生另一件事，我会认为自己不正常了，我也会承认我精神上出问题了。但是那件事，让我到现在都不能完全确认我精神有问题，就算我现在自愿住院观察。”

我：“什么事情？”

她：“有一次我和我先生在睡前闲聊，他说他最近需要去看看眼睛，可能该配老花镜了。我问他怎么了，他说经常看到我走过镜子前，人已经过去了，但是镜子里还有一个影像，定睛仔细看，又什么都没有了。”

我：“您确定不是您告诉过他的？”

她：“我确定，而且我没有说梦话的毛病。”

我：“会不会您有其他方面的暗示给过您先生？”

她：“不会的，我不是那种随便乱讲的人，我先生也不是那种乱开玩笑的人，暗示一类的，更没必要。”

我：“之后呢？”

她：“之后我经常故意对着镜子，晚上或者夜里不敢，只敢白天，有时候故意动一下身体，看看到底是不是精神过于紧张了。其实，就是想知道是不是我的问题。”

我：“有结果吗？”

她：“有的时候，的确不是一个影像，不用余光就能看见。”

我：“那么，您最后跟您先生说了吗？”

她：“又过了一个多月我才说的，我实在受不了了。”

我：“您先生的态度是……”

她：“我先生傻了，因为他这辈子都是那种很严肃的人，不信这些东西。甚至我打电话报警那会儿，他也只认为是亲人之间那种特别的关注造成的，而不会往别的地方解释。但是镜子里的影子这件事，他也见过不是一两次了。所以他傻了，不知道该怎么办。”

我：“您的女儿见过吗？”

她：“她们住校，平时很少在家。”

我：“后来？”

她：“后来就是来医院看了，在介绍你来的某医师之前，还有一个医师看过，你知道那件事吧？”

我：“我不知道，没听说有什么事。”

她：“那个医师说我是幻觉，我先生问如果是幻觉，那么在两个人没有交流这件事的情况下，为什么他自己也看到了？那个医师解释说是什么幻觉症候群。我先生脾气很好的一个人，那天是真的急了，差点儿跟医师打起来，说那个医师胡说八道。后来才换的某医师。”

我：“原来是这样……那我的朋友……呃，某医师怎么说的？”

她：“他问了情况后，又问了好多别的，什么有没有听见不存在的人说话，家族有没有病史，最近工作生活如何一类的。之后带我们做了一些检查，说初步看没什么问题，所以也不用害怕，如果条件允许，可以选择留院观察一段时间，就是这样。”

我：“明白了。”

她：“你想知道的，我都告诉你了。你有什么建议吗？”

我愣了一下，想了一会儿：“嗯，因为我不是医师，所以我无责任的就这么一说，您不妨这么一听，好吗？”

她：“你说吧。”

我：“您，不管是梦里也好，镜子里也好，尝试过跟您妹妹沟通吗？”

她仔细地想了想：“没有。”

见面结束后的几天，我抽空去找了一趟某医师——我那个朋友，把大体上的情况说了一下，他听完皱着眉问我：“你觉得那样好吗？”

我没反应过来：“什么好吗？”

他：“我怎么觉得你把患者往多重人格上诱导了？”

我这时候才明白：“糟了，那怎么办？”

他犹豫了好一阵儿：“倒不是不可以，有过这样的先例……最后如果能人格统一化倒是也有过……不过，你最好以后不要说太多，你不是医师，你也没那个把握可以做到正向的暗示。”

我知道我给他添麻烦了，我还记得当时自己的脸通红。

后来那个患者出院了，出院后还特地打过电话给我，听得出她很感激我提示她要和“妹妹”沟通，现在“妹妹”和她在一起。我吓坏了，没敢问是不是共用一个身体那种“在一起”。跑去问朋友怎么办，他说没问题，算我误打误撞就用这种办法减缓患者情况了。

让我欣慰的是：到目前为止，她的情况都很稳定，没再出什么奇怪的事情。但是我不知道具体是什么情况，没敢再问，不是逃，而是惭愧。

写下这一篇，作为一个警示，也是提醒自己：我能够做什么，我不能够做什么，不要自以为是。

这件事之后，我曾刻意地去接触一些双胞胎。心灵感应那个问题，的确存在，即便两个人不在一起生活也是一样。具体为什么，用现有的科学还是暂时解释不清的。

也许只有双胞胎自己才能明白那种双子的共鸣到底是什么吧！

行尸走肉

他焦急地看着我："你这样怎么行？"

我："我？什么不行了？你是不是感情上受打击了？"

他："你的牵挂太多了，断不了尘缘啊！这样会犯大错的！"

我："嗯？大错？"

他："你有没有那种感觉：太多事情牵挂，太多事情放不开？不是心情或者情绪问题，而是你太舍弃不下家人、朋友那些尘缘了。"

我："哦……你发生了什么事情吗？"

他："我很好，我最近经常在一个很有名的寺院听那些高僧解经。"

我："那是你的宗教信仰？"

他："对，我一直很虔诚，吃斋。"

我看着他那张清瘦的脸，有点无奈。

他："我从小就信，因为小时候身体不好，家人带我去寺庙求佛，回来慢慢就好多了。从那儿以后我觉得寺院很亲近，所以越来越向往。"

我："你出家了？"

他："不是，但是我这些年不管做什么都是一心向佛的，很虔诚。而且前不久才开悟。"

我："这么多年都没事，怎么最近就出问题了呢？"

他："你不懂，开悟是个境界。我原先总是觉得心里不清净，但是问题在哪儿我也说不清，后来我慢慢发现了。"

我：“发现什么了？”

他：“我发现我的问题是在断不了尘缘上。”

我：“然后呢？”

他：“于是我就开始找那些高僧帮我讲解，帮我断开尘缘。”

我：“不好意思，我对那些不是很了解，我想问问你为什么不干脆出家呢？”

他有点鄙视地看着我：“我这么修行一样的。”

我觉得有什么不对劲，但是又看不出来哪儿不对劲。

我：“哦，可能吧……那么你听了那些后，有新想法了？”

他：“对，我更坚定了！我开始试着用我知道的那些解释一切事情，而且还用到我的行为当中，劝人向善啊，给人解惑啊，放生啊，我都在做。”

我：“哦，这算做善事了对吧？”

看得出他有点兴奋：“对，这些都是好事，所以要做。而且对于那些歪教邪论，我都去找他们辩，我看不惯那种人，邪魔！”

我：“你不觉得你有点偏激吗？宗教信仰信不信是自己的事情，你那么做可能会适得其反的。”

他：“我那是为了他们好！我做的都是好事！好事他们都不认可，分不清善恶了，这样下去怎么得了？都这样那不就是末世相了吗？”

我隐约知道问题在哪儿了：“我给你说个事吧，关于我遇到的一个和尚，可能你听了会有用。”

他兴致盎然：“好，我喜欢听这些，看来你也有佛缘。”

我：“有没有先放在一边，我先说吧。”

他：“好。”

我：“记得小学四五年级的时候，某天放学回家我走到我们院的小门口，看见一个和尚。那个年代，没那么多骗子冒充出家人四处要钱，而且和尚基本都待在寺院里，外面很少见。”

他："对，现在都被那些骗子败坏了。"

我："嗯……那个和尚就坐在路边，看样子在休息，旁边有个不大的行李卷。我当时觉得很新鲜，就凑近看看。他看到我，只是微笑了一下，然后很坦然地问我能不能施舍点吃的给他。我特兴奋，因为化缘这种事情，一直以为《西游记》里才有，所以特激动地跑回家，拿盘子端了几个馒头，还找了半天剩菜，但是没有素的，结果拿着半瓶豆腐乳就出来了。"

他："善事啊，善事，我替他谢谢你。"

我："……等我说完，别急。看得出那个和尚很高兴，站起合十道谢，谢过后就吃，但是没动豆腐乳。我问他要不要水，他从身后行李卷里找出一个玻璃罐头瓶子，看样子里面是凉白开，还有半瓶，他还笑着举起来给我看了下，就那么喝水吃干馒头，我就坐在一边看，时不时地跟他闲聊。"

他："没请他解惑什么的？"

我："不好意思，没。他说的都是很普通的内容，没什么特别的，但是那种亲和力真的让人如沐春风，觉得特别舒服。后来我妈下班回来看见了叫我。那个和尚站起身介绍自己，又掏出一个什么东西给我妈看了，估计是度牒一类的。后来可能我妈也觉得很新鲜，就推着自行车和他闲聊。他说的还是很普通的家常话，没一脸神秘的忽悠什么'大姐你做了善事，小施主很有慧根，我为你们祈福吧，你们都有佛缘……'其实也正是这样，至今我对和尚都有好感。后来那个和尚吃了两个馒头，把剩下的还给我。我妈说让他留着，他没多推辞，谢了后很小心地用一块布包好收起来，然后背起行李卷再谢过我们就走了。就是这么个事。"

他一脸的惋惜："真可惜啊，应该是个云游的和尚，你们应该讨教一下的。"

我："的确没。不过，我不那么看。正是因为他的平和自然，不卑不亢，才让我至今都对和尚很有好感。如果当时他死活拉着我们说些佛法什么的，我也许会排斥。可能你不那么看，但我认为那个和尚是个很了不起的僧人。虽然外表看上去风尘仆仆，但是他的亲近、平和、自然、安详是从骨子里带出来的。那个，装不出来。而且他也没急赤白脸地说佛法开讲经，动不动什么都往那上套。”

他一脸的坚定：“那人只是小乘，他也就是内修罢了，跟我们不一样。我信奉的是救人济世，不是自己满足就可以了。”

我：“抱歉，我对小乘大乘一类的不是很了解，但是我觉得不应该强制去灌输。好像有‘直指人心，见性成佛’的说法吧？”

他：“对啊，就是那样的。直接告诉你这一切都是造化，都是怎么来的，为什么会这样。让你先入门后再领悟，不懂就赶紧问。从云游和尚那件事来看，我断定你是有佛缘的，只是被你错过了，多可惜啊……我都替你惋惜。但是你不能一错再错了，你得抓住机会啊。你以为像那个和尚那样就是修成了？那可是没法到达极乐净土的，还是脱不了轮回……”

我：“您等等啊，极乐净土那个说法，是指一种心境和状态吧？我记得在哪看过那么一段：修得的人，不在乎轮回，因为在他们眼里，随便什么地方都是极乐净土……是这么说的吧？”

他：“不完全对，你断不了尘缘，没了却烦恼，你不行善，不去做好事，怎么可能修得呢？”

我：“不是为了快乐行善吗？”

他：“不对不对，要无生死、无牵挂、无悲喜，你必须放下那些才能明白真正的快乐。”

我：“亲情友情爱情呢？”

他：“那些都是假的啊，都是幻象，你对着幻象哭哭笑笑的，有意义吗？”

我：“你的意思是说，要抛开那些吗？那活着为了什么？”

他：“活在人世就是证明你修的不够！你现在还不回头，还沉迷其中，早晚魔道会拿了你的心。”

我：“神佛就是这样的？”

他：“对，无喜无悲，清静自然。不去在乎那些，那些都是假的。我说了这么半天你怎么还没明白？”

我：“那么神佛的怜悯呢？”

他：“那是神佛们的无私啊，不是自己达到了就满足了，神佛们会度化众生的。”

我：“实在对不起，我不这么认为。我认为神佛有悲喜，有憎爱，所以才会有眷顾。假设真的有神佛，那么一定是大爱无边，因为神佛们会垂怜每一个人。亲情友情爱情都是最最基础的，连那些都不顾，哪儿来的眷顾怜悯？都割舍了？都是幻象？那活着和死了有什么区别？什么事情都用自己痴迷去解释，本身就是恶行。为天，就为天；为地，就为地；为人，就为人。否则就是痴心妄想。”

他有点怒了：“这是邪道，你已经走歪了，你知道吗？你已经歪曲到妄言的地步了。你断不了尘缘还找了这么多借口，是邪魔入心了吗？你怎么不明白，就算是七宝也是水中的泡沫幻化来的，都是假象啊。你入了劫还沉迷，真可悲。”

我：“也许吧……不过我觉得，你、我其实都是痴而已，你现在还多了个嗔吧？”

他：“我和你不一样，我是恨铁不成钢！”

我：“是这样吗？”

他：“当然是这样！”

我：“好吧，那就是这样吧。”

我不想再和他纠缠这些问题了，那没意义。

我不清楚到底会不会成、住、坏、空①，我也不清楚六道的因果关系。但是如果真的有清凉无碍、妙胜不坏、永享安乐的净土，我想在那里的神佛们一定不会是无情断缘的。水中泡沫也好，七宝幻象也罢，我只愿带着我这颗心，安静为人。

① 在佛教的宇宙观中，一个世界之成立、持续、破坏，又转变为另一个世界的成立、持续、破坏，其过程可分为成、住、坏、空四时期，称为四劫。

角度问题

她："问题在于我们成年后都想复杂了。"

我："很正常啊。"

她："不，这个说起来是悖论。你看，成年人用自己的态度去教育孩子，但是教育孩子什么呢？长大之后的事情对吧？那么孩子能不能接受？或者成人表达的时候能不能说明白？万一表达错了呢？万一理解错了呢？那么接受知识的孩子会被影响一生啊。可是，问题又回来了：到底什么是正确的？"

我："现在有这么多搞儿童教育的……"

她："等一下啊，说个我自己的观点。"

我："嗯。"

她："绝大多数从事儿童教育的人，并不懂孩子。需要举例吗？"

我："很需要。"

她："好，我们就举例：我看过一些给孩子看的文章，比如说早上出门吧，会用孩子的口气去说：天空很蓝，朝阳很美，树木青翠，空气新鲜，诸如此类，对不对？"

我："是这样，这是表示孩子的纯洁。"

她微笑："那我来告诉你我知道的吧。就早上出门看到什么的问题，我问过不下100个孩子。你知道孩子都在看什么吗？"

我："不是刚才那些吗？"

她："绝对不是。他们的身高没我们高，也就没兴趣看那么多、那么远、那么宏观。他们比我们更靠近地面，地面才是最吸引他们的。他们会看虫子；会注意走路踢起来的石头；会留意积水的倒影；会看到埋在土里一半的硬币；会认真地研究什么时候踩下去才会发出踩雪特有的咯吱声；他们会观察脚下方砖的花纹……他们注意的太多了，但是没几个仰头看天、看朝阳、说空气新鲜的。”

我：“你的意思是说很多儿童读物其实是成年人的角度？”

她：“是这样，我们看这种文字，会觉得很新鲜，而孩子看着会觉得很无聊。孩子很聪明，但是他们不太会表达，他们只能直接反应为：没兴趣。”

我：“你从什么时候起留意孩子的态度的？”

她：“四年前吧，大概是。那是跟我哥和嫂子去逛商场，小外甥一直在闹，就是不愿意在商场。开始我觉得他是想干别的，后来发现不是。就在我蹲下去给他系鞋带的时候，我环视了四周才发现，在孩子眼里，商场一点都不好玩。到处都是各种各样的腿、鞋子、裤子，很没意思。”

我：“所以……”

她：“所以我才明白，我已经忘了小时候的那些看法了。”

我：“所以你就选择了现在这种生活方式。”

她点了点头。

她的家布置得像个孩子的房间，到处都是色彩鲜艳的装饰，所有的家具都是圆边圆角的，天花板上有荧光点，如果关了灯会显现出银河——这个她给我演示过了。连给我喝水的杯子都印着卡通人物形象。最有意思的是她的电脑桌，在一个小帐篷里，而帐篷外面装饰得像个草坡，上面还有野生动物。

她：“其实我们很多习以为常的东西，本身就有点问题的，但是没人发现。”

我：“还得举例。”

她笑了下：“你留意过超市那种牛肉干或者防腐包装的香肠吗？还有外面卖

的那种很辣的鸭脖子什么的。”

我：“见过，那个怎么不正常了？”

她：“有一次我在超市买东西，一个小男孩站在货架前很惊恐地看着牛肉干。我觉得他表情很好玩，上去问是不是馋了？那个孩子说牛很勇敢。我好奇，问他怎么知道牛很勇敢？他指着货架上的大包装牛肉干说：你看啊，那个牛举着自己的肉告诉大家这个好吃。我当时就忍不住笑了，还真的是那样。然后我留意了很多肉食包装，发现都是这样的——一只或几只鸭子举着一个鸭脖子伸出大拇指，一头猪憨厚地托着一大块肉排赞美，一头牛美滋滋地介绍着牛肉多么诱人，几条鱼欢天喜地地捧着装盘的鱼罐头……太多了。”

我挠了挠头：“可是都这样吧？难道让大灰狼举着肉肠宣传？”

她似笑非笑地看着我：“其实我只是举个例子，这些包装就这样好了。当我们习惯了，就习惯了，但是孩子不这么看，他们会发现问题，他们会觉得不正常，他们会质疑这些，他们会有新的想法。但是，我们不会，只是因为：习惯了。”

我：“你的职业是插画师，你可以用那样的态度对待，但是别人都要谋生，都要生活，不可能都是那种状态的。”

她：“不，你错了，我工作的时候就是工作，从态度到方式，都是工作的状态，因为我是在谋生。这也就是工作只会交给成人的原因。可是一旦放下工作，我会是个孩子，因为我喜欢这个新鲜的世界，而不是习惯的世界。每个人都有权利选择自己的喜好，而不是必须跟别人一样的态度。”

我：“嗯……有道理，这点我认同。”

她：“所以，我这么生活，也没什么好奇怪的了。至于我是不是要对所有人说这些，这是我的权利，假设我不愿意说，那么我就不说，别人怎么看我，不是我的问题，是他们的问题。就像那个朋友，觉得我很怪，不正常，所以找你来跟我接触，对吧？我觉得她不正常，而不是我。”

我：“很高兴你能告诉我这些。”

她："不，你应该高兴你自己也是那种喜欢新鲜世界的态度，如果你不是这样的人，我不会告诉你的。我告诉你了你也不懂，或者会歪曲我的想法，对吗？就像这些我没兴趣告诉我的朋友一样。她很好，她很关心我，可是她不理解我的态度，所以我也就不会说给她这些。"

我："嗯……那么我该告诉她你的这些事情吗？"

她："这个在你，你做决定。"

我："嗯，我到时候会决定的。"

她："好。"

我："那你这么做会不会很累？"

她："累？谈不上吧。这是我喜欢的事情，所以不觉得累。人在做自己喜欢的事情的时候，会很投入、很疯狂，而且会自己找问题、想办法。"

我："这个我承认。"

她："生存和兴趣永远是最好的动力。当然了，现在大家都在追求物质生活，把那个作为动力，也没什么不可以。很多人，用很多不同的方式，去做很多不同的事情。比方说你想有大房子、有好车、有漂亮老婆，那么你拼命挣钱。另一个人想过野人的生活、不想跟钱挂钩、希望活得像只狼；还有人一门心思变着花样环球旅行，挣点钱就跑出去玩……那么你站在你的角度说：'你们都是傻子，都有病。不为钱折腾个屁！'而他们也会笑话你为钱疯了，或者根本无视你。其实这是什么？就是价值观的问题，说白了是角度问题。再说一个，你认为帝王追求长生不老是为了什么呢？其实因为他已经是帝王了啊，还能追求什么？天下已经是自己的了，过去外星生物领域还没展开，想不到去征服，而对于自然的唯物认知比现在更少。而想站在更高的角度，所以只有……"

我："只有求仙问道，炼丹吃药。"

她："就是这样的。对了还有，你发现没？孩子对于自然的敬畏超过成人。"

我："你思维真是乱跳啊……那是孩子物质认知不够的问题吧？"

她："我没乱跳，越过了一段话题，不过我会说回来的。刚刚说的不是认知的问题，是孩子有时候能一眼看透本质。"

我："欸，这个就有点离谱了，孩子的经验和阅历不足啊。"

她："正是因为这些不足，孩子的本能更强烈些。很多孩子会和喜欢小孩的人亲近，而疏远不喜欢小孩的人，但这之前不需要交流和试探，为什么？虽然没有过交流，但是孩子总能捕捉到一些蛛丝马迹，直接反馈给自己，形成本能，而且还是在大脑无意识的情况下。"

我："嗯，好像是有这样的情况。"

她："再说回来，我们看待事情的时候，经常用客观认知去理解，都说：就是那样的！其实很多客观认知只是一个假定罢了，很多事情没有解释清楚到底为什么。"

我："还是举例吧。"

她笑了："就说树木吧，孩子认为树木有思想，只是站在那里不动不说话罢了。我们会说那不可能，如果树会说话，我怎么从来没听到过？"

我："懂你的意思了。交流就非得说话？就算树说话就非让人听得见，听得懂？是吧？"

她大笑："对，就是这样的。而且真的有成人去研究的话，一定有很多人会表示：是不是有病？吃饱了撑的吧？知道树能说话了，有用吗？能赚钱吗？"

我："嗯，用一个价值去衡量所有的事情。"

她："没错！不过我有时候想，没准树扎根很深，真的知道什么地方埋着宝藏或者值钱的东西呢？那是不是有了一个成功的例子后，大家都疯了似的去研究树到底说什么了。因为有最直接的经济成果啊。"

我："嗯，还真是！我突然很想往这方面发展了。"

她还在笑："你很有经济眼光嘛，哈哈。好了，再说回来吧。"

我："不，我觉得上一个话题很重要！"

她笑得前仰后合："别闹，说回来。你看，我们需要这么多可能性才去想了解树到底会不会交流，而孩子不是，他们就很直接、很干脆地认为树是会说话、有思想的！”

我：“是这样，成人会需要证据什么的。”

她：“对，再来说证据。证据是个很好玩的事情。比方说吧，在1000年前，你说地球是绕着太阳转的，太阳系是银河系很小的一个星系。别人说：好，你证明给我看，我就相信。你怎么办？”

我：……

她：“而现在，你要是让别人证明给你看，别人会懒得理你。但有趣的是，那个懒得理你的人，真的就见过太阳系在银河系中的位置？真的就能解释清地球围着太阳转吗？肯定解释不清，但是他上学的时候笼统地学过，虽然那堂课他睡着了，但是大家都那么认为，他自然也这样认为了。”

我：“但是用数学公式和一些计算……”

她：“那需要很多很多基础知识对吧？大多数人，做不到，只是那么笼统地知道罢了。”

我：“嗯，有道理。记得原来我看过一本小说，说一个人回到了过去，怎么怎么大显神威一类的，其实那不可能。就算真的回到过去了，也什么都做不了，只是个普通人罢了，或者是个普通的疯子罢了。”

她：“嗯呢！就是这么回事。其实是我们群体性地站在现代的角度，很多东西已经成为了认定的现实，不需要探索或者被忽视掉了，不能引起我们的注意。但是孩子不知道那些，他们会好奇，什么都会刨根问底。你告诉孩子说光合作用，孩子会要求你解释得更详细，然后你会发现，最根本的成因或者最初怎么出现的，你并不知道。而且，很多专业的科学家也不知道成因，他们只能笼统地告诉你：进化来的，具体的还需要考古证据——看懂没？话题又转回来了。”

我：“好像是这样……”

她：“就是这样的，所以宗教的存在，我认为还是很有必要的，把许多事情简化了。为什么会有人类呢？上帝造的。怎么造的呢？你管它呢，上帝无所不能，想造就造。”

我笑：“有意思。”

她：“其实可以这么说，宗教总能解释最古怪、最离奇、最莫名其妙的事情。你研究宗教会发现，现在所有的一切，都可以用宗教来解释。神是万能的，最天方夜谭的事情也可以说出来，以后如果对上号了，就说是神的预见罢了；对不上也没关系，说明还没发展到那种程度，一代一代地传，死无对证，永远都是神最伟大。”

我：“原来是这样！”

她：“就是的啊，我觉得一些宗教还好，至少让人向善。邪教就很坏了，反正傻子多的是，教主们都是一个思路：都信啊，都信！信了大家一起升仙。升仙前，金钱你要它干吗？给我，我甘愿垫底。”

我：“我觉得你没病，很有意思，而且思维很活跃。”

她：“还是角度问题，我们如果不聊这一下午，你怎么想还难说呢。我们聊过了，你理解了我的角度，也就接受了我的行为。就这么简单。”

我：“我突然想到一个可怕的事：如果，你真的疯了，我又被你带疯了，那怎么办？”

我们都愣了一下，然后同时爆发出大笑。

那天走的时候，我觉得很充实、很痛快、很开心。真的不明白怎么会有人认为她精神有问题。或者认为她不正常的人其实才是不正常的？

这种事情，细想很有意思。嗯，是的，角度问题。

人间五十年

她精通与预测有关的一切，四柱八字、星座，以及其他我说不上名字的东西。不知道为什么，见她之前我有一种莫名的压力，那种压力在即将见到她的时候几乎到了某种极限。不过当她出现在视野后，所有不安烟消云散。这主要是因为她看起来比我想象中温和得多，给人一种……我说不明白，就是那种清淡的感觉。朋友说她应该快60岁了，但她看上去最多40岁的样子。一身素色搭配，脸上无妆无粉，清浅至极。

简单寒暄后朋友借故离开了，留下我独自面对。

她端起茶杯送到嘴边，似笑非笑地看着我。

我："我听说过你…呃…您。"

她笑着点点头："我也听说过你。"

我："……好吧。您所擅长的那些其实我不大懂，我很想知道那是怎么样的一种感觉？我指能窥探到未来。"

她："说得我好像能穿越时空一样。"

我："是有点，不过我指的是感受。"

她："对此好奇？"

我："是的。"

她放下杯子："严格地讲，那些并不算是窥探到未来，只是某种统计学。"

我："统计学？"

她歪头略微想了想："看到一颗结满熟透苹果的果树，你不用等着看就知道那些苹果必然会落地。对吗？”

我：“是这样。”

她：“不仅仅是未来，对过去也一样，诸多信息就展示在眼前。还是说苹果，当你看到苹果树下有一颗苹果，不用多考虑你就知道它是从树上落下来的，而不是恒久不变从上古就一直在那里的，你需要看到苹果落地才能确定这点吗？不需要。当然，也不能排除它是从外太空飞来的，但那种可能性小到可以忽略不计。”

我：“嗯，的确是你说的那样。可是……你所擅长的那个领域……看的是人啊，人是有自由意志的，你怎么能从自由意志的人身上看到他的过去，预测到他的未来呢？”

她：“其实没差别，很简单的线性关系而已。”

我：“例如？”

她略微沉吟一下：“举个我曾经听到的一个说法吧，那是我在某次女性话题讲座上听来的：为什么很多女人虽然也节食减脂，可过中年腰上还是会长赘肉？那是因为她们在心理上没有依靠、缺乏支撑。很有趣的说法，对吧？想想也有一定道理，心理上缺失的，生理上来做某种形式的弥补。”

我：“嗯，有道理。”

她：“这就是通过对眼前现象的观察所得来的信息——关于过去的信息。”

我：“那未来呢？”

她：“未来也一样，就如同你看到月落就知道日出，某种必然。”

我：“可是预知这种事情……不是这么简单的吧？”

她：“当然不是，不过……我不认为这是预知，没那么神秘。我们先从观察人开始吧，你尝试过认真地观察陌生人吗？”

我想了想：“有时候吧。”

她：“什么时候？”

我：“嗯……比方说等人无聊的时候，我可能会观察街上的某个人。”

她：“有过收获吗？”

我：“这么说的话，有时候的确能看到一些东西，就是那种很直接写在脸上的。”

她：“举个例？”

我：“嗯……例如……例如能从对方脸上看到焦虑、不安、喜悦……对了，有次很明显，我从一个年轻女孩脸上的表情能看出是喜悦和期待，然后那种表情在她接电话的时候到了某种极致，所以我猜当时她接的那个电话是男朋友打来的……哦，原来是这样！我开始有点明白你说的意思了。”

她：“嗯哼，就是这些。你看，你也掌握了某些超现实的东西，对吗？”

我：“可是……”

她：“好了，没有可是，我也不会再反问你了，让我直接说吧。我们，并不是眼前的这一点点，而是一大段线性中的一个点，往前，往后，都是客观存在的，我们只是顺着某条看不见的线在移动而已——有点像是抛物线。而绝大多数时候我们只关注当下这个点，却忽略掉抛物线本身。这时候假如有人能分析——注意我说的是分析，而不是看到，有人能分析出整条线，那么这人算是看透过去并且预知未来吗？当然你可以这么说，其实并不算，对不对？因为那个人只是分析后把最大的可能性呈现出来了。而你刚刚所说的窥探到未来不过是分析得到的结果而已。大家习惯性地把未来描绘得很神秘，但假若你尝试着以一种超越时间的态度，沿着那个点看它的轨迹——过去，以及势态去看走势——将来，你也会窥探到未来。”她再次端起茶杯似笑非笑地看着我：“很神秘吗？”

我：“我听懂了，不过我又有了新的问题。”

她：“说说看。”

我：“按照你……您刚才的说法，命运是不可改变的喽？”

她：“不见得，比方说我们都见到过足球运动员能够把球踢出漂亮的弧线，而不是标准的抛物线，对吗？就是说球在某种程度上的自身旋转造成了轨迹上的改变，并且这种改变影响到了未来走势。”

我：“但是球最终还会下落啊。”

她微微一笑：“你刚刚所说的是生死，你无法与自然来临的死亡抗争。不妨这么看：抛物线的起点是生，落点是死，而中间的轨迹……对不对？”

我：“这样……明白了，的确是两回事。所以您的意思是除去生死的必然，运行轨迹并非是无法改变的，但需要自身的旋转……呃……我觉得似乎用‘自身的动态’来形容更好点。”

她：“嗯哼，我只是用了抛物线这个不恰当的比方。实际我们的命运轨迹真的是抛物线吗？生、死的部分也许很像，但中间的轨迹可就不见得是弧形了，所以中间的可变量相当大。现在你觉得关于命运‘不可改变’的问题，有答案了吗？”

我：“真有意思，令人印象深刻。我承认，是我最初误解了某些问题。那么，现在可以告诉我你的感受了吗？”

她：“我说没有什么特别的感受你会失望吗？”

我认真想了一会儿：“嗯……有一点吧……”

她：“命运……是个很有趣的概念，因为一旦这样说起似乎它是某种不可改变的实体，而其实很多概念性的事物，例如“宇宙”这个词，在古代，这个词是一个组合。四方为‘宇’，宇，是空间概念；古往今来为‘宙’，宙，是时间概念。宇宙的含义就是时空，时间与空间的交会。而命运也一样是交会，就如同这两个字：命和运，组合在一起，就被称之为命运。比方说，你的性格和你的选择虽然是有一定变数的，但它们交会在一起，形成了一个必然的点；机遇是充满变数的，但它和你的胆识相交也成为了一个交会点。这些点之间相互吸引、排斥、影响着，再次形成了新的点，那么这些点排列组合起来，就成了你的命运。它不会改变吗？会，时刻都在改变，很多点的锁定是有着随机性的，不过绝大多数时候这种变化很小，甚至有时候是微不足道的。可往往就是这种不太大的、微不足道的变化，对我们的未来有着深远的影响——所谓蝴蝶效应，那是一连串的连锁反应。从很小的一个点开始，一毫的偏差，整个人生则完全不同。所以有个说法：一念之间，万物生或者死；一芥之间，宇宙存或者灭。一切变化，只是始于那一点点。每当我看出那个点的时候，我会试着去分析并且推测它们的走向，再结合各种可能性去判断，那么最接近的那个，就是你所说的未来。在我看来这些都明明白白地摆在眼前，真的不复杂，当然，也谈不上简单，还是要花点精力和心思才能看懂的。每次看懂一个人的时候，我都会认真地去想命、运之间那些有序与无序的脉络，它们若隐若现，却真实存在。可是我们到底该怎么办呢？假如我对你说了关于你的命运，那么你会因此而懈怠停滞、裹足不前，还是一往无忌、更加坚定？假如你因此而等着坐享其成，假如因此而奋进激昂，假如命运真的会被一句话所左右，那么我所扮演的角色是天使还是恶魔？那命运还算是命运吗？或者它是别的什么？你刚才问我对此有什么感受，我感受的就是这些。”

我目瞪口呆地看着眼前这个该去跳广场舞年纪的她，心里既乱又清澈，说不出是什么感觉，就像最初她给我的第一印象一样。

我：“呃……你……您为此迷茫过吗？”

她：“有过，但很快就结束了。”

我：“为什么？”

她端起茶壶为我们各自续上水：“因为有一天我明白了自己只是一个命运的解读者，这就是我的身份，所以我没什么好困惑不解的。如果你，因为我的一句话而等着坐享其成，那么即便机缘巧合得到了什么，也很快会从手中滑走的，因为你不配拥有它。假如你对未来渴望到恨不得从喉咙里伸出一只手去抓住它，那么你很可能得到的远远超出你的期许。命、运，很多时候就掌握在自己手里。”

我仔细回味了这段话，点了点头。

她：“十几年前，我读到很有意思的一句话：人间一世五十年，我不愿为了完成活着而活，我愿为了梦想而活。”说完她端起茶杯送到嘴边，似笑非笑地看着我：“听懂了吗？”

我笑着又点点头：“是的，我听懂了。”

转世

“你……不像是记得自己转世的人……”他仔细观察了我好一阵儿后下了这个结论。

“的确，我不是。”我老老实实承认了。

他：“那你找我干吗？”

我：“我认识一个记得自己转世很多代的人，所以就想也问问你一些情况。如果你觉得这是对你的冒犯，那么请……”

他冷冷地笑了下：“有什么可冒犯的，你们就是好奇呗。”

我：“是，是好奇。”

他歪着头看着窗外想了一会儿后回过头看着我：“说吧，你好奇什么？”

我：“真的？谢谢。请问，你清楚地记得自己的前世吗？”

他：“那些记忆并不清楚，很模糊。”

我：“那你能记得的有多少？”

他：“我小时候记得的更多，有些非常清晰，现在反而朦胧不清，感觉上是被现世的记忆给冲淡了。”

我：“那记得的部分呢？”

他犹豫了一下后起身走到窗边，扒着栏杆看着窗外：“我能记得的只有前两世。”

我：“能说说吗？”

他看着窗外又沉默了一会儿才开口：“先说上一世。上一世我的身份似乎是个奴隶主，有很多奴隶为我服务，隐约还有个妻妾成群的印象……记忆中……那一世我是个性格暴躁的人……我也记不清了。反正我不爽了就用各种方法虐待奴隶，大多数具体行为想不起来了。不是不好意思说，反正是前世没什么可惭愧的，是真想不起来了。”

我：“嗯，这点我相信你。”

他：“最开始我曾经专门找过古罗马、希腊还有埃及时期的资料对照过，想看看是不是前世的时期，但好像不对，后来刻意查其他文化的奴隶时期，也不对，不是那样的。”

我：“什么地方不对你记得吗？”

他站在窗前歪着头：“这也是我当初不理解的，因为我总觉得前世那些奴隶不是人，是牲畜或者宠物的感觉。对他们我没有丝毫的同情心……那个感觉说不明白，反正回想起来觉得有什么不对。”

我提示他：“会不会是在你前世身处的时代背景下，你的社会制度和阶级概念让你这么认为的？”

他斩钉截铁地否认：“不是，肯定不是，有些记忆虽然很朦胧，但有个很清晰的概念：我和那些奴隶看起来就不一样，不是一个物种。有一个奴隶给我的印象很深，‘他’似乎是个节肢动物，就螃蟹、蜘蛛那种，我惩罚‘他’的方式是砍断‘他’几条腿或者手臂，他很疼，但过一段时间就长出来了，只是颜色不一样——新肢的部分肤色稍浅。”

我：“有这种事儿？会不会是记忆错位？你把别的什么场景和那个记忆混在一起了？”

他回过头看了看我：“你是说我把吃螃蟹和前世记忆混在一起了？这不可能，我是在第一次见到螃蟹之后才想起这回事儿的。再说不只这种奴隶，还有其他的，好多种，例如像是猴子的奴隶——拖着长尾巴，还有一种看着软绵绵但脾气暴躁的章鱼奴隶……对了，有一类奴隶很麻烦，‘他们’都是轻飘飘的，仿佛是一阵烟雾一样，必须戴着一种特制的枷锁才能控制住，否则能轻松地穿墙逃跑。”他重新坐回到我面前的椅子上，说：“你知道怎么惩罚这种‘稀薄’的奴隶吗？”

我认真做了几种假设后摇了摇头。

“压缩空间。”他很邪恶地笑了笑，“把‘他们’囚禁到很小的空间内，就像传说中被禁锢在瓶中的魔法巨人一样——把那些家伙压缩进很小的一个空间里，大概只有一个戒指大小的盒子里，那种情况下，这类‘稀薄’的奴隶就成了某种很小的、和我们密度很接近的实体，然后再用高温。”

我：“然后呢？会怎样？”

他得意地笑了：“高温会让他们膨胀，但禁锢‘他们’的小盒子足够结实，明白了？”

我诧异地点点头。

他：“就是这样。有点麻烦。”

我：“这些你都记得？”

他：“当然，我小时候还跟我父母说过，内容比现在多。我妈被吓坏了，我爸以为我看了什么奇怪的动画片。”

我提出质疑：“历史上的奴隶时期有那么先进的技术吗？”

他认真地看着我说：“最开始我也有和你一样的疑惑，后来无意中我想到一点。”

我：“什么？”

他：“假如，我的前世不是地球人，而是外星人呢？”

必须承认这是一个让人脑洞大开，目瞪口呆的假设。

他：“这样就解释得通了，对吧？地外文明，外形奇特的奴隶，我不把他们当作同类……一切都合理了。”

我点点头：“对于那个地外文明的……呃……前世，你还记得更多别的吗？例如交通工具、实际场景，或者其他什么。”

他：“有一点点，例如放眼望去，一直延绵到视野尽头的超巨大城市……更多没印象了。”

我：“那你还记得自己长什么样子吗？”

他先是撇了撇嘴，表示记不清了，然后愣了一下后说：“哦，对了，有个细节。我第一次从电视上看到火箭发射的时候笑了，因为觉得那种方式太落后了，但是为什么我也说不清，就是觉得很土、很落伍的样子。”

我：“嗯，从可以奴役其他外星种族来看，喷射推进的确很落伍。”

他嘴里嘀咕了一句什么后不耐烦地挥挥手：“反正上一世就记得这么多了。”

我：“那上上世呢？你还记得多少。”

他：“更少，但是感觉完全不一样，似乎是很美好的一些感受。”

我：“例如？”

他低下头沉吟：“嗯……朦朦胧胧记得我们似乎是生活在一个被浓密森林环绕的……城市？不对，不完全是现在意义上的城市，而是那种和森林融为一体的样子……但的确也算是城市……大概就这意思吧。我们——我指上上世的时候，好像是某种植物进化来的，绝大多数时候我们都在许多大大小小的平台上，一起沐浴在某种光中，那时候大家很开心地互相交谈，内容不记得了。反正彼此的态度都很平和。我唯一印象深刻的是一个看起来很优雅的身影向我走过来，当时我有很强烈的幸福感……真的记得不多了。我也说不明白。有一阵儿我认为那是我上上世的恋人，但后来细想那种感觉也不对，似乎没有性别概念，而是来自于某种……嗯……类似宗教类的感受……”说到这些的时候，他脸上的表情变得开始柔和起来。

我：“宗教？”

他：“反正就是那种被关注、被关爱，很满足、很充实的感觉。可惜关于上上世我能记得的只有这么多。”

我：“嗯，有意思。那你前世记得这些吗？”

他：“你是说我上一世是否记得上上世？这个我可以确定是不记得。因为我上一世很沉浸于那种奴隶主的生活，完全没有任何罪恶感和愧疚感，我可以肯定，因为上上世的那种平静与美好我现在想起来都很舒服。”

我：“你……这一世遇到过和自己前两世有交集的人吗？”

他摇头：“没有，一次都没有。只有同样隐约记得自己前世的人。”

我：“有和你同类型的吗？我指的是地外文明前世的。”

他：“有一个，大概是我上中学的时候，同桌有次无意中跟我说起他的梦，因为我们都觉得梦中的场景过于真实细致，所以我就试探着问他是不是你上辈子经历过这些才会做这种梦。我同桌看着我愣了好久说很可能。然后我就让他再想想，他支离破碎地跟我说了一些东西，都是生活细节，没什么意思，所以当时我也就没再多问。”

我：“为什么不多问呢？你对此没有认同感吗？”

他再次不耐烦地快速摇摇头：“这个是你不能理解的，因为现世会有很多干扰，所以对前世的很多东西不确定，并且有一种……嗯……这个怎么说……有一种隔阂感，前世记忆对我来说就是一个令人印象深刻却无法证实的梦境——说不清楚却记得，但又无法去验证真伪。对自己的记忆尚且是这样，对别人所描述的就更难辨。虽然那个人对你描述的前世多多少少会让你有点兴趣，但你不能确定有多少真实的成分，也许对方的臆想占了大部分，也许基本属实，但同样，你也没法验证。这是一种既缥缈又真实的感觉。你没有前世记忆是没办法体会的，我说了也白说。”

他说得有道理，所以我点点头没再就这个问题纠缠下去：“那你还记得多少他所描述的细节？我们先不管真假与否。”

他：“我唯一有点印象的是，他说自己经常做某种跨越，但是是什么跨越他说不清，就是从一个点突然无限延长，变成了一条线。我好像也有过类似的感觉，剩下都忘了，过于支离破碎，什么银色的闪光的，什么不停跳动的，说不清楚。”

我：“那你觉得……”这时我看到他脸上带着一种欲言又止的表情，于是问道："怎么？"

他："嗯……那个……其实……我还想过一种可能性……但是……我不确定也说不好是怎么回事儿……"

我："没明白你想说什么。"

他："我是说……嗯……有没有这种可能。其实我所记得的上一世或者上上世，我根本不是人，而是狗，或者某些昆虫，甚至干脆就是某种细菌、病毒，但是我都不知道这点，只是在当下，从现世的角度去看，以为之前一世是人，是地外文明……有没有这种可能？"

我愣住了。

他："或者说，现在这一世我们其实并不是人，而是……但我们以为……"说到这儿，他停下话头不安地望着我。

我没法回答他这个问题。

晚上吃饭的时候我问了当医师的朋友这个问题。

她想了想，说："也许吧。"然后低下头耐心地挑出面前盘子里鱼肉上的刺。

我："你对这个问题不感兴趣？"

她抬头看了看我："我几乎每天都面对这些问题，所以我不让自己对这类问题感兴趣。"

我："可是……"

她放下筷子看着我："没有可是。你的可是太多了，可是这个，可是那个。好吧，他说的是对的又怎样？你要像他一样攻击别人再弄伤自己吗？有些问题，不是问题，所以也不能按照对待问题的方式去解决，否则你会把自己搞得很糟，非常糟。明白？"

我看了她一会儿，试着从她眼中捕捉到一丝绝望，但我没发现哪怕一点点。

她："别太认真，否则你会很麻烦，就当这是一场游戏好了，认真扮演好自己的角色，直到属于你的游戏结束。”说着她重新拿起筷子：“吃你的饭，做你在做的事。实在憋得难受找个什么信仰去信，并且用这个信仰来解释一切。”

我仔细想了想这句话后又问：“就是这样？”

她把盘子里的鱼刺拨成一小堆后停住动作愣了一会儿，然后头也不抬地回答我：“是的，就是这样。”

第二个篇外篇：精神病科医生

为了避免误导和误解，我有责任写第二个篇外篇，向大家说明一下精神病科医师的工作。

我知道有一种说法：病情轻的找心理医生解决，病情重的找精神科医师解决。我可以很负责地告诉大家：那是错的。实际上很多精神病科医师需要心理医师的辅助，或者反过来。而且，精神病科医师并不是这种简单的划分，实际上分若干种：有专门针对器官性精神病的医师，有专门针对障碍性精神病的医师，有专门针对躯体形式伴发的精神病科医师，还有针对染色体异常的精神病科医师，性方面精神病科医师，神经症性精神病科医师，心理精神病科医师等。

精神病科医师的有些工作是交叉的，有些是独立一个领域的。目前我国（除台湾省）最匮乏的是性精神病科医师和染色体精神病科医师。性方面的问题，很多患者难以启齿或者干脆沉浸其中（例如性操纵或者性臣服）；而缺少后者是由于我国遗传研究起步较晚。

而对一些比较特殊的精神病人，其实精神病科医师也不完全是抱着唯物的观点去看的，因为很多现象过于奇特。例如有个患者，喜欢画画，画出来的内容相当复杂，没人看得懂。患者会很耐心地解释，解释完很多医师都惊了——包括他的主治医师和心理医生。他画的内容，每幅画的每一个独立的物体，都是以独立的视角去表现的。比方说这幅画里有花，有云，有树木，有行人，有一条河，有一座桥。看花的角度是仰视的，看云却是俯视的，看树木是平视，看人是从花的角度去看，看河是紧贴着河面的视角，看桥又是从桥梁结构透视去看。如果你按照他说的去挨个对照，你会发现他画得很精准，但是为什么那么精准？因为他说他看到的就是那样的。他不用蹲在地上就能仰视一朵花，不用趴在木板上就能贴着河面角度看河。这一点，我不清楚是否有这个画派，也不知道有没有画家能做到。

再说回来，这种情况大家都没见过，也没有直接的危害性，就先放在一边。需要治疗的是什么？是这位多角度视觉患者的狂躁症。经过N次失败，最后会诊分析，还是得先治疗多角度视觉问题，因为患者看到的角度太复杂了，他自己有时候看不明白，所以会越来越急躁，会狂躁发作。可是一直到现在，也没多大进展。对于这种患者的情况，很多精神病科医师和心理医生都伴有敬畏的态度。套句很俗的话：太强大了。

但不是所有的精神病人都画画，不是所有的精神病人都能表达，那怎么办？要靠医师们自己长时间去观察、去接触。假如，你是一个商场营业员，你能保证每天都耐心地对待购物的客人吗？假如，你是一个空服人员，你能做到每次都耐心地对待乘客吗？而对于精神病患者，如果不是真正地耐心观察，潜心研究其问题所在，面对面聊一年也不会有什么帮助，因为需要进入的是一个人的心灵！

其实，从事这个职业是高风险的。如果精神病科医师的判断失误，很可能加重患者病情，会给自己——直接接触者带来危险。精神病人躁狂发作从而杀死医师的事情不算鲜见。再有就是长时间接触精神病人，对心理素质是非常严峻的考验，精神病科医师也是人，难免受影响，比如会有轻微偏执，甚至会轻生。我认识一个治疗障碍类型的精神病科医师，算是挺漂亮的一个女人，喜欢撕报纸，撕成一条一条的，大约铅笔那种宽度，聊天的时候，看电视的时候，就那么撕。家里介绍的几次相亲都因为这个失败了。

其实我的意思是说：精神病科医师真的不是那么好干的，不是懂点儿医学、心理学和哲学（外加量子物理学）就可以解决问题的。说入这一行是献身真的不夸张，这绝对是个高风险的职业。加上部分不良医院虐待病患的报道，名誉上还会有负面的影响。我写这个不是为了给所有的精神病科医师正名，而是为了给那些敬业的精神病科医师正名。同时也为了告诉大家：这个领域，不是很多人想的那么新奇和有趣。

一个真正的精神病科医师，基本不会坐在这里写这个——因为没有时间和精力，即便有那个时间和精力，也会出去玩儿，散散心，陪陪家人，反正不会坐下来还写自己的工作，那可真是疯了。不信你找个在职的精神病科医师问问，让他写这个？要赶上最近比较郁闷的医师你可能会被啐一脸。

第二个篇外篇写到这里就结束了，我不知道会不会有意义，但是我建议不要有点儿什么心理问题就大惊小怪去医院或者找医师——除非是病态的去找医生。自己想开点儿就好，没啥可激动的，真的没啥好激动的。

希望立志要投身精神病科的朋友看完这篇能有些启发，如果依旧还坚持自己的志向，我会由衷地敬佩，并且希望您真的能坚持下去，因为您有一颗宽厚仁慈的心。

伪装的文明

某一天催眠师朋友打电话给我，说有个患者比较有意思，问我有没有兴趣。

我："怎么有意思了？"

催眠师："她声称接触过外星人，催眠就是为这个。"

我："没兴趣。"

催眠师："为什么？"

我："都是些没边儿的臆想，而且千篇一律。什么外星人在自己脑内植入了东西，或者弄了什么纳米追踪装置，要不就是做了N个实验，还有女外星人跟自己OOXX的，我已经不想听那些了。反正都是外星人很强大，自己是如何如何受控了。"

催眠师："不是你说的那种，这次，外星人是受害者。"

一周后我终于约上了这位患者，她的身份是妇科医生，职位还不是很低的那种。最初她并不同意，并且坚持拒绝被录音。没办法，我还是尊重了她的意见，最后完全手工做笔记了。

她："我一会儿还有事要办……你想从哪儿开始知道？"

我："外星人跟您接触的第一次吧。怎么接触您的？"

她："是在我们楼的地下单间车库。我下班回来，停好了车，还没来得及熄火，就看到'它们'出现在后座上。"

我："呃……没有闪光或者CD机杂音什么的？"

她："什么先兆都没有。"

我："凭空？"

她仔细想："……车子震了一下，否则我也不会往后镜看。我平时是大大咧咧的人。"

我："嗯，然后呢？"

她："然后我吓坏了，因为人没有长那个样子的。"

我："'它们'长什么样子？"

她："用我们做比较吧。'它们'两只眼睛在我们的眼睛和颧骨之间的位置，另外两只眼睛在太阳穴的位置，就是说有四只眼睛。没有鼻子，嘴是裂开的大片，比我们的嘴宽两倍还多，好像没有牙，至少我没看到。有很薄的嘴唇，但不是红色的。我是学医的，我估计'它们'的血液应该没有红血球。耳朵位置低一些，很扁，紧贴着头两侧。没有头发。脖子的长度和我们差不多。肩膀很宽，宽到看着不舒服。手臂和手指很长，和我们一样是五根手指，但是手指不像有骨头的样子，能前后任意弯曲，很软很软。皮肤的颜色灰白，偏白一些。"

我笨拙地在本子上画了一个，给她看，她摇头说不是那样。

她："你没见过，画不出来。"

我："好吧，您接着说。"

她："不怕你笑话，我虽然学医，但是对鬼怪那类还是比较相信的。我当时以为那是勾魂的鬼，然后我的一生真的就从我眼前过了一遍。原来听人说过，没想到真的是那样。很多记不起来的小事情都想起来了……其实那会儿也就几秒钟吧。我缓过神来就大叫着开车门要跑，但是车门打不开，我听到一个像是电子装置发出来的声音说让我安静，叫我不用怕。可是怎么可能不怕啊！"

我："我留意到一处：您刚才说车停下后还没熄火，是不是您的车是自动锁的那种，当时因为没熄火，所以打不开车门，而并不是'它们'干的？"

她看着我仔细想："还真是，是自动锁，可能是我慌了。"

我：“好，您接着说。”

她：“就在我一边大叫一边拼命开车门的时候，‘它们’把一个什么东西扣在我脖子上了，然后我喊不出来，也不能动了，但是没昏过去，只是身体没知觉，嘴能张，可就是喊不出来。”

我：“……扣在脖子上的东西能阻断神经？”

她：“我不知道，可能吧。”

我：“然后您就被带走了？”

她：“嗯，‘它们’好像没直接碰我，就用一个很大的透明塑料袋子把我装起来了。可是那个绝对不是塑料袋，因为我的头撞上去是硬的，但是‘它们’从外面捏起来好像是软的，能任意变形。”

我：“那会儿还在车里？”

她：“对。”

我：“然后怎么带走的？”

她：“怎么带走的我说不好，突然就有很大的噪声，然后是特别亮的强光，根本睁不开眼。之后我脑子一直嗡嗡地响，眼前一片乱七八糟的色彩，也许是强光弄得眼花了。等我能看清、听清的时候，我瘫坐在一把也许是椅子的东西上，我眼前是一个巨大的半圆形窗子，窗外是大半个地球。”

我想象着那个场景。我们绝大多数人，活一辈子都不能亲眼在太空看到自己所生活的这个星球。这让我有点羡慕。

我：“然后呢？有没有人跟您说什么了，还是心灵感应式的？”

她低下头喝水，过了好一阵儿抬起头，表情像是下了个决心：“我可以告诉你，但是你绝对不会相信。到了现在，连我自己都不是很信那是真的。”

我：“不见得。”

她轻微地点了下头：“我当时看见地球一点儿也不兴奋，我是想，‘它们’是外星人，我被带走了。我有先生，我有孩子，我可能再也见不到我的亲人了，所以我当时看着眼前的地球就哭了。”

我："这点，我很理解。"

她镇定了下情绪："然后好几个'它们'走到我面前，其中一个拿着很小的东西，我看不清，就是那个东西，发出的电子声音，是中文。"

我："像是事先录好的？"

她："不知道，当时我顾不上那些，就是哭。但是我动不了。"

我："都说什么了？"

她："开始重复了好久，都是一句话，要我镇定下来，放松，'它们'不想带我走，只是希望我能够帮助'它们'，反复说了好长时间。"

我："后来呢？"

她："后来我不哭了，我想问'它们'说不带我走是不是真的，但是我说不出话，只能听着。等我好点了，那个机器就开始说别的……也许你前面都相信，但是这之后你肯定会觉得我在胡说。"

我："您暂时把我放在中立的立场上，我也是这么定位自己的，可以吗？"

她长出了一口气："好吧……'它们'说：我们地球现有的文明，是假的，是做出来的样子。其实科技、文明程度很高，但不是所有人知道。目前地球人口中的60多亿都是我这样的，不知道真相的人。具体地球人类有多少，'它们'也了解得不详细，只是大概知道地球的人口约170亿。而我们，都是假象的一部分，做给其他星球的人看的。因为从很早以前，人类的文明就已经很先进了，并且知道宇宙中存在各种其他生物。为了不显得过于强大，才做出现在这种很原始、很荒蛮的状态，而实际上却在偷偷搞一些什么。具体搞什么，'它们'也不知道。但是最近'它们'的一些人被拥有高科技的地球人绑架走了。最初没有怀疑到地球，后来调查了十几年（我不清楚这个时间是不是地球概念的），终于发现，现在的地球文明其实是伪装的低等状态，实际上的地球文明，远远不止这样。"

我有点目瞪口呆："你是说……呃……'它们'的意思是说，真正的地球人舍弃掉一部分同类来做伪装，大部分都是处在高度科技和文明状态下的？那么那些高度科技和文明的地球人在哪儿呢？”

她：“我那会儿不能动不能说话，只是听着‘它们’说。”

我：“哦，您继续。”

她：“‘它们’知道了地球人隐瞒的一部分，但是知道的不够多，而且也惧怕我们真正的科技能力，所以‘它们’现在是很小心谨慎地在做这些事情——找一些能够帮助‘它们’的地球人，而且必须是不知道真相的地球人。我觉得‘它们’背后的意思就是：你属于被抛弃的或者被欺骗的，所以希望你能够帮助我们。”

我：“欸？就是让您做个叛徒？或者反抗者？”

她：“应该是这个意思。后来‘它们’说了好几个例子，证明地球人舍弃自己的部分同类做的事情，包括两次世界大战，以及各种疾病的制造、鼠疫、大西洲沉没。”

我：“等等，这都是自己人干的？您知道大西洲吗？”

她：“当时不知道，后来查过才知道一点大西洲的事情。‘它们’说那都是科技高度发达的地球人自己干的，为了限制作为表象而存在的人类科技和人口。”

我：“这个太离奇了……那‘它们’希望您怎么帮助‘它们’呢？”

她：“因为我的职业是妇产科医生，而‘它们’说有些知道真相的地球人，就安插在表象地球人的生活当中，虽然看上去一样，但是知道真相的地球人有些构造跟我们不一样，具体也没说怎么不一样，就说如果我工作中发现了，尽可能地记载详细，一定时间后，‘它们’会取走资料。”

我：“那么，要您怎么收集记载资料呢？文字、病例、录像、录音，还是给了你什么先进的东西？”

她：“我也不知道，‘它们’只是反复强调让我详细记载，说如果我尽力帮助‘它们’的话，我会得到一些好处。”

我：“不会外星人也用钱收买人心吧？”

她："不是那种，好像是说，我们，就是不知道真相的人类会被当作受害者接走，更详细的我的确记不清了。"

我："这事发生在什么时候？"

她："一年半以前。"

我："后来又找过您吗？来收走过什么资料吗？"

她："几天后又有一次。第二次也扣东西在我脖子上，可是我能说话。但我问什么都没用，'它们'只用那个电子声音跟我说同样的话。嗯……因为我害怕，所以平时工作的时候的确真的在注意有没有孕妇或者新生儿有特别的，没发现有奇怪的人，所以也就没收集到什么资料。'它们'也没再找过我。"

我："那么第一次您怎么回来的？"

她："也用那种大袋子罩住我。"

我："回来之后呢。"

她："等我能看清的时候，我已经在车里了，车还是没熄火，时间已经过了两个多小时了。最开始我吓坏了，赶紧跑回家了。"

我："您没告诉您先生吗？或者您先生没问您那两个小时都干吗去了？"

她："我先生那阵子出差，孩子因为学校的事情，在我妈家住。那两次带我走都是这种情况。我没告诉我先生，因为这件事……我不知道，但是我没说，我觉得没法说。你是第四个知道的人。因为我实在受不了了，自己偷偷做的精神鉴定和催眠。"

我："您有没有做过什么放射超标的检查？"

她："没有……我记得如果放射超标，应该会对家电和一些医院的设备有影响吧？我没发现我对那些有什么影响。"

我："嗯……"

她："而且……有一件事，我觉得，这个是真的。"

我："什么事？"

她："我们家车库是小单间，电动卷帘的，我进来的时候，关了卷帘，而我的车没熄火，如果我只是在车上睡着了，我会一氧化碳中毒……”

我：“我懂了，您一直都没熄火这件事，让您觉得这个是真的。”

她点了下头。

跟她接触后，我查了一下，还没发现有类似描述的人。然后我想办法收集一些资料分析，但是，没法有客观结果。这么说吧，如果带着相信她的那些观点去看，战争也好，疾病发源也好，怎么看都是有疑点的，这是观念造成的角度疑惑。

而关于她，我问催眠师了，她精神病理测试基本属于正常状态。所以对于这件事，我至今不敢有任何定论或者给自己假设定论。

假如，真的有这种事，我倒是希望自己被“绑架”一回，除了看看蓝色星球外，还能解开我心里的一个疙瘩。但是假若那是真的，我想不出自己是该庆幸，还是该悲哀。

那个伪装的文明啊。

控制问题

我第一次见到患者的时候，他正在走廊的一头，用一种有点怪的姿势，面对窗外站着。

医生：“那是他特殊的姿势。自己发明的，还有名字呢。”

我：“哦？有名字？这个姿势叫什么？”

医生：“关节站立法。”

我：“什么意思？”

医生笑了：“跟他聊就知道了，会告诉你的。”

医生走后我耐着性子又看了一会儿，就在犹豫叫不叫他的时候，患者转过身来了。

因为他很安全，而且午后的走廊比较安静，所以我们就坐在走廊的长椅上开始了对话。

我：“你好。”

他：“不好意思，知道你们来了，但是我想多放松一会儿，让你久等了。”

我：“没事，您说放松？是指那种站立姿势吗？”

他：“对！那是我发明的，叫‘关节站立法’。”

我：“用关节……站立？”

他：“对啊，很简单的。是这样：首先你站好放松，不要想太多，只想着放松身体的肌肉。然后慢慢地找各个关节的接合点，把每块骨头都放松下来，稳固地摆放在下面那块骨头上。就跟搭积木似的，从脚腕开始，一点一点地把骨骼都放好，这时候肌肉一定要注意放松，呼吸要稳固、均匀，不能着急或者紧张。其实最重要的是平衡好松弛的肌肉，找到那个平衡点。站好后你会发现这样站立很久都不会累，虽然看上去站得不是很直，甚至稍微有那么一点弯曲，其实很轻松的。找好平衡点后你会明白，很微妙，也很有趣。”

我：“我怎么觉得像瑜伽啊？”

他：“瑜伽？瑜伽也有这么站立的方法吗？我研究过，好像没有。”

我：“这么站着有什么好处吗？”

他：“放松身体，让血流顺畅。想想看，平时你的身体总有各种各样的动作，睡觉的时候也不是完全放松下来的，这样久了身体会更容易疲劳或者容易生病。你有没有过那种情况：有时候不见得睡了多久，但是醒了后会觉得睡得很好，特别精神。还有的时候虽然睡了很长时间，但是醒来并不觉得轻松，反而睡得很累？”

我：“是有那种情况。”

他：“其实那不是睡眠的问题，而是睡觉姿势的问题，可能无意中压迫到某个神经或者血管了，造成那种疲劳感。用我这种方法，能彻底地放松身体，让骨骼自己就那么摆着，血管和神经会自然顺畅。反正也不麻烦也不收费，你以后可以试试。不过有一点要注意，尽可能地让身体有些前倾，不要让脚跟受力很多，因为脚跟的神经太多了，站久了会有麻木或者疲劳的感觉。”

我：“有意思，我会试试的。您从什么时候起这么做的？原来很关注养生一类的事情吧？”

他：“几年前开始关注，但是我并不是为了养生，我是为了掌握和控制身体。”

我：“您是说……您的身体……不受控制还是什么？”

他：“不是不受控制，而是目前只属于相对控制。”

我：“这个怎么讲？”

他："你受伤了，其实你的身体可以高速让你伤口愈合的，但是却没那么做，只是缓慢地让伤口生长；你可以跑得很快，但是你的身体却不让你跑得很快，只是保持一定的速度就好了；你可以力气很大，但是你的身体不让你的肌肉有那么强的爆发力，只是停在一个相当的水平上……"

我："不好意思打断一下，据我所知，肾上腺素的自我控制是为了保护身体吧？高速奔跑会造成肌体和骨骼损伤的，肌肉爆发力过大也一样，会损伤肌肉和关节软组织的。身体不让那么做，应该是一种保护才对，而不是不能控制。"

他："你说得不完全对，因为你忽略了一点。"

我："哪一点？"

他："你想想看，我们进化来的这个身体，是先适应野外生存的，就算退化了，也没退化到彻底不能适应野外那种程度。也就是说，其实我们这个身体的很多功能目前被搁置了。我知道高速、强爆发力是损伤身体，但是我并没要求身体达到那种程度，只是超越现有的状态就好了。实际上，这种事情也不复杂。运动员们通过训练恢复了身体某些被闲置的能力，对吧？"

我："那您的意思……"

他："我记得有个新闻，说在一次地震中，一个小孩被汽车压住了，那个小孩的母亲用双手抬起了那辆一吨重的汽车，让孩子爬了出来。其实那就是潜能的释放。对一个成人来说，抬起一吨重的车，并不算身体超负荷的行为。一个普通成人的骨骼、肌肉，略微抬起一吨的重量绝对没问题。只是……你明白了？"

我想了一下："你是说，受到感情因素的影响？"

他："感情……换个说法吧，其实就是受困于自己的情绪。"

我："哦，情绪因素。"

他："这就是我所说的'相对控制'。人目前就是相对控制了自己的身体，别说全部了，甚至不是大部分。"

从他一开始说，我就隐约觉得有什么地方不对劲，但是一直没想明白是哪里不对劲。

我："你想怎么控制呢？像运动员那样去锻炼吗？"

他："不是。运动员那种锻炼，是加大基础系数式的提高。"

我："加大什么基础系数？"

他："比方说吧，一个人目前是100公斤的力量，但是只能控制应用60%，也就是说，实际只能发挥60公斤力量。目前运动员们的训练是加大基础系数，把身体变成200公斤的力量，但是应用呢？还是60%，这样能使用的力量就是120公斤，超过没受过训练的人了。虽然看上去提高了很多，但其实应用方面还是没得到任何提高，百分比依旧是60%。"

我："我懂了，你是说要提高那个应用的百分比对吧？"

他："是这样，就是我说的了——控制问题。"

我突然觉得脑子里什么东西闪了一下。

我："嗯……对了，我想起来了！你说的这些也许有道理，但是人不能完全控制身体，是因为没必要完全控制身体啊。不需要那么高的控制应用，就能应对绝大多数情况了。"

他："是这样啊。怎么了？"

我："那就没必要这么做嘛。"

他笑了："你的口气跟医生一样。你说得没错，但是，我想那么做。"

我："为什么？您想说您的控制欲很大？"

他："哈哈哈，不是，我想要的比这个有趣多了。"

我："例如？"

他："想想看，你可以毫不费力跳起几米的高度；你可以轻松地飞上墙；你可以奔跑达到时速五六十公里；你可以踹开不是很厚的一堵墙；甚至稍微加点儿助跑，你能一下跨越很宽的山涧；你可以让伤口快速地愈合；你还可以让消化能力加强，吸收更多的养分为你提供热量；你甚至还能抑制住自己神经系统的化学传递，暂时丧失痛感；你也可以让眼睛周围的肌肉提高温度，使自己的视力瞬间更好，你不用休息，也没有恐惧……”

我脑子里是一幅超人电影或者武侠小说中描绘出来的场面。

他很兴奋：“那个时候，你已经不是你了，你是超级人类。而做到这一切，你不需要什么武功秘籍或者外星血统，你只要掌握控制自己身体的能力就足够了。因为那些本来你就能做到啊！那些能力一直属于你啊！也许因为退化失去了一些，但是，大部分能力从未离开过！”

说实话，这些很蛊惑，很具有吸引力。

我：“有意思，您现在对自己的身体能控制多少了？”

他：“我开始学着控制的时间太短了，就是那个关节站立法也才一年多，所以算是起跑阶段。不过我平常都在训练。”

我：“哦，那您是怎么训练的？除了那个站立方式还有什么？”

他：“关节站立法只算是休息，我平时的锻炼方法都是控制血小板。”

我：“那怎么控制？集中意念？”

他：“对啊，集中自己的思维，慢慢感受血液在体内的流动，让血小板汇集于伤口……”

我：“伤口？哪有那么现成的伤口？”

他挽起袖子给我看，在胳膊上有很多触目惊心的割伤。

他：“我自己弄的，为了控制训练。”

我：……

他：“其实没事，只是训练方法罢了。”

我：“不疼吗？”

他：“现在还是初期阶段，以后就好了。学会控制后，可以眼看着伤口飞快地愈合。而且那时候基本也就算初步掌握控制方式了，今后会有更多的部位被控制。然后我会做给你看，会让你目瞪口呆地看着我如何控制自己的身体！”

看着他眉飞色舞地渐入佳境，我没再提问。

回去后，我翻了一些相关书籍，有些情况的确是患者说的那样，看来他也查过不少资料。我认为理论上还是有些道理的。不过，对于彻底地控制身体，变成个超级人类，我不敢苟同。

过了些日子，我对一位朋友提起了这事。

朋友：“这让我想起了武侠小说里面经常提到的那个，你知道吧？”

我：“嗯，走火入魔。”

大风

我："怎么样的大风？"

他："就是很大很大的风，能把人刮走的那种，而且屋里的东西都乱飞，很多都被刮到窗外去了。"

我："你是说，风是从门的方向，或者其他窗户刮进来的？"

他："不是，就是从窗外刮进来，然后席卷屋里的东西刮出去。"

我："有那样的风吗？"

他认真地看着我："你是北方人吧？"

这位患者声称经常会有大风刮进自己所在的房间，很大的那种风。门窗都被吹开，屋里的零碎基本都刮出去了，而且如果患者不抓紧床甚至窗台，自己也会被大风卷走。视频我看了几个，所谓发生的时候，什么风都没有，门窗也没开，只是患者自己在屋里，缩在墙角，手脚叉开紧紧地撑着墙，好像在抵御大风的样子。看上去很古怪，但是患者表情却很逼真，而且画面上他那种呼吸的压迫感，看上去真的是在很大的风中似的。

我："我是生长在北方。"

他："你经历过台风吗？"

我："没有，即便出差到南方也是刻意避开恶劣天气的。"

他："你知道在南方沿海城市，刮台风的时候是什么样子吗？"

我："嗯……不是电视上那样吗？"

他摇头：“不是电视画面，是在家里感受到的。如果你没亲历过，不会理解的。”

我：“很可能，你能告诉我吗？”

他想了想：“我经历过北方冬天的大风，但是和台风不一样，是一阵儿一阵儿的那种。而台风是连续不断的，就算你关着窗，你都能感觉到极其猛烈的风在连续不断地撞击着窗户，如果那会儿你打开窗，风就像活的生物一样，呼啸着冲进来，然后再呼啸着冲出去，很大很大。屋里的东西经常会被卷出去，我说的大风，就是那种。”

我：“冲进来卷出去……原来是这样……你小的时候对台风有过心理阴影？”

他：“我生在南方沿海城市，早就习惯了，但是我说的那种大风，比那个还大。”

我：“这样，我刚才也给你看了视频，你也承认当时看上去什么事情都没有，但是你却认定有大风，你能有个合理的解释吗？”

他皱着眉：“我没办法说清这件事，我知道你们都拿我当精神病，但是就算我和别人一个房间，还是会出这种事情。那个风太大了，甚至能把我惊醒。”

我：“嗯，这部分的我也看了，别的患者都睡得好好的……那么最初的大风是从什么时候开始的？”

他：“四个月前，应该是。具体日期我想不起来了，可以肯定的是都在夜里。”

我：“最初就是那么大的风？”

他：“对，最初的时候我半夜惊醒了，听见窗外的风声，我还奇怪呢，没预报有恶劣天气，也不是在南方，为什么突然会刮风。然后门窗猛地被刮开了，我本能地就抓住床，我眼看着屋里的很多东西，还有被子全都刮出去了！那风太大了，我除了拼命抓住床边，什么都做不了，喊的声音很快就被淹没在风里了。”

我：“等一下啊，我打断一下。你在住院观察期间，刮风的时候，看到的别人是什么样子的？”

他：“别的床位是空的。”

我：“被刮走了？”

他：“不知道，等我看的时候就是空的，说不好是根本就没人还是刮走了。”

我：“这样啊……大风的时候很害怕吗？”

他：“不仅仅是害怕，是惊恐，那种大风……”

说实话我没经历过那种极端气候，所以对于那种描述不是很有感受，不过看他的表情，的确是对某种自然气候的敬畏和恐惧。也许真的经历过的人才会了解到吧?

我：“还有一点：发生的有规律吗？”

他：“没有规律。”

我：“有征兆吗？”

他仔细地想了想：“也没有。”

我：“我多问一点儿您不介意吧？”

他：“你想问什么？”

我：“您有宗教信仰或者家里的某个亲戚有某些宗教信仰吗？”

他：“没有，我父母和亲戚都是老实巴交的人，祭拜祖先不算吧？”

我：“哦，好，接着你刚才说的。你说在大风里喊出的声音很快就没有了，但是视频的画面上，你没有任何喊叫的表情。”

他也是困惑地看着我：“你说的我都清楚，也都知道。但是……我这么跟你说吧。每次大风过后，我莫名其妙地发现屋里没什么特别的或者一切正常，我自己也会糊涂好一阵儿。如果不是这种事情频频发生，我甚至怀疑自己在做梦。虽然你给我看了视频，虽然我事后也不明白，但是当时的场景，无比地真实。假如我不去牢牢地抓住什么，我一定会被大风刮走的。因为当时就是这样。”

我：“好吧，那么这次就先到这里吧，我想多了解下一些自然气候的知识。

到时候我们能再见面吗？”

他：“没问题。”

几天后我去找学心理研究的朋友，给他听了录音后，询问是什么情况。得到的回答很明确：不知道。我问为什么。

朋友：“对自然敬畏原本是很平常的事情，至少在原始社会。但是现代社会由于科技的发展，人对于自然现象不是那么敬畏了，除非亲身体验过，否则不会有那种平时都敬畏的态度。这个患者很可能是小时候经历台风后对大脑形成了一个冲击性的记忆，现在不知道什么原因诱发出来了，所以会这样。至于发病当时的表现——呼吸急促啊，那些是对自己的心理暗示。如果你非要我说个解释的话，我目前只能这么告诉你。但是实际上，我真的不知道。如果我仅仅能凭借这点儿录音给你下个判断，那么心理学就不算学科了，也不用学了。正因为心理的成因很复杂，所以才是一门学科。”

我点了点头。

朋友：“患者原来没找过心理医师，或者院方没安排过？”

我：“有过，后来听说那个心理医师休产假了，而患者观察结束后就回家了，也没再安排心理医师。”

他：“两周后我有时间，能一块儿见见这位患者吗？”

我：“我回头问问，他应该不会拒绝。”

可是等我过了些日子联系患者的时候，被告知患者已经去世了，死亡时间在半夜。现场一切正常，没有古怪的迹象，除了患者本身——家属早上看到患者的尸体躺在床上，双手紧紧抓着床两侧，肌肉暴起。最后死因鉴定结论是心脏突发性痉挛，成因不详。谁也不知道到底在患者身上发生了什么事情。

我把这个消息告诉了我的朋友，他也同我最初的反应一样：沉默了好久。

大约一个月后，我们有次吃饭说起这件事了。

朋友："那件事儿，我说句不负责任的话吧，很唯心的。"

我："什么？"

朋友严肃地看了我一阵儿："如果那是只有灵魂才能感受到的大风，那我们该怎么办？"

我愣在那儿，好久没说出话来。

双面人

首先，这个病例不是我接触的。

其次，患者的发病成因不详。而且四年零三个月后，患者自愈，同样原因不详。到目前为止，再也没复发过。

最后，患者的病历、记录、相关录像，我看过大部分而不是全部。

如果记忆无误的话，患者最初是在1995年一季末开始发病的。最初症状由患者老婆发现，情况比较特殊。

患者的工作、生活一切正常，某天患者家属发现患者在睡梦中表情极度狰狞，而且还在说着什么，但是属于无声状态。最初以为是患者在做噩梦，几天后发现依旧如此，患者被告知后自己也没太在意。大约一个月后，患者在家属陪同下到相关医院做面部神经检查。检查结果正常。

患者发病约一年后（1996年），家属提出离婚，离婚原因就是患者睡眠时的表情：狰狞。

患者发病约一年半后（1996年），离婚。患者转投精神病科检查并开始接受心理辅导与治疗。

患者发病两年后（1997年），接受住院治疗。

住院期间，无论是服药、电疗、放松疗法、麻醉治疗、辅导疗法、催眠疗法均无效，而且病情略有加重。

患者发病三年三个月后（1998年二季末），因无危害公众行为而转为出院休养治疗。病情在休养治疗期间有所减轻——但是给他治疗的数名医师经过反复确认后承认：病情减轻与服药完全无关。

1999年年中，患者彻底自愈，目前为止没有复发迹象。

以上是我按照病历记载推出来的时间表，而且看上去比较无趣。

下面是某位当年参与治疗该患者的医师口述：

我："患者当时表情是怎么样的一种狰狞？"

医师："等一会儿找到录像你看了就明白。我在这行这么久，不敢说什么怪病都见过，但也算是见多识广了，但是那个表情把我也吓着了。"

我："嗯，一会儿我看看。不是患者本身的心理问题造成的吗？"

医师："他心理不能说完全没问题，但是无论如何也不应该是那么严重的情况。不是我一个人这么认为，当时参加诊疗的同行有很多德高望重的，大家同样这么认为。最初对这个病例不是很重视，但是看了录像后都感兴趣了，都想知道患者到底是什么样的心理才能有那么可怕的表情的。"

我："有定论吗？"

医师："催眠、心理分析、墨渍分析，诱导分析，结果都表明这个人基本正常。也就是说，他心理上没有什么特别阴暗扭曲的。"

我："那会不会是面部神经问题造成的呢？"

医师："我们也这么想过，所以又回过头重新做了神经方面的检查，还是正常。因为神经问题不像精神科这么复杂，尤其有明显症状的。这方面我们请了当时来华的几位国外神经外科专家也做了一下分析，基本就能断定不是神经问题，包括脑神经。"

我："您是说，扫描也没有脑波异常一类的？"

医师："对，这个很奇怪。因为这个病例的特殊性就在于虽然没有任何威胁性，但是看了他睡眠时候的表情，几乎所有人都认为这是病态的，有问题的。因为那个表情实在太吓人了，而且我想象不出人类怎么会有那种表情。”

我：“您把我的好奇心勾起来了，一会儿我好好看看。”

医师：“我不觉得你能看完所有的那些录影带。这点我不是危言耸听，你最好有个心理准备吧。你想想看，他老婆为此能和他离婚，你就知道那是一种什么感觉了。”

我：“嗯……对了，我看病历和病理分析上提到过麻醉也没用？”

医师：“所以说这违背常理。假设，患者只是面部神经的问题或者脑神经的问题，那么麻醉和电疗一定能解决这个问题的。但事实不是，麻醉、电疗似乎并不影响患者的夜间发病。这么说吧，只要患者大脑处于睡眠状态或者昏睡状态，面部一定会有表情的。”

我：“患者自己看过录像没有？”

医师：“看过，被吓坏了。最初的那卷录影带就是患者自己录的。也正是因为这个，患者同意离婚，并且转投精神病科来治疗。”

我：“药物的问题……”

医师：“药物无非是镇定啊、神经抑制啊、兴奋啊这些，但是并不能减缓病情。”

我：“我听您提到过对于患者的重视问题。这个病例不是什么危害严重的病例吧，怎么会引起那么多医师的重视呢？”

医师：“我还是那句话：你看过那个表情，你就明白了。”

我：“我觉得越说越有气氛了，可以做恐怖片预告了。”

医师：“……我没开玩笑。”

我：“不好意思……那么，关于患者自愈的问题呢？”

医师：“不清楚为什么。我们后来做了很多询问和调查，包括用药方面，似乎没什么不正常的，当然不排除没发现。但是就当时来说，我们统一的判断是：自愈。”

我："现在事情已经过去好几年了，您觉得这件事情有没有解释？"

医师："没有解释。不过我印象很深，当时有个比较年轻的实习生假设了一种可能。"

我："怎么假设的？"

医师："因为医师的岁数比较小，敢说。他说会不会是一种人面疮，直接覆盖在患者脸上了，而且这种人面疮不具备那种角质层、真皮层的感染和病变加厚特性，只是单纯的存在，所以很难查出来。在患者睡眠后才有病变反应。"

我："欸？这也太没医学常识了吧？"

医师："你看，你这个外行都这么说了（笑）。当时我记得他的老师骂了他一顿，说他不好好学，看漫画太多了。"

我："就是嘛。"

医师："不过，后来还是有医师给患者做了皮下取样检查，没有病毒或者什么疮的病变特性。"

我："也就是说，一直到患者自愈，这个病例都是无解的状态？"

医师："嗯，的确是这样。不过我当时想的比较多，也算是唯心了一把。我对照录像，按患者发病的口型，记录下一些所谓的唇语。"

我："哦，无声的是吧？"

医师："对，因为发病的时候患者伴随表情变化会说些什么，但是并不发声，所以我对照那些录像，自己胡乱猜测，做了些唇语记录。"

我："他都说了些什么？"

医师："记不清了，好像很混乱的样子。我最初以为是诅咒之类的，你别笑，我是真的想做分析才那么做的，后来发现没有什么逻辑性的词汇或语言，也就没再继续记录。"

我："明白了，我回头也试试看能不能读个唇语什么的。"

医师："我告诉你一个方法吧：挡住屏幕的上半部分，不要看患者的眼睛。"

后来我去资料室看录像，患者自己录的没看，直接看在医院的观察录像。老实说，我还是被吓了一跳。

画面先是一阵儿抖动，然后一下子清晰了，跟着一张脸占据了整个屏幕。开始那张脸看上去很一般，是个微胖的普通中年男人的面部，表情很平静，呼吸均匀，是在熟睡。

我不知道有没有人能够盯着一个男人熟睡的样子看那么久——二十多分钟，反正我是看过了，看得我也快睡了，但是忍住了没快进。就在我昏昏欲睡的时候，屏幕上的那张脸似乎皱了一下眉，还没等我缓过神来，那张脸的表情一下子就变了，我真的被吓了一跳！眼睛似乎睁开了，两个眼角不可想象得往太阳穴的方向吊起来，露出大部分眼白，瞳孔缩得很小。眉毛几乎扣在一起，鼻子上的皱纹紧紧地拧成了一个疙瘩。上唇翻起来，甚至露出牙床，脸颊的肌肉几乎全部横过来了。嘴角似乎挂着一丝笑容——绝对不是善意的，应该说，是恶毒的。

我从未见过活生生的人有过这种表情，也从未想象过人类会有这种表情。

那双“眼睛”（不好意思，只能用引号），先是四下看了看，然后紧紧地盯着镜头。即便是看录像，我也觉得那双眼睛仿佛能射出淬毒的钢针来，让人不敢多看。我想我理解患者家属为什么要离婚了。

在我挣扎着是不是看下去的时候，那张脸开始说着什么，没有声音。我没犹豫，立刻单手找一张纸盖住屏幕的上半部，挡住那双“眼睛”，开始尝试着读唇语。

差不多那一个下午吧，我都在干这事。

经过反复确认后，我记满了一张纸。

另外几卷录影带我是匆匆快进看的，原因是我不想做噩梦。好吧，我承认害怕了。

后来有段时间，我按照那张纸上的内容查了，没什么线索，又给一些朋友看了，也没什么有用的线索。

我尝试过对着镜子做患者当时的那种表情，做不到，而且也很难坚持长久——别说几小时了，几分钟脸部肌肉就很酸了。

坦白说，在其他病例上，我对精神病科医师和心理医师的很多解释并不总是认同，虽然不见得表达出来，但也不表示我相信。不过对这件事，我和他们的态度一致：暂时无解。

满足的条件

他：“你为什么要记录这些？打算汇集出来写东西？”

我：“也许吧，没想那么多。”

他：“是一种兴趣爱好？”

我：“嗯。”

他：“哦，有人看电影，有人找小姐，有人出去玩，有人聊天，有人看书，有人研究做饭，有人算计别人，有人用望远镜观测星星，有人养小动物，有人跑步，有人画画，有人下棋，有人发呆，有人看电视，有人胡思乱想，有人收集丝袜，有人玩电脑游戏，有人听音乐。而你，选择这种方式作为平时的爱好？”

我：“对。”

他：“收集多少了？”

我：“很多，但是还没来得及整理。”

他：“很花时间吗？”

我：“对啊，要消化吸收整理分类，还得删减。”

他：“好玩吗？”

我：“呃……还成。”

他：“那你为什么不选择跑步呢？”

我：“跑步……也许我更喜欢收集这些吧！”

他：“我就喜欢跑步，假如你跑步，你会认识一些也跑步的人。跑步的人大多数都很健康，至少生活方式上很健康。很可能还会遇到美女，而且还是很健康、衣食无忧的那种美女。因为每天挣扎在生活线上的人，没那个心思和精力去跑步。跑步多好啊，能遇到生活富足又健康的美女。要是努力追求的话，很可能会娶了那个女人，想象一下，你们都跑步，都很健康，那么你们所生的孩子身体也一定非常好。因为你们会把健康的生活方式带给他。所以，你为什么不跑步呢？”

这就是这位患者的思维方式。访谈进行快两个小时了，我基本没说什么，都是他说。无论话题延伸到什么地方，他总是能说很多很多。

我：“我没想那么多……”

他：“那你在想什么？”

我：“我在想你说的那些只是假设。”

他：“如果我不假设，我们之间的话题会在某些事情上乱跳。从这个话题，到另一个话题，那种时候不受控制。等到进入了一个你我都不喜欢的话题，那么我们就没得说了，就陷入尴尬的沉默了。用个很俗的说法就是那时候天使飞过了，是不是有什么带翅膀的东西飞过，咱俩都不知道。要是你说你看到了，那我觉得你也快入院治疗了。你穿病号服肯定没我好看，因为体型高大的人穿病号服太显眼了，那种很旧颜色的条纹病号服穿一件也许还不是问题，要是穿一身就会怎么看怎么别扭。你穿着这种病号服整天跟我在一起说那些带翅膀的东西飞过，我会觉得你比我病得更厉害，所以你讲述的内容我都会无视。因为你是疯子，我是病情相对轻一些的疯子，到那时候我们就没什么可聊的了。所以我现在就按照我的思路把谈话假设好了。”

我觉得有点晕。

我：“我没记住太多，好吧，你就假设着吧，至少现在我还没觉得痛苦。”

他：“痛苦不好吗？”

我：“貌似……不好吧？”

他："其实痛苦就是一种清醒的过程啊。"

我："但不是人人都需要那种过程吧，或者别的方式也可以，对吧？"

他："对不对不重要，重要的是我这么认为。当然你可以不这么认为，那是你的权利，可是你没有权利干涉我去这么认为。有医生做分析，说我总体来说还是属于乐观情绪的，但是乐观的人怎么会在精神病院呢？这似乎是悖论。乐观的人什么都能想通，不会钻牛角尖儿，很多人都会这么认为是吧？其实不是，精神病人不是用乐观来判断的，是通过其他方面来判断的。具体怎么判断我忘了，但是总是有人提出一个观点后很多人就说：是这样的。于是某人就被判断为精神病了，不管那个人是不是乐观的。所以说很多人的看法都错了，认为想不开的人才会得精神病，想得开的人不会得精神病。可是我身边就有很多想得开的精神病友，非常想得开，甚至馋了想吃肉就杀了自己的孩子来吃都没问题，很想得开。自己原本没有孩子，但是后来有了，那么现在又没有了，吃了。吃了就吃了呗，反正原来也没有。感情问题也不是必需的……"

我："你等一下，杀人肯定是错误的。"

他："但是士兵在战场上都杀人啊，而且还是杀不认识的人，跟自己没有任何利益冲突的人都得去杀。你可以说那是为了某种目的，那么为了某种目的就可以杀人？这么说那所有的杀人犯都是为了某种目的才杀人的。要不你会说为了大多数人的利益去杀人？那现在人口最多的国家是印度了对吧？那印度可以随便地杀了别的国家的人？人口多还真占便宜嘿！现在你还坚持杀人是错误的，那么你就应该拒绝所有的杀人方式和动机。我们从太空看不到地球有国界，但是实际上我们有很多很多国界。为了国家和民族就去杀人？而那些能杀人的人，就去杀人，用自己国家的名义去杀人，而达到某种目的。为什么会这样呢？因为人就是这样的。有了很厉害的武器就会觉得自己很了不起，其实是真的很了不起吗？只是有了厉害的武器罢了。但是厉害的武器没错误，也不会自动自觉地去杀人，而杀人的人，总是永远都有理由的。你觉得是对的，那别的国家的人认为你还是错的呢。所以杀人到底是对是错的概念不是你决定的，而是你所在的群体决定的。

你的群体赋予你杀人的权利了，你就可以杀；不给你杀人的权利，你杀人是要受惩罚的，因为你没有杀人牌照。”

我：“我了解你的情况了，你是很喜欢把事情搞复杂的那种。”

他：“不，我正相反，我是把事情简单化那种。你们才是把事情搞复杂那种人。你们干什么都要赋予一个借口，就像刚才说杀人一样，那都是借口。但是借口是借口，不会是理由。你们总是会解释这，解释那。解释其实就是掩饰，真正的道理不用解释。你吃饭不用解释，你喝水不用解释，因为你需要，那个是理由。但是你的目的是活着，为什么呢？这类的问题，其实你们都不想，我会想，这样事情才能简单化，我希望能明白我为什么活着，这样我做什么都会很简单，因为目的是我活着。但是你们就把这些问题放一边，想的是活着怎么才能更好，但是为什么活着，不知道。”

他有点把我绕晕了。

我：“啊……其实，活着不重要，因为已经活着了。所以想那些不是有意义的。”

他：“还是借口啊，那不是理由。如果你问一个人，什么会令他满足？很多人会说很多千奇百怪的需求，但是最多的是要钱啊，要健康啊，要长寿啊，不能说百分之百，但是这个比例一定是大多数。但是那些真的就令他们满足吗？肯定不是。为什么呢？因为这个满足了，还会有新的需求。如果真是满足，就不会有更多需求了。你可以说那是对于需求的更高标准，但那还是一个借口罢了，不是理由。你很满足地吃饱了，吃得很撑，再好的食物你也不会有很大兴趣。你渴了，喝够了，喝得很满足很撑，你不会惦记再找别的东西继续灌下去了。”

我：“你是想说贪欲是一切的根源吗？”

他：“我只是想说，你们，其实并不真的知道自己需要什么。你有钱了会想换大房子，你有大房子了会想要好车，你有了好车后会想要美女，你有了美女之后会想要地位，你有了地位之后会想要名气，你有了名气之后会想要权力，你有了权力之后会想要荣誉，你有了荣誉之后会想要名垂千古，你名垂千古之后会想要无尽的生命来看到自己名垂千古。那么你看到了，你满意了，你都得到了，你会满意地决定自己死掉？恐怕不会，谁知道你又想起什么来了。那些你是真的得到了，但你不会就此罢手，你会无穷尽地想要更多。但是，那些真的就是你需要的吗？不见得吧。你们想要那么多，而我只是想知道为什么活着，我就在这里了。那么谁才是真正有问题的？难道我非得和你们一样都疯了，我才能不在这里？其实这里就是正常人居留地，是你们这些疯子弄的。不过我觉得挺好，至少不用出去跟你们疯疯癫癫地混在一起，到最后都不清楚自己为什么活着。”

我觉得自己的脑子被搞得七荤八素的。

我：“呃，你刚才不是说这里是疯子住的地方吗？”

他：“你不要在我的比喻方面挑这种细枝末节的错误，非得挑的话，那你刚才还说我那些都是假设呢。”

我：“但是你的确在假设啊。”

他：“但是我的确也认为你们都疯了。”

我：“那在这里的都是正常人吗？隔壁那个拉了大便满墙涂的也是？”

他笑了：“你看你，极端了吧？警察队伍里还有败类呢，匪徒里面还有良心发现的呢，抗日还有汉奸呢。一棒子打死就是极端，对不对？”

我快速地翻了一下手头的资料，找到他的原职业，再次确认：精神病科医师。不知道怎么回事，脑子里冒出一句俏皮话来：流氓会武术，谁也挡不住。

我：“你曾经是医师……”

他：“对啊，我负责那些妄想症的患者，不过后来发现出问题了。”

我：“出什么问题了？”

他：“有那么一阵儿我觉得自己的精神才是不正常的，后来又没事了。等过了几个月，我发现那种感觉又回来了。我努力想清除掉那些不正常的想法，我主动去心理调整、休假。等我觉得我没事的时候我回来上班，但是这时候才发现，原本我认为不正常的那部分，其实才是真的本质，而之前一直被一种假象覆盖着。我困惑了好久，难道说我本来就是个精神病人？用一些表象掩盖着什么，现在发病了？最后我终于搞懂了，原来所谓正常的概念，都是你们这些疯子加给我的，而我原来是正常的，被你们的那些借口搞得不正常了。结果我就再三斟酌，决定留在真实的这面，不再跟你们这些疯疯癫癫的人起哄了。在这里，我觉得很满足。”

他面带微笑地看着我，很坦然，甚至很怡然。

我记得来之前，催眠师朋友跟我这样评价他：“可能他会把你说晕，而且说得很复杂。其实他心里，在深处，很深很深的深处，是个很单纯的人。”

萨满

我：“不好意思，我先请教一下，这个是您的真实姓氏？”

他淡然地笑了一下：“你可以问户籍处，我就是姓怪。”

我：“嗯？发音不是怪，而是贵？”

他：“对，写作怪，发音是gui，四声。”

我：“是我孤陋寡闻……不好意思。”

他：“我习惯了，从小被人问到大。”

我：“你是汉族？”

他：“汉族。”

这位“患者”让我认识了一个未曾听说过的姓氏：怪，发音的时候读作“贵”。后来我特地查了一下，算是个古姓了，很有特点。但是他人并不怪，言谈、表情、行为、举止感觉都是淡淡的那种，乍一看以为是爱答不理呢，其实不是。

我：“你家里的那些头骨真的是你父亲和祖父的？”

他：“反正警察已经鉴定去了，而且有遗书作证，我也就不解释了。”

我：“我倒是希望您能解释。”

他：“为什么？”

我：“好奇吧可能，而且这些也许会提供给精神鉴定部门做资料——假设有价值的话。”

他低下头笑了一下：“他们觉得我精神不正常？”

我：“我说的是真的。”

他看了我一会儿：“我家，到目前为止，世代都是萨满。”

我：“萨满？萨满教？”

他：“对，原生宗教。”

我：“我原来因为兴趣，研究宗教的时候还真的看了一些。萨满，很古老吧？”

他：“对。”

我：“崇拜大地、天空、火、水，还有其他自然现象，风、雷什么的。用图腾表现，用人骨占卜。是那个吧？”

他：“是的，看来你知道的已经不少了。”

我：“也许是我资料看得不全，我怎么记得脱离了原始社会后，那种原生宗教很多都销声匿迹了？”

他：“谁说的？还在延续，我就是萨满祭司，很少有人知道罢了。有一点我没对警察说，我家里那些在他们看来是烂木板的东西，很多都算是古董了，最少也有几百年历史了。那些都是家传的。”

我：“图腾？”

他：“不全是。那些木板是要钉在或挂在某根树桩上，这才算是图腾。”

我：“是这样……”

他：“我记得，在我说自己是萨满的时候，有个警察在笑。”

我：“嗯……可能他是不了解吧。”

他：“他说我外国玄幻小说看多了。”

我：“哦，不过我觉得也可以理解，因为萨满在国内基本上没什么人研究，数得出来那么几个。其实萨满是原生宗教，只是后来很少那么称呼了。”

他："对，叫作'巫'，也有写作'珊蛮'的。就是因为不了解，否则我那个多事的邻居也不会报警了……看来你还是比较了解的，我愿意多告诉你一些。"

我忍着笑，因为我的目的就是这个。每当这种时候，我都会很感谢自己兴趣面的庞杂，虽然没有几个专精，但是当患者说出一些鲜为人知的事物来时，我还有些基础与之交流下去。这点太重要了。

他："如果往上数，公元前很早很早，我们家族就是萨满。"

我："有家谱吗？"

他："没有。"

我："图腾？"

他："我手里的已经没有那么早的了。"

我："那你怎么证明呢？"

他："我说，你听。"

我：……

他："你可以不信，但是我犯不着撒谎。"

我："好吧，你说。"

他："延续下来的原因，是祖先对于自己家族的诅咒。"

我："为什么要诅咒自己的家族？"

他："因为祖先们以血脉的弱势来换取萨满的传承。我是独子，没有兄弟姐妹；我父亲有个妹妹，4岁去世了；我爷爷是独子，我太爷爷也是独子，往上算，情况也都类似。最多两个孩子，但是最后血脉传承的，只有一个，另一个无后或夭折。可是不管什么兵荒马乱的朝代，这一条血脉都能活下来。就是这样。"

我："原来如此……不过，如果孩子不愿意被传承怎么办？"

他："不知道，没听说过这种事情。记得小时候我什么都不知道，父亲也不告诉我。15岁那年，我爸很严肃地把我叫到面前，把所有的一切都告诉了我。并且要我记住一件事：他死后，头骨要留下来，背后的皮肤要剥下来做成几页书籍，要用我的血来写。”

我：“……为什么？”

他：“头骨是占卜用的。后背的皮肤很完整，用来做书页记载一些东西，用我的血来写。这是规矩。”

他卷起袖子，我看到他手臂上有很多伤口，新旧都有。这多少让我觉得有点儿可怕。

我：“但是，家人去世不送到火葬场也可以吗？你生活在城市啊。”

他：“看来你家人身体都不错，或者你没那个印象。我父亲是在医院去世的，是接走还是停放太平间，那是家属自己选择的。在火葬场虽然要出具死亡证明，但是没人管你是出了车祸或者别的什么死法，基本没人多问，也不会对照。明白了？”

我：“天哪，明白了。”

他：“我母亲早就知道怎么做，我们一起完成的。”

我不知道该说什么了。

他：“从这些行为上看，我好像精神不正常。但是如果你是一名萨满，你就明白了。”

我：“呃……现在我想我能理解一些，但是不很明白为什么非得这样。我指的是头骨、人皮书那些，因为给我感觉这还是很原始的，多少有点古怪。我这么说你别介意。”

他：“我不介意。这种事情如果不是出了什么大问题，我不会对外人讲的。也许你会觉得很古怪甚至很诡异，但是我们——萨满都是这样做的。就像你说的，这是很原始的原生宗教，所以我们也就更要保持这种传承不变。我在社会的身份是纺织机械工程师，我的个人身份是萨满祭司。我有两个朋友，也是萨满，而且是世交，其中一个是女人，那又怎么样？诡异？精神不正常？头骨也好，后背的皮也好，都有我父亲亲笔遗书作证。我们没有危害什么，至于有人相信而找到我，那我所做的一切都将是免费的。那是一种感激，感激什么呢？因为他们相信。我不去跳大神，也不去弄些稀奇古怪的把戏骗人，也不靠这个赚钱，甚至都不告诉别人该怎么做，当然也不允许告诉别人，只能传给自己的后代。那个诅咒是我们自己背负的，你说这是命运也好，说这是疯狂也罢，我们就是这么世代传下来的，至今也在这么做。萨满们不去争取什么社会地位，毕竟这是科学技术很发达的时代。而且我们也积极参与到社会当中，但是，我们始终记着自己的身份：萨满。”

我：“……也许是我有误解吧？但是对于占卜一类的事情我还是保持质疑态度。”

他：“没问题，你可以质疑，就跟有人信得死去活来一样。对于那些，作为一个萨满没有任何评价，因为那不是我们的事情，萨满不会拉着你信奉什么告诫你不信奉什么，那是你的权利，和萨满无关。而且实际上我对天空大地水火风雷的崇拜，不影响我对机械物理、有机化学的认知，我不认为那冲突。”

我：“有没有那些感兴趣的人找到你要学的？”

他：“有，很多。但是我不会教的。”

我：“好像你刚才说了，萨满没有把这些发扬光大的义务对吧？”

他：“不仅仅是没那个义务，而且是禁止。曾经有过一个人，缠了我好久，但是我明白他只是对此感到新鲜罢了。而且就算是真的诚心，我也会无视他的要求。因为萨满身份是一种肩负，对于祖先意志的肩负，不是什么好玩有趣的事情。我的先祖们，承受着家族的承诺，并且传承给我，我也会继续下去，而不是用所谓发扬光大的形式毁在我手里，我也不想被邪教利用。”

那天的话题始终在这上面，他说了很多很多，基本都是不为人知的东西——

除非你是研究这个的。我发现他身上具有一种坚定并且纯粹的气质。那种气质我在书上见过，现实中很少见。他坚守着几千年前的东西，一直延续到现在，也就是很多人眼里的：死心眼、有病。

可我倒是觉得，就是这些死心眼、有病的人，用他们的坚持，我们才能了解到历史和过去的某个角落曾发生的那些故事，并且，在目前所有的领域，才有了现在的成就。历史如果仅仅是书本上记载而不是在人心里，迟早会变成传说。两河文明的楔形文字、古印度的梵文、玛雅文明的三维结构文字，虽然都存在，但是没几个人能明白了，否则那些仅仅认识两百多个玛雅文字的人就不会被叫作专家了。

这位怪先生，后来被放了。当然，并不是我这份录音的功劳。我曾经继续找过他，但是他不愿意再多说了，我也就识趣地放弃了联系。

不过我真想亲眼看看那些古老的图腾木板，并且亲手抚摸一下。当手触碰在上面的时候，我会闭上眼睛好好地感受，体会那沉寂千年的韵味，以及那或许迷乱、或许辉煌、或许荣耀、或许耻辱、或许血腥的过去，和曾经矗立在这片土地上，那些千年前的帝国。

偷取时间

我第一次见到她的时候，她缩在墙角；第二次见她的时候，她缩在病床角；第三次见她的时候，她缩在桌子底下的某个角。所以第三次，我干脆也盘腿坐在桌子下面，因为已经不指望能和她面对面正经坐着了。

我：“你还记得我吗？”

她点头。

我：“我是谁？”

她摇头。

我：“我上次给你威化巧克力，还记得吗？”

她摇头。

我：“那你还要威化巧克力吗？”

她点头。

每当这种时候我就觉得我是在诱拐小孩，甭管面对的是成人还是真的小孩。其实这也没办法，就像那个精神科医师说的：“那种时候，对食物的需求是本能的反应，因为很多患者某些意识弱了，本能倒是加强了。所以，这个方法一直都很有效。”

看着她小心翼翼地剥开那层包装纸，带着极浓厚的兴趣小心地咬上一小口，不知道为什么我总觉得很心疼——虽然我之前并不认识患者，也没血缘关系。

她才20多岁，患有严重的迫害型妄想症，病史五年。

我不着急，看着她吃。她态度极其认真地一直吃完，又小心地把包装纸叠好，放进兜里。看着她的眼睛，我知道今天没问题了。

可能是接触的患者多了，对于这种间歇发病的患者，我能分辨出来什么时候能沟通，什么时候无法沟通。当患者清醒的时候，他们的眼睛是带有灵性的。具体我也形容不好，但是我能确定，而且没判断失误过。这曾经是我的一个秘密。

我："你喜欢吃，我这里还有，不过一会儿再给你，一次吃很多你会口渴的。"

她点了下头。

我："你为什么要躲起来？"

她看着我沉默了有好一会儿："我能看看你的手吗？"

我："哪只手？"

她："双手。"

我放下纸笔，双手慢慢地伸到她面前，她观察了一会儿松了口气。

我："怎么了？"

她："看来你不是。"

我："我不是什么？"

她："你不是偷取时间的人。"

我："时间？那个能偷吗？"

她："能。"

我："怎么偷的？"

她："我也不是很清楚，有很多种方法偷。简单的，只要双手同时拍一下别人的双肩就可以，复杂的我看不懂，反正有很多方法。"

我："你见到过了？"

她严肃地点头。

我："对了，你刚才怎么从手上看出来的？"

她："双手手掌都有四条横纹的人，就是能偷时间的人。"

我："会有四条横纹？很明显吗？"

她点头。

我："只要是那样的人，都能偷别人的时间？"

她："不是，有些有四条横纹的人，并不知道自己会偷别人的时间。"

我："能偷时间的那些人，不去偷别人的时间会怎么样？会死掉还是别的？"

她："和普通人一样，会老，会死。"

我："如果偷了别人的时间就不会老？"

她："不老、不死。"

我："会偷时间的人很多吗？"

她："不多。"

我："那都是什么样的人？"

她："什么样的人都有。"

我："你是怎么发现的？"

她："我十几岁的时候发现的。"

我："嗯，那么你是怎么发现的？"

她："他们看人的时候不像我们那样看人的脸，而是看人的脖子。"

我："脖子？"

她："从脖子上最好偷，但是不好接触，所以从肩膀偷的最多。"

我："怎么偷的？你刚才说他们双手拍别人双肩？"

她："不用使劲地拍，罩在双肩上几秒钟就可以了。"

我："那从脖子上偷呢？"

她：“那需要手一前一后地卡一下，一秒钟不到就可以了。”

我：“偷完之后呢？丢时间的那个人会死掉？”

她：“不是立刻，是加快变老，比别人老得快，很快很快。”

我：“我想起早衰症来了……”

她：“那就是被人偷走时间了。”

我：“是吗？”

她：“你如果仔细查一下那些早衰症患者身边的人——邻居、幼儿园老师、出生医院的护士，把能近距离接触早衰症患者的那些人都查一下，一定有一个很不容易老的人，就是那个人偷的。”

我：“这么简单的判断条件……”

她：“还有四条横纹的双手。”

我突然觉得有点不寒而栗，因为曾经接触过这么一个案例：一个患者专门砍掉别人的双手，不是谁都砍，而是以自己的标准选择。具体是什么，患者从没说过，只是冷笑。

我：“但是早衰症的人并不多啊？”

她：“他们大多很狡猾，不会那么贪婪地一次偷很多。今天偷这个人一点，明天偷那个人一点。每次就偷几年，别人也看不出。但是丢时间的那个人，一年会老得像过了好几年。”

我：“原来是这样……”

她：“你身边有没有这种人，几年不见，还是原来的样子，一点也没老。如果有这种人，你就要小心了。”

我努力想了一下，好像倒是有人这么说过我……

我：“其实也许是那些人平时注意保养或者化过妆了，要不就是天生的不容易老呢？”

她："我还没说完，那种人通常不会跟谁深交，再过几年后，你问遍原来认识他的人，都不知道他的下落了。有没有过？"

我："好像有，不过没太留意。一个人一生这种事情太多了。"

她："那些偷取时间的人，就是这样存在的，因为很多人记不住。"

我："原来你是这么看这个问题。"

她："我见过活了很久的人。"

我："活了很久？偷时间那些人吗？什么时候？怎么见到的？在哪里？"

她："那时候我还没在医院。我和朋友在吃东西，一抬头就看见他了。第一眼我就觉得他不对劲，但是说不出来怎么不对劲了，只是觉得很奇怪。他也注意到我发现他了。"

我："男的女的？"

她："男的。我最开始看他也就30岁左右，但是细看发现，其实他眼神和神态还有表情都已经很老很老了。我隐约觉得那是个很老的老头，可是外表怎么看都是一个年轻人的样子。那时候我就明白了，他是靠偷时间活了很久的人。"

我："你刚才说他发现你了？"

她："他看到我注意他了，赶紧摸了一下脸，以为我看出什么来了，然后特别狡猾地笑了一下，而且那种表情是得意。"

我："得意？是不是那种'你看出来了又能把我怎么样'的态度？"

她："就是那样。他长得不帅，很一般，没什么特别的，没人会注意他。我的朋友也看了一眼，没再多看，还问我怎么了，是不是认识那个人。"

我："那，你觉得他活多久了？"

她皱着眉仔细地想："我说不好，但是感觉他那种苍老不是一般的苍老，很恐怖的那种感觉，他最少也得有几百岁了。我看不出更详细的来。当时我很生气，我想追上去问他到底偷了多少人的时间。我后来想了一下觉得追上去了他也不会承认，除非周围没人，但是周围没人的话我又不敢了。"

我："只有你能看到偷取时间的人吗？"

她："本来以为只有我一个人这样，后来发现还有一个人也知道。可是后来我转院了，她没转院。"

我："原来和你一个病房？你还记得那个跟你一样能看到偷取时间的人叫什么吗？多大岁数？"

她："和我差不多大，我忘了叫什么了，也不在一个病房。她能看到的比我多。"

我："你是说她见过偷时间的人多？"

她："不，她见到的和我不一样，她能看到偷时间的人从别人肩上抓了什么东西走。"

我："抓走了时间？什么样的？"

她："她也说不清，就是觉得那些人一下子把什么吸到手心里了，然后赶紧贴在自己胸口。"

我："你看不到这些吗？"

她："贴在胸口我倒是见过，但是没看到抓走了什么，我看到的就是双手那么空着拍一下。"

我："你每天都能见到那些偷时间的人吗？"

她："不一定，有时候一个月也见不到一个，有时候一天见到好几个。他们都在人多的地方偷，比如商业街、商场、公车。只偷年轻人的。"

我："你被偷过吗？"

她："没有，那些人看到我看他们就明白了，通常都会很快地走掉。个别的会狠狠地看我一眼，那是警告我妨碍了他们偷取时间。"

我："这里，就是院里有偷取时间的人吗？"

她："这里没有，原来的院里有一个，是个30多岁的女医生，她知道我看出来了，还单独警告过我，叫我别多管闲事，否则要我好看，所以后来我转院了。"

我："你……希望出院吗？"

她愣了一会儿，缓缓地摇了摇头。

那天走的时候，我把包里的一大把威化巧克力都给她了。她很郑重地谢过我，小心地装在兜里，答应我每天只吃两条。

我曾经告诉自己每周都去看她一次，并且带零食给她，但是没坚持几周就把这事放在脑后了。关于她原来所在院里还有一个相同病例的情况，等我想起来的时候已经过了大半年，查了一下，没对上号是谁。

每当我想起这位患者，除了那些离奇的偷取时间者，好像还能看到她认真吃东西的样子——我从未见过有人那么认真地吃东西。每一口，每一次都是那么谨慎仔细的态度，仿佛整个世界已经不存在了，存在的只是自己和手中的那条巧克力，以及嘴里那慢慢融化的味道。

我并不相信有时间偷取者，但接触过她以后，我很忌讳有人双手同时拍我的双肩。

还原一个世界——前篇：遗失的文明

这是个神人。

他曾经是个普通的公务员，后来辞职了，辞职的原因比较特殊。

一般来说，大多数人辞职就代表着要换新的工作，甭管是什么性质的。辞职后自己经商，那算下海；辞职后去了别的单位或者公司，那算跳槽；辞职后什么都不干了整天玩，那是发了横财。

这位神人以上几条都不沾，他辞职就是为了做自己喜欢的事，就这么辞了，很愣的感觉。辞职后当然没收入了，过了几年他发现积蓄越来越少，于是自己想办法。

我不清楚一个人一没资金二没路子三不贷款的情况下怎么创业，想来想去也就只有违法乱纪了。但是如果他那么做，就不算神人，那算犯罪分子。

很显然，他没走犯罪那条路。不但遵纪守法，并且在一没资金二没路子三不贷款的情况下，过得很好。那他以什么为生呢？他自己发行小册子，靠这个为生。

最开始，他花了差不多一年的时间，建立起了自己稳定的客户群。

每年，他的客户们都会收到不少于五册，每册实际内容不低于五万字的小册子。所有内容都是有关史前文明的，内容不仅仅是摘抄或整合，还有分析和一些提示。而作为酬劳，他的那些客户需要每年向他支付800块钱人民币的订阅费。那些小册子我看过一部分，很有意思。

三年时间，他的订阅客户已经有240多人，而且还在扩大。

我算了下，他差不多每个月收入一万多，还不用上税。

所以我说：他是一个神人。

但事情远远没那么简单，终于有一天，这位神人爆发了，整天说着谁也听不懂的语言，四处写一些谁也看不懂的图画或者文字。也终于，被判定为精神病人。

不过见到他那会儿，他已经经过了一段时间的治疗，好多了。

他的样子和我想象的不一样。最初我以为他会是那种长得有点邪气的人，或者带点狂放不羁的气质，但是我猜错了。他看上去就是挺普通的一个中年人，微胖，表情严肃，习惯皱着眉想事情，语速也不快。整体看上去是很温和，很普通，扔人堆里立马找不到的那类。反正你不会把他跟异类挂钩，哪儿哪儿都不像。

我："你好。"

他平静地看着我："你也好。"

我："最近好多了吧？"

他笑了："呵呵，好多了。"

我："嗯，那好。关于我的身份，您也知道并且同意了。那么咱们现在开始吗？"

他微笑看着我："不是已经开始了吗？"

我："好，就从您为什么研究史前文明开始吧。"

他："没有什么特殊的理由，只是我对这些很感兴趣罢了，算是爱好吧。你不也是吗？从医生那里得到一些患者资料，然后找其中一些面谈还记录，只是兴趣爱好。而且，你发现了吗，兴趣爱好是个很好的老师，会自动指引你的。我爱好这些，所以自己做这方面的一些研究。"

我："可是您既不是学这些的，也没从事这方面的工作啊。"

他："嗯，是那样。不过，我想说，没学过就不可以自己研究历史？不是专业就不能爱好考古？没上过大学就不能写诗出书？这些没有必然联系的，是不是？”

我点头：“嗯，没错，是这样。”

他：“说起来，最初感兴趣，是因为大约十年前看报纸的时候，一篇文章吸引了我。报道说发现了某个史前遗迹。我就觉得很有意思，于是就开始自己琢磨这些。当然了，那会儿还只是琢磨，没有收集资料或者打算深入探讨。不过，某一天晚上，我突然想到了一件事。”

我：“什么？”

他：“这么说吧，如果你是一位宇航员，到达了别的星球，你发现了一片废墟或者遗迹，那么，你该通过什么来认识并且初步判断这曾经是什么样的文明呢？”

我：“呃……不知道，我没想过……通过什么来初步判断呢？”

他得意地笑了：“通过建筑遗迹残存的雕刻文字和图案。这是最最直观的，是不是？”

我：“原来是这样……但是如果那些建筑遗迹没有铭文或者图案怎么办？”

他：“当然了，不见得所有的建筑都会雕刻上文字和图案，但是，一定会有的，再少也还是有。而且简单分析一下，就能知道这的确是可行的，就说人类吧。大多数人类居住的建筑不会被雕刻上文字、图案，而是在那些具有纪念性或者标志性的建筑上才会这么做。例如纪念碑啊、石碑啊，诸如此类。而这种类型的建筑，目的就是纪念——要长期保存，所以也会比一般居住建筑结实得多。假如在外星上发现了曾经的文明遗迹，那么一定会有雕刻的文字和图案被发现的，因为那残存下来的建筑，很可能不是一般的住宅，而是纪念标志。举个实际例子，就说玛雅文化吧。也就是仅存这些纪念性质的标志建筑，让最初的玛雅文化研究者们一直都误以为玛雅人的文明核心是对时间的关注。玛雅人是很注重时间，但是没严重到那种程度，只是那些纪念碑残存下来，让我们误以为他们很注重时间罢了。如果说美国现在衰败灭亡了，大多数建筑都坍塌风化从而消失，就剩下“二战”纪念碑。那么后世的研究者们也许就会误以为美国的文化核心是战争。”

我发现这个人逻辑思维非常清晰。

我：“有道理，也有意思。”

他：“这样你会通过那些雕刻，最直接地看到在这个曾经的文明下，有过什么样的生物，有过什么样的活动。很直观吧？通过研究文字，你会得到更多内容。”

我：“图案那部分没问题，但是研究一个陌生文明的文字……不是很容易的事吧？”

他：“不容易，但是也未尝不可，这也是我要说的重点了。”

我：“OK，您说。”

他：“接着用玛雅举例吧，你一定听说过玛雅文明。”

我点头。

他：“南美的玛雅文明在16世纪的时候，被西班牙殖民者毁于一旦，不仅如此，西班牙的那些教士们还认为玛雅文那种奇怪的图画是野蛮的魔鬼的语言，把几乎所有玛雅文树皮书都烧掉了①。这还不算完，为了达到统治目的，玛雅人的文字抄写者们都被迫学习西班牙文，凡是使用玛雅文字的人，都会被虐杀或者烧死。你能明白没有了自己的文字意味着什么吗？这意味着曾经的玛雅文化、文明将被遗忘，将从那个时代起被抹掉。”

我：“您是说，玛雅文化的失传不是自然消亡的？是被人为抹杀的？”

他：“对，是被16世纪以传播福音为名的那些西班牙殖民者人为抹杀的。”

我：“这部分还真不知道，我一直以为玛雅文明是史前文明呢。而且我原来看过的一些资料都说玛雅文化本身已经很衰败了，当时的西班牙南美殖民战争只是起了一个催化剂的作用。不是那样吗？”

---

① 现今玛雅文树皮书世上仅存四本。其中两本保存在欧洲，而德国德雷斯顿皇家图书馆的手稿是目前最完整并且最为清晰的版本。

他："玛雅文明是从某个史前文明传承来的，这个过程中本身就已经失去了很多资料，但并不是自然毁灭的。想想看，那些资料是谁记载的？你看到的是欧洲文献和资料吧？那种占领了别的国家，再声称对方是太腐朽不禁打才灭亡的强盗逻辑，你认为可信度有多少？"

我："呃……有道理。"

他："那些问题我们不谈，接着说吧。认识玛雅文的人，也就是那时候起，基本没有了。玛雅人的后裔们，失去了自己的历史，文化的渊源被拦腰斩断。一直到18世纪，藏在南美雨林中的那些玛雅建筑被重新发现，而篆刻在那些建筑上的玛雅文、玛雅雕刻、壁画，才重见天日。"

我："我知道您后面想说的了：但是过去了200年，已经没人能懂了。"

他："没错，就是这样的。不过，毕竟还是能解开的。"

我："不好意思啊，这部分您得解释下，我始终不明白怎么就能读懂那些稀奇古怪的东西了，完全没有头绪嘛。"

他："没有头绪？话可不是这么说的，还是有头绪的。"

我忍不住检查了一下录音笔是否在工作，因为我对这段历史无比地好奇！

他："玛雅文，是象形文字，这个不否认吧？"

我："对。"

他："我曾经自己研究过符号学，知道了很多有意思的事情。就说文字吧，一种文明的文字其基础符号如果不到40个，那么这种文字后面的语言一定是拼音语言，代表性的是拉丁语系；如果一个文明的文字具有100个左右的基础符号，那么这种文字就是音节语言，代表性的是梵文；如果一个文明的文字，基本符号高达几千甚至上万个，那一定是表意文字体系的，就是象形文基础的，代表性的是汉字。虽然玛雅文目前已知的基础符号不到1000个[①]，既不是字母的，也不完全

① 目前已知的玛雅文基础符号约800多个，由英国人 J. 埃瑞 · 汤普森整理分类。同时他在深入研究后也成为了玛雅文化的忠实崇拜者。

是表意的。不过看也能看出来，具有表意文字特征，也就是象形文特征。那么象形文最具代表性的字是哪些？”

他把我说得云山雾罩，这让我反应了好一阵儿：“啊……那个……”

他：“估计你没想起来，象形文最具代表性的是中文数字啊：一横代表1，两横代表2，是不是？”

我缓过神来了：“哦，对。”

他：“知道这个就好办了，玛雅文入手，也从数字好了。观察那些碑刻铭文后，找到线索了。一个点代表1，两个点代表2，以此类推，但是没找到5个点，那就一定是有一个新的符号代表着数字5。最简单的，又有代表性的，就是横向排列的五个点融合了，成为了一个横杠。玛雅文中，一个横杠，就代表着5。”

我：“一个横杠加上一个点，代表数字6？”

他：“没错，就是这样。”

我：“有意思，真有意思！”

他：“其实这就是符号学的部分内容，并不枯燥，可能是最后那个‘学’字，让很多人望而生畏吧。我们接着说。知道了数字，接下来就可以研究数字前面或者后面的那个文字了。大多数情况下，那通常会代表日期。当然不否认雕刻上有表述其他内容的数字的可能，但是你别忘了，在纪念性质的建筑上，总不能通篇记载这是100只猴子，那是100个人吧？总得有日期对吧？拆分解读了那个象形文的日期，也就是有了开始。慢慢来，总会解读更多的基础符号的，于是……”

我：“您太神奇了，是您破解的玛雅文？”

他大笑：“当然不是我破解的，早就有人破解了很多。我只是告诉你玛雅文是怎么破解的，并且自己分析给你而已。”

我：“……原来是这样……不过话说回来，您的分析很厉害。”

他：“这些内容在我原来发出去的期刊里早就写过了。”

我：“那些册子我并没看全，只看了一部分。”

他："无所谓的。先把这些放在一边不说，玛雅文明还有完全不同于我们的。"

我："好，您继续。"

他："从文字上，基本可以推断这个社会文明的核心文化。"

我："啊……您指文字内容？"

他："不，文字结构。"

我："文字结构？什么意思？"

他："拼音文和音阶文的文化，大多注重的是自然或者人文。所以他们的文字组成特性很简单，是线性的。比方说，'you'这个词，从左到右排列，排列上没有上下之说，也就是一维的，是不是？"

我："是这样。"

他："而使用表意文字，就是象形文特征的语系，文化核心则侧重自然以及历史传承。这个刚才我说过了，代表性的是中文。在文字结构上不再是线性的了，而是二维的。例如我的姓：郭，有上下，有左右。"

我仔细想了下："没错，二维结构文字。"

他："玛雅文呢？更复杂。玛雅文是三维结构的，不但有上下左右，还有远近。也就是说，在基础文字符号上，有重叠的特性。而读法上的顺序是'先上后下、先左后右、先近后远'。虽然玛雅文是象形文字，但是每个我们看起来是一张小图的方块，其实是一个短句。"

我："欸？真有意思，那么玛雅文化的特性是以什么为核心的？"

他："艺术，玛雅文化的核心是艺术。他们的文字已经和图画融合了，甚至有些文字直接放大作为配图使用。"

我："的确是，真的太有意思了。不过，玛雅人学写字的时候一定很累。"

他："不会的，你小时候学汉字就是顺其自然学下来了，但是白人会觉得汉字很恐怖，太难。身处于那种文化中，就不会觉得有什么特别的难度。玛雅文也一样，没想象得那么难。我也就是从明白那些开始，彻底对此着迷了。因为我很清楚，了解那些文字才仅仅是个开始。后来一边收集资料，一边分析对比，我发现了好多问题。那是一个真正遗失的文明，还有很多未知没有答案，同时还有很多很多的疑点，充满了矛盾的疑点。我也就是那时候明白了，我知道的才是一扇门而已，我希望能用自己的努力，找回那个遗失的文明。”

我觉得很有意思，一个非专业人士只是因为兴趣就去研究这些——还属于比较冷门的内容，并且知道这么多，最后有了自己的一套想法和认识，这非常了不起。研究这些，很少有人愿意做，但是却让无数人感到神秘莫测，充满向往。为什么呢？我不想用浮夸世风来辩解，我只想说：太多人在乎功利，而不愿意静下心来做一些无涉利益而真正有意义的事了。

然而，精神病人能，这不能不说是讽刺。

还原一个世界——中篇：暗示

看着眼前这位毫不起眼的中年男人，我突然觉得自己浪费了很多时间。我指的不是挤出时间钻研学习点什么，而是连自己喜欢的东西都没能深入了解，也不去琢磨，平时就这么浑浑噩噩地度过了。

我惭愧了好一阵儿。

我："您为什么不把知道的那些用建立网站一类的形式传播呢？通过注册会员什么的也能赚钱啊？采取印刷这种方式，成本高，赚的钱还有限。我觉得就算您不在乎钱，也应该为了更广的传播而这么做。而且吧，赚的钱多了至少可以去南美看看自己研究的那些遗迹啊，直接接触一手原始资料，不是更好吗？"

他歪着头想了想："嗯，有道理，我还没想过那些。这就是所谓商业运作了吧？这个我应该算外行。不过我如果开始就想着这些，可能会分心了，不见得能深入研究下去。另外，我更喜欢拿着一本书刊，在手里一页一页翻看的效果。说不出是什么感觉，只觉得会铭刻得更深。"

我："嗯……也许吧……对了，您刚才还提到了疑点和未知？"

他："是，玛雅文化的未知太多，并且关于玛雅文明在很多逻辑上的矛盾，怎么看怎么觉得可疑。因此，也就难怪这么多猜测。"

我："您可以举例吗？"

他："好，就说文化方面吧。我在研究玛雅文字的时候，也找了很多关于语言结构的书来看，我发现玛雅文字如果用语言表达出来的话，是一种很单纯很幼稚的表述方式。比方说‘我是某某，你是谁？我很快乐，你快乐吗？’听懂了吧，像是小孩子的说话方式对不对？这种表述方式如果只是停留在口语中还好，但是文字也是这么应用，我觉得不能理解。而且别忘了，玛雅文明可是公元前就开始的，几千年后还停留在石器时代，这简直是匪夷所思。因为一个文明的进步是有阶段性的，这种例子不用举，看看现在的世界就能知道。但是，玛雅人例外，就停留在某个阶段了。难道说玛雅人智商低？”

我：“无责任地假设一下，要真的就是智商低呢？”

他笑：“真的是吗？玛雅人有精准的天文历法，而且习惯性的应用‘亿’这个数量单位。这个数量单位我们现在的世界应用还算比较多了，货币、金融、天文。但是一个停留在石器时代的文明，用那个干吗？据我所知，他们纯粹用于天文，而且经常用于天文距离以及历法。你想象一下，一个有复杂语言文字结构的文明，却用很低龄化的表述方式，但居然使用庞大数量单位的天文历法，这是什么感觉？就好比你从冰箱拿出一瓶冰饮料，然后回到沙发上用钻木取火的方法点了一根香烟，外面邮递员骑马送来了你网购的商品。这很穿越不是吗？你能想象吗？”

我仔细考虑着那个词的应用：“您是说，那是一种发展不平衡的文明状态？”

他：“你理解了就好。难道不奇怪吗？而且你根本想象不到玛雅人对于天文的重视程度，他们有专门的天文大祭司，不是一个人，是四个。使用一套复杂却很精准的计算方法——20进位计数法，还有专用的天文历法。并且他们对太阳系行星的公转、自转已经推算出使用近代科学才能证明的结论。除此之外，玛雅人还能够准确地预测月食和日食。别信电影里那些探险者利用日食骗玛雅人的场面，那是瞎编的，实际上玛雅人可不会上当受骗，至少在日食月食上不会。”

这让我想到不止一部电影用了那个桥段：一个“文明人”被捆在柱子上将要被烧死，这时候日食出现了（也没准是月食，但是一定是日全食或者月全食。

看来挑个好日子探险很重要）。然后那些“野蛮人”惊慌失措地跪下磕头，而被捆在柱子上的大英雄趁机高声嚷嚷着什么，最后“野蛮人”们吓坏了，把“文明人”放下来不说，还送上无数金银珠宝。一笑泯恩仇后，“野蛮人”们欢歌笑语地把英雄送到海边，一路上锣鼓喧天，鞭炮齐鸣，红旗招展，人山人海。最后“文明人”带着那些宝贝（很可能还搂着一个漂亮女人，探险途中遇到的）坐着船高高兴兴地回去了。

我：“有意思，还有别的什么吗？”

他：“很多。还有很多很重要的疑点。例如玛雅文明有自己发达的陆地交通网络，但是却不会使用轮子。虽然在他们的雕刻和玩具中有轮子出现，但是实际生活中，没有轮子，全靠人扛牲畜驮。几千年的文明，连个轮子都发明不出？为什么？宗教禁忌？那么玩具中有轮子又怎么解释？”

我：“欸……真的没有轮子吗？”

他坚定地点了点头。

我：“有发达的交通网络，却没有轮子……您是说……”

他狡猾地笑了下：“我什么都没有说……还有玛雅文明冶炼技术非常原始，也没有金属冷兵器。虽然会有金属器皿和装饰物，但是没有冷兵器。另外，玛雅文明对于‘献祭’这一行为无比热衷，虽然你可以说那是未开化的表现，但是结合刚才提到的几千年未进化，一直处于石器时代，你会发现这是个很莫名其妙的事情，为什么这么崇尚献祭行为呢？”

我：“我明白点了，社会结构上的简单、原始，生活上的落后，表述方式上的问题，复杂的文字构成，但是却拥有高度发达的天文知识，还有对献祭的崇拜，加上各种生活中可疑的部分，好像都是在暗示着什么。”

他饶有兴趣地看着我：“说说看。”

我：“有发达的交通网络，却没有轮子——会不会是不需要轮子呢？发达的交通网络也许是因为——低空悬浮运输工具？没有金属兵器——是不是不需要冷兵器？因为有了更强大的武器，冷兵器就变得没有价值了。生活上的落后、热衷于献祭、注重天文，这些有可能是因为玛雅文明只是另一个文明监护下的附属文明。他们就负责天文和艺术，别的不用管。但是出于某种原因，宗主文明离开了或者隐藏起来了，玛雅社会失去了供给者，最后不得不回到半原始状态。或者曾经的宗主文明告诉他们：等待我们回来。所以玛雅人无比地重视天文以及天文距离单位。当然了，这些只是我瞎猜的。”

他：“也许是天马行空了一些，但是你已经不是那种毫无根据地瞎猜，多少有点实际依据。那就不能用瞎猜这个词，应该属于一种比较大胆的假设，是不是？”

我：“嗯……好吧，假设。”

他：“有自己的想法，其实就是一个好的开始。只需要一个暗示，一个暗示就足够了。”

我：“很感激您的启发，让我开始学着自己思考。”

他：“我是个精神病人啊。”

他笑着抖了抖自己的病号服袖子。

我：“没关系，您告诉我的都算是知识，而且逻辑上非常清晰，我有自己的判断，我接受知识本身，不限于渠道和途径。”

他似笑非笑地看着我。

我：“对了，还有一个问题，关于2012……”

“哦，2012……”他打断我，“关于2012我也关注过，并且查了很多玛雅原文。那个说法是从玛雅历法推算来的。玛雅的历法一年只有260天，所以他们的历法年头会比公元制长些。不过，先不说这种转换公元制推算到2012年的准确性，就单说玛雅人的预言吧。我没看到预言说到了那个年份就是世界末日，正相反，玛雅文记载说是会进入新纪元。”

我：“不是毁灭吗？”

他耸了下肩：“反正我并没有查找到这个说法。进入新纪元似乎有很多种方式吧，毁灭后重建算是；没有毁灭但是进步了一大块也算是；我们自愿抛弃了旧的迎来了新的，也算是。玛雅人对进入新纪元这个说法并没下定义，所谓2012世界末日的说法，我想是被一些人误解或者被宗教利用了。不过有意思的是：很多人还真就为此惊恐不已，惶惶不安。这种事情……我觉得很幽默，你认为呢？”

我：“嗯，很幽默。”

没错，一个压根就没几个人能明白的“预言”被那么多人信奉，还被搞成电影和各种书籍，热卖得一塌糊涂并且吵得沸沸扬扬，的确很幽默。但是一个精神病人却通过深入的研究，理智的逻辑分析做出了自己的判断。

这简直太幽默了！

还原一个世界——后篇：未知的文明

当时我曾经问过患者，为什么要针对玛雅文明进行研究，据说不是还有很多的文明吗？他告诉我：即便有其他的文明，若没有文字没有语言他也是无从入手研究的。纯粹的空想或者抓住一点似是而非的蛛丝马迹是没有意义的。所以，研究那些虽然充满疑点，但是并非不可解的事物才是最明智的，也容易让推理和分析有据可依，这样也最有价值和说服力。

他说得没错，从逻辑上看的确是这样。作为一个正常人，我再次感到惭愧。虽然很无奈，但这是事实。

他："后来，当我自己沉迷到一定程度的时候，也确实积累了很多资料，掌握了一些规律。所以，我才有可能更深入地去研究，甚至可以去试着还原那个被遗失的文明。"

我："呃……说还原……有点远吧……"

他："不，很现实。就说我前面提到过的文字特性以及文化核心内容吧。玛雅人的文字特性是组合式的表意文字符号结构，这是建立在一个以艺术为核心的文化基础上的。根据这个，是不是就可以通过对玛雅文化的现有分析来推测更多？我想一定是可以的。"

我仔细想了一下："仅仅靠文字……能分析出什么来？"

他叹了口气："如果只沉浸在文字和符号里面，肯定是越走越偏，这也就是我当初发疯的原因。文字不是死的，是活的，是现实的符号或者思想的符号，所以不应该彻底掉进文字本身里。否则就像我们写东西一样，如果只注意文字修饰而忽略现实，那么文字就变得没有意义，空洞且乏味。”

我：“这是大道理我能明白，但是实际应用怎么做？”

他：“还是就玛雅遗迹来说吧。假如找到一片遗迹，经过对遗迹仔细的挖掘和测量后，能得到一个建筑群大致上的尺寸，是不是？例如高度啊、宽度啊、距离啊、分布效果啊，得到了这些也就能对人口有初步的判断。假如整理出来后，发现是一个5万平方米的广场，那么就可以判断：围绕这个核心地带生活的居民应该不低于8万人——这还是相当保守的数字。简单推理一下就可以下这个定义。为什么呢？这种城市广场，按照大型聚会人均占地1平方米来算，如果整个城市都不到5万人，那何必修这么大？完全没有实用价值。实际上真正的集会，每个人占地到不了1平方米，所以我说，周边居住人口是8万人已经是很保守的数字了。有了这个基础数字，可以再扩大还原的范围。这些人需要吃喝吧？需要下水道来作为城市排污系统吧？需要娱乐吧？需要医院吧？设想一下生活周边，你会发现这些城市系统是需要人维护的，那么8万人口变成10万人口不是天方夜谭吧？明白吗？这样，再回过头用我们破解的文字重新审视我们的推测——他们注重艺术，他们有特殊的历法，诸如此类。最后，基本上就可以得到一个比较精确的原貌了。”

我：“厉害！”

他：“这些还不够，这还仅仅是还原一个场景罢了，我们需要更多。这要靠合理的分析和推断了。比方说玛雅人热衷于献祭，在他们的文字和图画中提及多次。实际上，玛雅人用囚犯献祭——现在看来，我们会觉得很残忍。不过，玛雅人更多的献祭其实是贵族行为，一般老百姓还不让你献。因为玛雅文化中有些性质的献祭太重要了。杀个囚犯献祭给新国王加冕还好，要是献祭给他们的神明，必须有高贵的血统。这些不是我信口胡来的，有依据。比如说玛雅文化中很多碑刻铭文都记载了贵族割开自己的舌头，或者刺穿自己的手臂，然后串上绳子，把血流引到专用的献祭盘子里，再用纸蘸那些血并且烧掉。那种行为大多是为了向祖先或者神明祈求某种暗示。这个，就是纯贵族的，一般老百姓和奴隶根本没资格。根据这点推断，很可能对于神明的献祭，是贵族之中出人选，更有可能是自愿的，因为那被看作一种荣誉。所以说，我们看来残忍的行为，在不同的文化和文明之下并不是什么恐怖的事情。例如，北欧文化中对于死去的男人还会有自愿陪葬的女人，还不见得是配偶。对那些女人来说，陪葬既不可怕也不痛苦，是荣耀。”

我的脑子已经发蒙了，不是因为他说的内容，而是他的分析和超强的逻辑性。一切都清晰干净，头头是道，不但有依据，有按部就班的推理，甚至还有确凿的例子，比专家还专家。这么说吧，我听傻了。

那些无数人向往的神秘文明，还有貌似难以琢磨的未知场景，就一点一点被这么勾画出来了。而且最要命的是：在我看来这些推理和逻辑，不但扎实，而且几乎完美。

我：“嗯……那个……我记得说玛雅雕刻里有很多未解之谜，那些您研究过吗？”

他：“嗯，还专门研究过。”

我忍不住眼前一亮：“那是真的吗？”

他：“我手边也没图，‘玛雅火箭’那张你知道吗？”

我：“玛雅火箭？就是那个仰卧在火箭里面的？我看到过，还是在一本杂志上。”

他：“就是那张。我发行的杂志有一期是专门写了那幅雕刻的分析。后来几个读者还跟我说起过，我们一致认为那不是火箭，也不代表什么飞船一类的。”

他把我的好奇心勾起来了：“那究竟是什么？”

他：“想了解那到底是什么，就不能断章取义地看，就得先知道为什么那么雕刻，而雕刻的又是谁。”

我：“这个都能查出来吗？”

他微笑："能。那幅雕刻，是在一个石棺盖子上的，有了这个，就很好推测了。不会一个石棺里面装的是A的尸体，但是在石棺盖子上雕刻B的形象吧？"

我："那也可能雕刻的是某位神明啊。"

他："很好，你已经开始质疑了。不过，石棺周围还有文字的。文字上说石棺内的人死后，灵魂在墓室中脱离，升天了。而石棺盖子上雕刻的就是升天。在我们看来是火箭底座的那部分，其实就是石棺和墓室，而周围飞腾的花边，细看就知道，只是装饰性的东西罢了，例如流苏或者布幔，那表示隆重。再说这个人的身份吧，墓室的说明文字写得很清楚，这个传说中的'玛雅火箭'操纵者是护盾王。不是绰号，而是名字。想必这个王曾经有一面很大的护盾吧。（笔者按：这位护盾王名字的发音是：巴加尔 。）原来这是护盾王的墓室，石棺里面是他的尸体。石棺盖子上雕刻的是他的灵魂准备从墓室中升天了。而上面那些被我们称为'操纵杆'的东西，有他的武器，还有他的玛雅文铭文、家族徽记。而被很多人认为是火箭前端的那部分，细看并非是什么先进玩意儿，那是一根柱子。在柱子上悬挂着一些祭祀标志，柱子的最顶端有树叶和羽毛装饰。浮雕很精美，甚至能看到错落的部分，绝非什么火箭的剖面图。最好笑的是，被很多人看成是望远镜的那个小突起，其实是护盾王的鼻饰。这点从出土的护盾王遗骸上就能确凿地得到证实。具体还有很多，如果你能找到那期，你看一下就明白了，不是什么奇怪的火箭，只是一个祝愿升天的祈福罢了。"

"能跟您接触，真是太长知识了，还外带破除谣言。"我是由衷地赞叹。

他摇了摇头："没什么了不起的，你认真研究分析的话，也能得到真实的答案。"

我："也许吧。不过，按照您的说法，玛雅文明那些未知的问题都不算是什么奇怪的事情了？"

他很坚定："不，还是有。虽然那幅浮雕本身没什么，但不代表真的就没什么，很多东西依旧是不能解释。我必须实事求是地告诉你，有很多超常的现象。前面提到的不用轮子啊，没有铁质兵器啊，都属于没办法解释的。并且还有大量的雕刻品，图案也都直指飞行器，不是似是而非的那种，是确确实实的飞行器。有仪表盘，有喷射口，有操纵杆，但是，没有轮子。而且绝对不像浮雕那样含蓄，也没有过多的装饰和啰唆东西，干净利落得一眼就能断定：飞行器。那些资料我看过不少，有解释为独木舟的。我觉得对于这点，还是必须要尊重事实，独木舟尾部有喷射口？还是很像现代涡轮增压的那种喷射口？面对这些，至少我个人还是老老实实地承认：这一切没那么简单。”

我：“太神奇了！”

他：“对于那些你认为神奇的部分，我最初并没有去研究很多。不是我不感兴趣，我也很感兴趣。但是我觉得还是要先扎扎实实的，态度认真地去还原那个曾经的文明，还原那个未知的世界。至少先得把已知的、能确定的这部分做足。因为那些火箭或者飞行器，搞动力推进的人都没明白，我们能弄明白？除了惊讶赞叹还怎么办？能做什么？什么都做不了，那就先不管那些吧。先把我们能理解的部分尽可能细化展示出来，再考虑那些我们不知道的和神奇的，反正那些已经神奇了。”

我：“非常有道理。您是我目前认识的所有人当中，逻辑分析和推理判断能力最强的一位了。”

他在笑。

我：“不过，您这些年一个人埋头做这些，也很累吧？”

他：“我并不是一个人埋头在搞这些，我的很多读者也定期聚会，分享各自的分析和意见，这样才能完善。虽然能力有限，时间有限，资料也有限，但是至少都在很认真地做。不是所有的订阅客户都在看热闹，这点，才是我最高兴的。”

大概有那么一段时间吧，有空我就去找这位患者。在这个过程里，我也知道了很多，学会了很多。不仅仅是关于玛雅文明和其他未知文明的，还有更多让我受益匪浅的东西。

如果说我今天能够静下心来认真做点什么，那完全拜这位精神病人所赐。

盗尸者

我按下录音开关后看着他："你为什么要偷尸体？"

灯光的原因使他看上去有点阴郁："我想制作出生命。"

我："像科幻小说写的那样？"

他："我很少看小说。"

我："《弗兰肯斯坦——科学怪人》你看过吧？"

他："没看过，知道。"

我："说说看？"

他："一个疯狂的科学家，用尸体拼凑出人形，一个完美的男人。疯狂科学家企图用雷电赋予那个人生命的时候，雷电太强了，把人形弄得很丑陋恐怖。最后虽然制造出了生命，却是丑陋和恐怖的，但是他却有一颗人的心。"

他温顺的态度出乎我的意料。

我："你是看了那个受了启发吗？"

他："不是受那个启发，最初我也没想那些。"

我："那你打算怎么做呢？不是用尸体拼凑出吗？"

他："科幻小说可以随便写，但是实际不能那么做的，很多技术问题不好解决。"

我："比如说？"

他："血液流通，心脏的工作，呼吸系统，神经传递，毛细血管的激活，各种腺体，营养供给……很多，那些都是问题。所以，我不打算用拼凑尸体的方法来做，因为那不可行。”

我：“哦？既然没用，你偷尸体怎么解释？”

他抬起头看着我：“用来实验。”

刚见到他的时候，我简直不敢相信，看上去这么斯文的一个人，神态上甚至带着腼腆和懦弱。而就是这个看上去腼腆懦弱的人，在被抓获前至少偷取了20具以上的尸体——在半年的时间内。警方搜查的时候在他家里发现了很多截断的肢体，所有的线索都指向一点：这应该是一个变态恋尸狂。不过事情好像没那么简单，有些疑点。例如那些尸体并不是凌乱地扔在那里，而是有清晰的标号和分类，有些还被接上了谁也不知道是干什么的机械装置。这也是驱使我坐在他面前的原因。我就像猫王的那首歌唱得一样：“一只追寻的猎犬……”

我：“什么样的实验？”

他：“制造生命的实验。”

我：“对，这个我知道，我想问用那些尸体怎么做？”

他：“机械方面的实验。”

我翻了一下资料，他是搞动力机械的。

我：“你是说，你用机械和生物对接？”

他：“嗯。”

我：“为什么？像科幻电影那样造出更强大的生物来？或者半人半机械？”

他：“嗯。”

我：“好吧，怎么做到？”

他低着头没回答。

我觉得他似乎很排斥这个问题，决定换话题。

我：“你偷尸体有什么标准吗？”

他：“有。”

我：“什么样的标准？”

他：“年轻人，死亡不足72小时的。”

我：“你经常去医院附近吧？尸体很好偷吗？”

他：“一般人比较忌讳那种地方，所以相对看管也不是很周密。”

我：“就算是那样也不是那么简单就能弄出来的吧？”

他：“我有医生的工作服，还有我自己伪造的工牌。”

我：“最后再运到车里？”

他：“嗯。”

我发现一个疑点，但是想了一下决定等等再问。

我：“你家里的那些尸体……嗯……碎块，都是用来做实验的？是和机械有关吗？”

他：“那些就是我用来实验的，也就是通过那些实验，我发现最初的想法行不通。”

我觉得他有要开口说的欲望：“你这方面知识是怎么掌握的？还有实验，能说说看吗？”

他低着头想了好一阵儿：“最初我有了那个想法后准备了一下，然后自己看了一些书还有各种材料，我决定做。不过细节的部分超出我的想象了。血液流通不仅仅是有压力输送就能完成的，还需要毛细血管网把养分送到肌体部分，我实验了好多次，没办法做到那些。神经系统的问题我倒是解决了，但是还缺成功的例子……”

我：“你停一下啊，神经系统什么问题？你怎么解决的？”

他：“神经系统其实就是弱电信号，我把人的神经用金属线连接起来，如果电刺激的话，肢体会有反应。但是那种反应是条件反射性质的。因为没有肌肉的配合，只能抽搐、痉挛，也就是缺乏由意识控制的电刺激。”

我脑子里是一幅恐怖的画面。

他：“所以单纯的电刺激对神经是没意义的，大脑控制下的电刺激才会有效。”

我：“那你怎么模拟大脑呢？嗯，你不是用程序吧？”

他：“是用程序，你说对了。”

我：“原来是这样……其他问题呢？”

他：“血管，尤其是毛细血管在人死后都凝结了，形成血栓了，所以即便用机械替代心脏输送血液也没意义。我曾经尝试过用水蛭来活血，效果不是很好。除非……用新鲜尸体。”

我：“嗯，这部分我知道了，你就是因为这个被抓住的。那么呼吸呢？”

他：“呼吸系统我提议完全用机械装置替代。呼吸也是供氧，也需要血管。所以最初的时候我为了血管的问题头疼了好久，我研究解剖学，还看了好多有机化学的书，但是我觉得没希望，太复杂了。”

我：“这么算来，没多少部位能用人体了？大多数都得是机械替代了？”

他：“差不多。很多人体是很难再次激活的，尤其内脏，消化系统我从一开始就放弃了，那没可能的，太复杂了。”

我：“大脑，没办法用机械替代吧？”

他：“那个我也没打算用机械替代。”

我决定问明白那个疑点。

我：“你为什么要这么做？跟你接触我觉得你心理上没问题，也不是神志不清醒的状态，但是你要做的事情却不是正常的，你为什么要制造生命呢？”

他一直镇定的情绪有些波动，脸上的表情也开始有了变化。我知道我抓住了关键问题，我猜，这看似反常的行为背后一定有什么事情作为原动力。

我：“我猜你不是要制造生命吧？”

他紧咬着嘴唇没说话。

我：“如果我没猜错的话，你的那些实验，你偷取尸体，你研究有机化学，还有准备的那些培养皿和你所有的尝试，都是为了复活吧？”

能看到，他戴着手铐的手有点颤抖。

我："是不是？"

他沉默，我耐心地等。

过了足足十分钟，他才抬起头。我看到他眼圈有点儿红。

我："是为了复活她吗？"

他点了点头。果然，我猜的没错。

在他开始偷取尸体两个月前，他的妻子因病去世了，他所做的一切，都是为了她能复活。不过在确定之前我等着那个关键问题：他没打算用电脑或者程序来替代大脑。

我："从你刚才说的，我猜你保存着你妻子的大脑，对不对？"

他克制着自己的情绪："你说对了，我的确留着她的大脑。我知道人有脑死亡一说，但是我还抱有一线希望。也许在你们看来我很疯狂，但是我用弱电刺激试验品大脑的时候，我看到试验品的眼睛睁开了，虽然好像没有视力，就那么直勾勾地看着前面，但是的确睁开了。我承认那次被吓坏了，但是也看到了希望。我想也许有一天真的能复活她。"

我："你们怎么认识的？很久了？"

他轻叹了一下："12年了，从我上大学第一次见到她，我就喜欢她。后来她也告诉我，她也第一眼就喜欢我。这么多年，我们从未离开过彼此。我知道我自己在做什么，我也知道这看上去很变态，也很疯狂。但是我忍不住想去试试，我想也许真的有希望也说不定。我想给自己活着的勇气，我想再给她一次生命，我想她能活过来，不管什么样子，只要是她就好……"

看着他在那里喃喃自语，我觉得胸口像是堵着什么东西，透不过气来。

我："假如，真的复活了呢？你……你们怎么办？"

他眼睛湿润了："不知道，我只是想她能够回来，除此之外，什么都没想。"

那次结束后，我熬夜整理出资料交给了负责鉴定的那位精神科医师朋友，我希望这些能够在量刑上对他有些帮助。虽然我知道很可能是徒劳的，但出于感情，我还是熬夜做了。朋友什么都没说，只是接过去，并且嘱咐我注意休息。

这件事之后，我总想把他，或者他们写成小说，几次坐在电脑前好久，大脑依旧是一片空白。我不知道该怎么写，我也不知道该怎么形容。对我来说，这很难。

在她临终前，她拉着他的手："我不愿离开你。"

他忍着眼泪，握紧她的手："我永远属于你。"

棋子

我非常喜欢那种话很多的患者，因为他们中相当一部分人会告诉你很多有趣的事情。

我不喜欢那种语速很快的患者，因为有时候听不明白没时间反应，而且在整理录音的时候会很痛苦。

但是，基本上话很多的患者，语速都很快，这让我很郁闷。我喜欢话多，但是语速不快的患者。实际上这种患者，基本没有。

他是那种话很多，语速很快的患者。

他："我对自己是精神病人这点，没什么意见。"

我："嗯，你的确不应该有意见，你都裸奔大约十几次了。"

他："其实问题不在这里，问题在于精神病人的思维其实是极端化的，我开始对这点还不能完全确认，等进了精神病院，看见了很多精神病（人），我发现我想的根本上没有错，就是这样。所以这也是精神病人要被关起来的原因。对了，你看过所谓正义与非正义斗争的那种电影没？"

我："看过。"

他："其实那种电影里，尤其是那种正义与邪恶进行殊死斗争的电影里，坏人都是一个模子出来的。"

我："是那样吗？"

他："当然是这样了，烂片子除外啊，烂片子好多坏人打小就坏，什么扒人裤子脱人衣服……”

我：“你等等，坏人小时候就干这个？”

他：“嗯？什么？”

我：“你刚刚说烂片子里的坏人从小就扒人家裤子，脱人家衣服，这是坏人？我怎么觉得像色情片演员？”

他狐疑地看着我：“我是那么说的？”

我坚定地点头。

他不好意思地挠了挠头：“看来我有点儿犯病了。医生说我对脱衣服行为有比较强烈的倾向，可能我刚才下意识地说那里去了。”

我：……

他：“我刚才说哪儿了？”

我：“坏人，烂片里的坏人。”

他：“哦对，烂片子里的坏人都是打小就坏，还没青春期呢就杀人放火，这不符合事实，所以说那是烂片子。正常环境下的坏人都是受了刺激才变坏的，接下来慢慢开始极端化性格，然后才变坏。所以烂片咱们不算，说正常的片子。很多片子里的坏人其实最初不是坏人，受了刺激，精神上其实就不正常了，之后性格越来越偏激，最后为了达到某种目的，不择手段，企图摧毁阻挡在自己面前的一切障碍，最后，成了一个终极大坏蛋。就算最轻的，也是有心理障碍。”

我：“好像是，一般套路都是这样的。”

他：“所以说，在那个受了刺激，还没来得及性格偏激的人，进一步往坏人方向发展的之前要关起来，要跟我一样住院治疗。”

这让我有点哭笑不得，因为他赞同的态度，尤其这种话从一个精神病人嘴里说出来。包括在关自己的问题上也毫不留情，算是铁面无私了。

他：“虽然片子的那种情况都合理，但是总会有那么一两个坏人跑出来，要不惦记摧毁全世界啊，要不就是把英雄们的女朋友抓起来，还不杀，也不脱她们衣服，就等着好人来救，这就没劲了。”

我："你的意思是说你要是当坏人，你就脱了她们衣服？"

他严肃地看着我："你不要往发病勾搭我，我刚才就这个问题还挣扎了好一会儿。"

我："对不起。"

他："但是你注意到没有，其实坏人都很有天赋的。有时候我看片子就想，这么天才的计划，怎么就好人想不出来呢？然后我就开始研究好人了。"

我："有成果吗？"

他："当然！我发现，大多数好人，都是有着宽容的态度，就算再坏的人，落在好人手里，也严肃地批评坏人一番，最后交送派出所……嗯？不对……反正是最后交送司法部门。这证明好人会克制。其实好人，就是正常人的一个楷模。"

我："有意思。"

他："我觉得，如果一个坏人闷头干坏事儿不抓好人的女朋友，好人也一定会出面管理，因为那代表了大众的价值观。而且坏人除了聪明，生活方面可能很白痴，不会煮面，也不会扫地，所以坏人获取钱财的方法就是抢银行。谁让银行钱多呢。"

不知道为什么我觉得特想笑，但是强行忍住了，我猜当时自己的表情一定很怪异。

他丝毫没察觉我的情绪："问题就出来了，好人，其实代表的就是一个社会价值观。什么样的社会价值观呢？一个标准环境下的社会价值观：你要勤奋工作，才能融入社会，做社会的一分子，成为社会的一个组成个体。好好工作，孝敬父母，娶妻生子，最后安享天年。为什么要这样呢？因为社会需要这样的人，需要大量这样的人，如果都不这样，社会就不存在了，就成黑社会啦！不过，我很想知道大家真的都是这样安于现状吗？我觉得不是，但是又都没有特别聪明的脑袋，所以只好先这样过了。而且，没聪明脑袋的人是绝大多数，实际上到了这个时候，不聪明的人才是社会的真正组成者，个别有那么一点儿聪明又不够坏的人只好安于现状，因为真正主导这个社会的，是不聪明的人。不管你怎么样，都不许出头，都按下去，老老实实按照一个模式走出来。你想出头？不可能的，你周围都是不聪明人组成的团体，怎么会让一个有点儿聪明的人发挥呢？其实这才是一个根本性的要点。”

我笑不出来了，觉得他还有更深的东西要表达。

他：“问题就在于，有一部分很聪明的人发现了这点，但是又没别的办法，只好当坏人了，因为最快的获取方式，不是成功，而是掠夺。如果你读的世界史足够，你就会明白，欧美的强大，依靠的不是文明或者宗教，是掠夺。他们的生活方式甚至都是这样的。比方说他们治病吧，怎么治？把病毒也好，细菌也好，杀死在体内，杀不死，那个人就死了呗，他们会说：神不放开这个人。但是你研究下中医你会发现，中医讲究的是诱导，把病灶排到体外，而不是杀死在体内。”

我犹豫了一下：“是这样的吗？”

他：“我说的都是事实嘛，你自己去看世界史啊，不是我胡说，而且我说到这里只是说掠夺，不是说我原来的话题。”

我：“好吧，你接着说。”

他：“我们刚才说坏人掠夺是吧？”

我：“对。”

他：“其实坏人掠夺也是没办法，因为社会的结构不认可。为什么不认可呢？因为社会的主体结构都是普通人。那么普通人是什么状态呢？普通人都是胶囊状态。”

我：“嗯？胶囊状态？”

他：“对啊，都是胶囊状态，大家挤在一起，在一个密闭的空间内。”

我：“啊……你指的是生活在城市吗？”

他：“不是，我指的是状态。因为大家都是普通人，所以生活在一起才是安全的，也就安于现状了。大家生活在城市里，其实都是一个模式的生活。大家一起郊游、购物，一起结婚、生孩子，一起过年、过节，一起忙八卦、忙娱乐。

总之，干什么都是一窝蜂似的。如果有人不这么干，大家就会说这个人比较奇怪哦，不合群，不做大家都做的事情。”

我：“实际上，如果大家都做特别的事情，那么特别的事情也不算特别了啊，也成一窝蜂的状态了啊。”

他：“不，你没明白，我指的不是非得去什么地方或者做什么事情，而是一种思维状态。”

我：“对不起，我必须打断你一下，你说的这个问题，其实在社会学里面有提到过吧？社会的结构在于延续和稳定，在同等一个规则下，既要学会遵守这个规则，还要在规则中胜出，这个才是精英的标准，如果没有控制，那么按照你的说法，聪明的人自由折腾，凌驾于规则之上，那不成了一种变相的封建门阀士族制度了？”

他：“你说得都对，但是你太着急了。我正要说的你都说了，所以这个也是不符合整体发展需求的。我们的目的，不是选出聪明的活下来，而是批量地活下来。产品制造的目的不是造出几个极其完美的成品，而是批量化生产出也许有那么一点儿瑕疵的产品。这样才能促成规模化市场，对吧？”

老实讲，我觉得他的表达方式比我的表达方式有趣。

他：“就像你说的，在规则中胜出才是重要的，所以胶囊状态是必需的。胶囊的外皮是什么？规则。里面呢？是各种各样的个体颗粒。需要怎么安排就怎么安排，因为这样才有效。单单是一个颗粒药效很强，其实意义不大。我再说一遍，这也就是我这种思想时不时极端的人要被关起来的原因，因为我的存在，扰乱了社会的安定性，就算我很聪明。”

我还是忍不住笑了。

他：“你笑什么啊，我真的聪明。我是门萨[①]的会员。”

---

① 门萨（Mensa），世界顶级智商俱乐部的名称，1946 年成立于英国牛津。创始人是贝里尔（律师）和韦尔（科学家）。入会的唯一标准是：智商（IQ）高于 148（另一说为 IQ 高于 140）。更具体的我记不清，有兴趣的朋友在网上应该能查到。Mensa 拉丁语原意为：桌子，圆桌。

我的确笑不出了："你是说你是门萨俱乐部会员？"

他："不信你去我家里问我哥，我在英国读书的时候轻松过了他们的考试。家里有证明文件和会员证。我住院不可能带着那个。"

我惊讶得不知道该说什么。

他："不过，智商高不代表成功，还有靠救济的门萨会员呢，还有囚犯呢。我们接着说。"

虽然他说的还有待证实，但是的确把我镇住了。

他："说到规则了吧？"

我："对。"

他："你玩过象棋吧，还有扑克牌？那些游戏的乐趣就在于规则，各种不同的组合，根据各种不同的情况能有千变万化的结果，而且很多事情微妙到没办法形容。国际象棋起源于印度，我不熟悉那个最初的应用，所以不说那个，说中国象棋。中国象棋最初的目的是战争推演，其实就是古代的实战沙盘。每种不同的棋子，代表的是一种兵种，而且还包括军队性质。象棋里的'俥'，我费了好大劲才查到，代表是精锐军。那个部队是最好用的，但不是轻易用的，虽然直来直去，但想操控自如可不是一般棋手能做到的。不过，象棋只是打仗而已，不是最精妙的。"

我："那什么是最精妙的？"

他："最精妙是围棋。"

我："为什么？"

他："围棋代表的是真正的智慧！围棋可以说是社会的浓缩，我不能理解围棋是怎么发明的，所以民间对于围棋的起源，有很大的传说性质。你想象一下，各19条平行线交叉，361个点，黑白一共360个棋子，没有高低贵贱之分，完全依靠操纵者的智慧。或者落手绵绵，或者落手铿锵，或者匪夷所思，或者杀声四起。你以为天下在握的时候，突然四面楚歌，生死难卜啊。这是什么？不就是社会吗？依靠的是什么？一个规则，一个简单的规则。棋子呢？就是人。大家都是一样的状态。但是落点决定了你的与众不同，而且每一个都是与众不同！这就是社会啊。我一直坚信，所有的历史、所有的辉煌，都是普通人创造的，而不是那些天才，不是那些聪明人。”

我：“有道理是有道理，但是好像你在说宿命论。落点不是取决于自己，而是取决于操纵的那只手。”

他：“才不是呢。每一个棋子，都有自己特定的位置，有自己特定的功能，少了一个，会出很大的问题，少了一个甚至全盘皆输。你作为一个棋子，要真正看清自己的位置，你才会明白到底怎么回事儿，也就是所谓全局。我再说一遍：我坚信所有的历史、所有的辉煌，绝对不是聪明人创造出来的，都是普通人创造出来的。而聪明人需要做的只是看清问题所在，顺应一个潮流罢了。实际上，那个聪明人即使不存在，也会有其他聪明人取代。但是，那些普通人，是绝对无法取代的。”

我：“明白……了。”

他：“就拿我来说，我智商高，我聪明，有什么用呢？我对于找到自己的位置这个问题很迷茫，所以我对于一些事情的看法很极端，虽然医生说我快好了，说我快出院了，可我明白需要很大的努力才能适应一些问题，需要很大的努力才能面对一些问题。为什么？因为我曾经对于自己的智商扬扬自得，甚至目空一切，我失去了我作为一个棋子的位置。如果我是超人，能不吃不喝，那也就无所谓了，至少我有资本得意。可实际上，我还是站在地上，还是在看着天空，我被自己的聪明耽误了而已。聪明对我来说，是个累赘了，因为聪明不聪明，其实不是第一位重要的，第一位重要的是自己要能够承担自己的聪明和才华！否则都是一纸空谈，也就是所以，我现在在精神病院。”

我看着他，真的有点儿分不清谁不正常了。

说来很可笑，当时老师讲我没听明白的事儿，被一个精神病人给我讲透彻了——我指关于社会学的某些问题。

后来我特地去患者家属那里确认了一下，他的确是门萨俱乐部成员。

过了几个月，听说这位患者出院了，我想了想，没再去打扰他，虽然我很想再跟他多接触。不过，我买了副围棋，虽然我不会下围棋。偶尔看着那些棋子，我会拿起一颗放在衣兜里。当然，对我来说，那不仅仅是放在衣兜里的一枚棋子。

谁是谁

他探头探脑地（不是形容，是真的）看了我好一阵儿后说：“你……是谁？”

我告诉他我的姓名和身份。

他：“你确定？”

我：“呃……我确定。”

他又探头探脑地看了我一会儿：“你怎么就能确定你是你？”

我刚要开口却突然意识到这个问题本身其实应该就是他的问题所在，于是我放弃了解释而是反问：“难道你不是你吗？”

他咽了一下口水：“严格意义上讲，我不确定我是谁。”

我：“为什么？”

他：“因为……新陈代谢。”

我：“新陈代谢？什么意思我没懂。”

他低下头抠着指甲，似乎有点犹豫该不该说。

我耐心等着。

他抬起头又鬼鬼祟祟地看了我一会儿：“旧的细胞会死，新的细胞取代了它们。”

我尽可能不用质疑的态度：“所以？”

他有点不耐烦了：“这不明摆着嘛，细胞都换了，我们就不是原来的我们了。”

我：“哦，我知道了！好像听说过这个说法，七年全身细胞都换掉了……”

他：“那是胡说八道，全身细胞基本全换一轮需要十几二十年。”

我：“可是换掉的还是我们的细胞啊。”

他：“你真是死心眼儿，什么叫我们的细胞啊，换掉了就是换掉了。”

我：“可那不是旧的细胞分裂出来的吗？”

他：“你的小孩就等于是你吗？”

我：“呃……当然不是，但那属于意识问题吧……”

他冷笑一声：“意识？你以为意识就是可靠的吗？我们全身细胞十几二十年基本全部换掉，那时候你差不多就是一个全新的你了，可以说是换了一个人，但唯一不会更换掉的就是神经细胞，就是这个，承载着你的意识。可你想象一下，所有细胞全都换成新的了，有些甚至换了许多代，而帮助你感受和认知的，不就是那些新的细胞吗？你的神经细胞不会受影响？依旧保持着原来的意识？不可能吧！我们换个生活环境还会多少有些改变呢，更何况整个身体都换了一个！你以为你是你，其实你早就不是你了！醒醒吧，你只是自以为还是自己罢了。”

我愣了一下，他说得很有道理，只是似乎有点什么不对劲。

我：“嗯……你说得没错……不过……我们的意识本身……我觉得是由记忆来串联的……所以……嗯……所以……”

“记忆并不可靠。”他不耐烦地摆摆手打断我的吭吭唧唧，“记忆是什么？就是一连串曾经经历过的画面而已。它们串在一起就形成了我们的记忆，但是我们对记忆总是会有些扭曲，随着时间推移扭曲得越来越厉害，因为记忆是受到当时的环境所局限的。比方说你小时候去过一个院子，你会认为那个院子的很多物体都是高大的，但当你成年后再去，你会发现那个院子里的物体并没想象中那么高大，为什么？”

我：“嗯……因为我长高了？”

他打了个非常响的响指：“没错，但是假如你不再回到那个院子，记忆就不会被刷新，存在你记忆中的印象还是会认为那里的一切都很高大，对不对？记忆是可靠的吗？意识可是依托在记忆之上的，意识是可靠的吗？

我："呃……的确……"

他："所以你说的意识并不可信，其实你早就不是你了，你以为你还是你。我们其实依赖环境活着，你的名字、家人、朋友、你熟悉的一切，这些都让你认为你就是你。但仔细想想，你就会明白其实你早就不是你了。人就是这样，依靠着记忆而活着，否则一切分崩离析。"

"可是……"我想了好一阵儿发现不知道该怎么反驳这个论点。

他："你的细胞换了，而唯一不会换掉的神经细胞，却依靠着其他换掉的细胞来认知，这种情况下你居然还谈什么意识。意识只是自我安慰的一个借口罢了，意识是虚无的，甚至只是一种无聊的反馈。就这么简单。"

我："嗯……那……自己不是自己了，又是谁呢？"

他："我不知道，但我仔细想过这个问题，多多少少有一点答案。"

我："能告诉我吗？"

他继续低下头抠着指甲："我觉得……都混杂在一起了……"

我："什么？我没懂。"

他："我们的身体已经换了，我们的意识只能靠记忆支撑着，但记忆本身又是因为环境和周围的人才有存在的价值，如果没有这些，记忆和因记忆产生的意识也变得毫无意义……意识从本质上讲就是在依赖环境、依赖其他人，所以其实你并不是你，我并不是我，而我们才是我，我们才是你。"

我有点明白他的意思了："共同体吗？但是还有个人意志存在啊……"

他越发地不耐烦："不对！你怎么还没想明白，我们，也就算是某种细胞而已，我们构成的整体也无非是别的什么东西的一部分，甚至别的东西的细胞，万物都是这么一点点堆砌起来的。"

我："你让我想起某种哲学观点来了……"

他再次不屑地挥挥手："哲学也只是一种自我安慰形式罢了，让我们觉得我们是在思考，其实哲学什么都不是，只是在体会经验之上的某种总结。"

我：“我听懂了，但是既然知道答案了，你为什么还要对此不安呢？听说你有时候会用头撞墙？”

他停住动作，呆呆地盯着地面。

我：“你……还好吧？你撞墙的时候喊的是什么？他们说听不清。”

他：“没什么……”

我：“不想说？”

他：“说了你会笑的。”

我：“通常来说，我不会那样。不过假如你觉得……”

他突然打断我：“我想知道我存在的意义到底是什么。”

我：“嗯？你指……自己的价值？还是泛指活着本身？”

“我不知道我是谁，我只是知道我早就不是我了。每个细胞都有存在的意义，肝脏细胞负责分解、分泌，红细胞负责运输氧气，白细胞巨噬细胞负责防御，神经细胞负责传递信息，每一种存在都是有意义的。但是我不知道我负责什么，我不清楚我是什么。”说着他慢慢蹲到地上缩成一团，“我被称作人，但就是这样？没有了？我不明白，我到底是什么作用呢……我存在的价值呢……我是谁……你是谁……我们是谁……他们是谁……”

我知道他快发病了，默默起身退了出去。

几天后我和教哲学的朋友说起了这件事，问他怎么看这个问题。

他挠了半天头告诉我是这个人想太多，而且较真儿了。

我问：“那他说得对吗？你觉得。”

朋友：“对是对……不过……这个问题不是人能想明白的。”

我：“怎么解释这句话？”

朋友：“就是说……嗯……我的意思是这种问题是必须超越出去才能理解的。”

我：“有例如吗？”

朋友："例如……这么说吧，假如你是三维的生物，那你不但无法理解四维生物，你也同样无法理解自己——三维生物。就是说你可以向下去理解，什么一维啊二维啊，都没问题，你都能明白，而一旦面对平级，你就会因自身的局限性没法看懂了。因为你的'看'，本身就带了三维的特性去看，这个'去看'本身，是无法排除出去的，所以无论你怎么看都看不完整，也就无法看懂……我这么说你听懂了吗？"

我："飞快地就听懂了。所谓'只缘身在此山中'，是这个意思吧？除非跳出来看。"

朋友笑了："好吧，能听懂就证明你也病得不轻……不过这个'只缘身在此山中'是很难跳出来的，我想不出怎么才能彻底舍弃自己的身份和一切去看自己，或者说'看'这个说法已经不恰当了，应该按照更高一层的……嗯？等等！"

我不解地看着他："怎么了？"

朋友："我突然理解道家学说中的'无'是什么含义了。"

我："不是吧……你这是要升仙了吗？"

朋友："别闹，我说的是真的。"

我："知道，我听懂了。"

朋友眯着眼想了想："我能见他吗？"

我："谁？"

朋友："那个患者。"

我："不，我指的是他是谁。"

朋友愣了一下后笑了："明白了，不需要了。"

灵魂深处

我：“你好。”

她：“终于，终于见到你了！”

我：“什么？”

她笑出了声：“小有名气啊，你。”

我糊涂了：“什么意思？”

她不是患者，她是精神科医师，或者说，曾经的精神科医师。

某天一个朋友告诉我：一个精神科医师想见你。我没想太多就答应了，因为很多病例都是通过朋友的途径知道的。不过眼前的这个人，并不是提供病例给我的，她有别的目的。

她：“我听说你的事了，四处找精神病人和心理障碍者聊天，还煞有介事地做笔记和录音，没错吧？”

我挠了挠头：“嗯，没错，是这样的。你不是要提供病例给我？”

她：“我不做这科医生已经好几年了。”

我：“为什么？”

她：“我发现自己出了点儿问题。”

我：“什么样的问题？”

她：“患者们说的那些世界观和看法，我不但能理解，还是深刻的理解，并且对有的还很认同。所以，我开始找自己的问题。……嗯？本来是我问你的，怎么改成你问我了？你这个人，说话太厉害了，不知不觉把人带进来了。”

我笑了下：“要不我们互相问吧，一会儿你可以问我，我保证什么都说，不绷着。”

她看了我一会儿：“好吧，我相信你，你刚才问到哪了？”

我：“你发现自己出了点小问题，于是就怎么样了。”

她：“嗯，对，问题。当发现有什么不对劲的时候，我开始找自己的问题。没多久，我就明白不是我被患者们感染或者同化，而是我有那种潜质。”

我：“你不是想说自己有精神病人的潜质吧？”

她：“这个……这么说吧，精神病人、心理障碍者，都是一种极端化的表现，你不能说他们有病就不聪明，他们往往聪明，不但聪明，还是超出了你的理解能力的那种聪明。而且我通过工作接触，知道很多精神病人都是那种死心眼的类型，虽然很聪明……”

我打断她：“……但是他们的聪明不代表别人能接受，并且不被接受的时候，很多患者就想不开。”

她笑了：“嗯，是那样的。很多精神病人在发病前都是好好的，但是一下子想起什么后，就从一个极端滑到另一个极端去了。一分钟前还在高高兴兴地看电视，一分钟后不看了，难过地蹲在角落哭。当你过去问为什么的时候，要不就是得到一个奇怪的答案，要不就是被拒绝。而且，你接触了这么多患者，一定发现了他们的一个秘密。”

我：“什么秘密？给个提示吧？”

她：“那个秘密是一种矛盾。”

我：“哦，我知道了，是有那么个秘密，不过非精神病人也有。”

她似笑非笑地看着我，我微笑着等着她笑完。

她：“你太狡猾了，但是你说得没错。是我来说，还是你来说？”

我想了几秒钟，也就几秒钟：“你说的那个矛盾，是一种孤独感。虽然为此痛苦不堪，但是又尽力维护着那种孤独感。经常是处在一种挣扎状态：既希望别人关注、关心自己，又不知道该怎么去接触和回应别人，于是干脆直接抗拒。可是骨子里又是那么地渴望被了解，渴望被理解，渴望被关注……”

这次轮到她打断我：“哪怕会后悔，也是继续坚持着去抗拒，而且矛盾到嘴里说出来的和心里想的完全相反。”

我突然有一种找到同类的感觉，那是我曾经期待过的，但是从未得到过。大多数时候，我甚至觉得找到一个同类简直就是天方夜谭，因为有些东西太深，还是自己藏起来的，没人能触及。

她看我愣神就对着我晃了下手：“琢磨什么呢？害怕了？”

我：“呃，不，不是害怕，而是脑子有点儿乱了。”

她：“让我继续说下去吧，替你，不，应该是替我们继续说下去。”

我点了点头。

她：“那种挣扎完全可以不必要的，而且事后自己也会想，这不是自找的吗？这不是无病呻吟，吃饱了撑的吗？自己为什么就不能敞开心扉呢？”

我摇头。

她：“嗯，我记得一个患者说过：‘我不屑于跟别人说。’你也是那样吧？”

我态度很认真：“你是说，我也有精神病或者心理障碍？”

她：“你找那些精神病人，和我最初选这个专业，都是一样的动机：寂寞。”

我依旧看着她。

她：“那也就是我自己的问题所在。有些东西在心里，不是不说，而是不能说。我试过太多次说给别人听，得到的评价是：‘你想那么多干吗？你有病吧？你最近怎么了？你老老实实挣钱，别想些没用的东西。你疯了吗？你就不能干点儿正经事吗？你喝醉了？’太多太多次的打击了。”

我：“于是你放弃了敞开大门，关上了。”

她：“还上了锁。”

我：“有转折吧？”

她叹了口气：“有，当我接触一些患者的时候，我发现面对的其实就是自己。我相信你也经常有那种感觉。”

我：“对，不仅仅是同类的感觉，加上一部分患者的知识太渊博、逻辑性太完美、信念太坚定，我甚至经常想我其实是一个不具备渊博知识，没拥有完美逻辑，信念又不坚定的精神病人。”

她笑了。

我：“你不是因为害怕才转专业了吧？”

她：“不是，没有任何理由。你现在，就是我还做精神病科医师那会儿的状态。用不了多久你就会明白的，什么叫不需要理由。”

我：“也许吧，但是现在我还不知道。那你为什么找我？”

她：“当我听说你的时候，听说你做的那些事的时候，我忍不住心里一动。”

我：“触及你了？”

她：“你所做的那些，触及我的灵魂。”

我：“你还会转行回来吗？”

她：“我不知道，没想过这些。但是感觉可能性很小了。”

我：“啊……那个，以后，我有可能还会需要你的帮助。”

她看了我好一会儿。

我：“不行？”

她摇头：“不，到时候你就知道了，你不需要我的帮助。在我听说你的时候，我也听说了别人对你的担心。担心你会出问题，担心你本来具有的一些东西被放大了，担心你走的是没有回程的路。最初见到你的时候，我也有那么一点担心，不过现在没事了。因为你明白了，你也踏实了，是这样的吧？”

我：“嗯，你也触及了我的灵魂深处。”

她靠回到椅背上，意味深长地笑了。

过了些日子，介绍我和她认识的朋友问我：在我到之前你们都聊什么了？就看你们俩神神秘秘地笑了。你不会有歪想法吧？她老公可是警察。我笑过后告诉朋友：不能说，是隐私。当朋友惊讶地透露她也是这么说的时候，我笑得更开心了。

不过我还是认真地感谢了这位朋友，因为从那以后，我踏实了很多。

我也不会忘记她曾告诉我的：“只有当你认真地去做一件事的时候，才会认识到自己的灵魂。那么，在灵魂的深处有些什么？”

伴随着月亮

当坐到他面前的时候，我才留意到他眼神里的警觉。

我：“怎么？”

他：“没怎么。”

我：“有什么不对劲吗？”

他：“有点儿。”

我：“哪儿不对劲了？”

他：“你喜欢夜里出门吗？”

我低头确认了下患者的病例，很奇怪的分类和病理现象：恐惧夜晚，但不是恐惧所有的夜晚。

我：“基本不出门，不过有时候有事就没准了。”

他仔细地打量着我：“你应该不是那种夜里出门的，能看得出来。最近一次是一个多月前吧？”

我愣了一下：“是，你怎么知道的？”

他摇头：“不清楚，就是知道。”

我：“你为什么怕夜晚？”

这回轮到他惊讶了：“你也看得出来？”

我：“呃……看什么看出来？”

他表情很失望，皱着眉不说话了。

我：“好像听说你很畏惧黑夜。”

他迟疑着："如果，你看不到的话，我说了也没用，还是跟原来一样……"

我猜那个"原来"，是指为他诊断的医师。

我："我可以尽力试试看。不过，先告诉我你看到什么了？"

他依旧迟疑着："嗯，那个……没有月亮的时候还好，有了月亮的话……会有怪物……"

我决定耍个花招："什么样的怪物？狼人？这样吧，如果你现在不想说，没关系，我们说点别的，等下回你想说的时候我们再说，行吗？"

他："嗯……其实能说。"

我忍着，等着。

他咽了下口水："我知道很多人都看不到，我能看到。到了夜里，尤其是有月亮的夜里，很多人都变了。而且街上会有奇怪的东西出现。月亮越大、越圆，人就变得越怪，而且怪东西也越多。满月的时候，基本满街都是怪东西和变成怪物的人，就算不在外面也一样。"

我："你是说，你的家人也变成了怪物，在满月的时候？"

他无声地点头。

我："先不说人怎么变吧。满月的时候外面都是些什么样的怪东西？从哪儿来的？"

他咽了下口水："凭空来的。"

我："突然就出现了？"

他："也不是突然，就是慢慢地在空中凝聚出来各种朦胧的形状，然后形状越来越实，最后变成怪东西。随着月亮升起，怪东西就开始凝聚，等到月亮升到一定高度，它们就基本成形了。半夜月亮最亮的时候，它们很嚣张地四处乱跑乱叫，还掏人的脑子吃。"

我："什么？怎么掏？"

他："就是从人嘴里伸进去，嘴都被撑变形了，然后抓出一大块脑子，狼吞虎咽地塞到嘴里，然后再掏……"

我：“那人不就死了吗？所有的怪物都是这样吗？”

他：“不知道为什么不会死，但是很多人嘴角挂着血和碎块状的脑子还在跟别人说话，看着很恐怖……大部分怪东西是那样，还有一些怪东西四处逛，看到有站在街上的人，就过去凑近和那人面对面，盯着对方的眼睛看，看一会儿就狞笑着跑开，好像还喊：‘我知道了，我知道了！’”

他说得我都起鸡皮疙瘩了。

我：“你不是说，人也变成怪物了吗？”

他：“不是所有的人都变了。而且好像还有一部分人虽然变成了怪物，但是它们也看不到凭空来的那些怪东西。”

我：“怪东西或者那些变成怪物的人，有伤害过你吗？”

他：“目前没有，我总觉得它们好像有点怕我，但是也在准备掏我的脑子吃。它们现在力量不够，都在积蓄。”

我：“变成怪物的人，是怎么变的？”

他不安地在椅子上扭动了一下身体：“嗯……很吓人。月光照到的部位先变，一下子膨胀了似的肿起来，慢慢地半张脸变成了怪物，月亮没照到的半张脸还是人脸……后来别的部位也扭曲了。最后，身体变得很肿、很大，那时候就变成一种很特别的东西，说不好，不是人形，也不是动物形状。看不出来，只知道是怪物。”

我：“你怎么知道别人都看不见的？”

他在舔嘴唇：“我在第一次看到怪物掏出人脑子的时候，吐了。但是周围的人都没反应，我就明白别人看不到了。”

我：“但是你在家里锁上门，还要缩在窗户底下，为什么？”

他显得越发地不安了：“……最初还好。有次我站在窗前想看看外面，一下子，好像所有的怪物都发现我了，外面立刻安静了，所有的怪东西和怪物都在盯着我看。有些还交头接耳地说什么，那个声音又尖又细，特别刺耳。我吓坏了，赶紧蹲下来，那些怪东西和怪物就知道我了。有些时候，它们会整夜地蹲在我家窗台外找我。”

我：“你家住在几层？是住楼房吧？”

他：“12层。”

我：“那它们就在你窗外？”

他：“嗯，还拼命爹着后背像是吸收月光的样子，我知道它们在积蓄力量。”

我：“你的家人呢？”

他：“月亮最圆的时候，他们也会变。所以我锁上门，把柜子挪过去顶住。”

我：“你从什么时候开始的，就是看到有怪东西出现还有人会变？”

他严肃地看着我：“我并没跟医生说……其实很早就能看到了，大约是四年前。有一天我跟同事吃饭，在回家的路上，我抬头看了一眼月亮，很圆。突然就是一种奇怪的感觉，好像周围是很诡异的气氛。你有没有过那种感觉，有时候平白无故的，突然觉得很恐怖，甚至鸡皮疙瘩都起来了。有没有过？……那会儿，我还看不出怪物来，但是我发现，在月光下，很多人的眼神都变了，变得很贪婪，而且嗜血。那时候我就觉得，虽然是人形，但不是人。后来慢慢地我能看到凭空来的怪东西，也就明白为什么会突然感到恐惧了。总之，月光，绝对不是反射太阳光那么简单，一定带着一种奇怪的射线。照到的地方，人都变成怪物。”

老实说，这位患者所讲的，对我没什么触动，因为我听过比这更稀奇古怪的。不过大约几个月后，无意中查到一个科学观点：因为人体组成的60%～70%是水，所以月球引力也能像引起海洋潮汐那样对人体中的液体发生作用，这种现象叫生物潮。而且在满月时，月球磁场会更多地影响人体细胞，刺激人的精神活动。也就是说，满月对人的行为确实有影响。

如果真的是这样的话，那么是月亮影响了大家，能被患者看到呢，还是月亮对于患者来说，影响过大，让患者以为自己看到了怪物呢？

我猜这个问题，没人会知道。

刹那

他："……对，所以我经常蹲在超市的玻璃器皿货架前几个小时，就为了挑玻璃制品。没办法，抑制不住地喜欢。虽然家里有足够多的各种玻璃杯、玻璃盘子、玻璃碗、玻璃瓶，但我每次在超市看到玻璃制品还是忍不住去挑几件。"

我："你家里储存了多少玻璃制品？"

他："上百件肯定有了。但是我不会刻意去找那种所谓纯手工的或者有艺术价值的，在我看来那反而没任何价值，因为我要的是批量生产出的精品——那种偶然性的才具有真正的价值。你知道好的玻璃制品怎么鉴别出来吗？"

我："不知道，是透光看吗？"

他摇头："不，终极的鉴定方法是在一米左右高度，让手里那件玻璃制品自由落体。"

我："那不就摔碎了吗？"

他点头："没错，就是这样才能鉴定。如果摔个粉碎就证明这件玻璃制品不好，没顺着纹路制作。好的玻璃制品摔在地上会碎成几大块，而不是一地碎片。有些玻璃杯或者玻璃碗就能摔成两半，仅仅两半，再也没有多余的碎片。"

我："可这种鉴定没有意义啊，因为已经被毁了啊。"

他："当然有用！通过这种证实，我对此的鉴别能力就越来越强，你明白了？这样我不用打坏它就能知道这件玻璃制品好不好。我的乐趣是从那种谁也不会在意的批量产品中，找出极品。"

我点了点头："明白了，原来是这样。不过，我想知道有什么实际意义吗？”

他愣了一会儿，脸色突然沉了下来：“那个过程，能让我忘记很多别的事情。”

“别的什么事情？例如？”我试探性地问。

我大约花了半个小时听他讲述如何鉴定玻璃制品的好坏，从外形到透光，从手感到触觉。因为说起这个他才是滔滔不绝的状态，假如不说这些，他会完全像是变了个人，沉默寡言，并且心事重重。

他目光暗淡地垂着头盯着桌面，脸上隐隐透出一丝恐慌。

我：“是不好的事情吗？”

他：“你……有过似曾相识的时候吗？”

我：“似曾相识？什么似曾相识？”

他：“就是某个场景仿佛经历过，很熟悉，但是你可以确定是第一次来到某地或经历某个场景。”

我：“哦，那有过。”

他：“你知道这是为什么吗？”

前不久我恰好看到一种解释，说这种现象是大脑记忆区（或者别的什么区域）造成的假象。不过这个观点未被证实过，只是一个推断而非结论，所以飞快地考虑了一下后，我还是决定不说。

我：“不知道。”

他下定决心般地深吸了一口气：“之所以会有那种似曾相识的感觉，是因为我们的确经历过。”

我：“啊？”

他：“我是说真的经历过才有那种感觉出现。”

我：“听懂了，但我不是很理解你说的真的经历过……”

他：“的确是经历过。”

我：“呃……你是说实际上是忘记了吗？可是我记得有次看电影，是个新片，而且我确定自己之前肯定没看过，也没看过任何宣传片或者介绍等，但电影放到一半的时候有个画面我真的有什么时候见过的感觉，就是你说的似曾相识，而且我还知道下一秒是什么剧情。不过更往后就不知道了，也就是说只是一个瞬间。还有，不仅仅是电影的剧情和画面，还包括我对当时电影院环境的印象，这些都是曾经有过的感觉。”

他点点头：“我能理解，但我指的不是你忘记了，而是别的。”

我：“嗯……例如？”

他：“人死前，都会把自己的一生重新经历一遍，对吧？”

我：“听说过。”

他：“如果现在就是呢？”

我：“嗯？你是说……”

他：“所以我刚才问你，你有没有过似曾相识的时候？”

我愣住了。

他：“是的，现在就是！”

我被这个想法吓了一跳：“可是……不对吧……从时间上看也不对……吧。”

他：“如果你置身其中是无法正确认知到时间流的，不过从感觉上依然能感觉到时间的不稳定性。”

我：“我不是太明白，我指时间不稳定性这个说法。”

他：“你有没有时间越过越快的感觉？”

我仔细回想了一下，好像有。

他：“你应该有那种感觉吧，小时候时间似乎很慢、非常慢，但越大时间过得越快，是这样吧？”

我：“对，不过，我觉得还是不大对劲……你说的是死前回溯那种……嗯……毕竟只是一刹那，怎么可能会是现在这种当下的感受呢？”

他绝望地摇摇头："在回溯的幻觉中，时间不重要。重要的是对自己一生的体会，回溯结束的时候，就会回到现实——死亡。"

我："可是……"

他："没有可是，实际就是这样的。第一，你似曾相识的感觉是真实的，而不是错觉，因为你自己刚才都承认了，不仅仅是熟悉，甚至还能预知到下一秒即将发生什么，就是说你真的经历过而不是一时的混乱。第二，时间流的不稳定性，时间只是相对的一个概念，并不是一成不变的，过去只是一瞬间，但是你的确都经历过，只有当下是最漫长的。因此我说很有可能我们现在都身处在死亡回溯中——那个刹那。

我："话是这么说……不过有个悖论存在。"

他："什么悖论？"

我："许多人都有过似曾相识的感受，而且很多人都有时间流不稳定的感受，那他们都是身处在死亡回溯中吗？死亡回溯是相互交集的吗？"

他："每个人只是回溯自己的经历，与别人的交集只是曾经发生过的记忆，当然也就是从自己的角度。我们都是真实的，但现在，没法确定是你的记忆还是我的记忆，这种事情没有办法能证实，除非我们中的一个回溯结束，离开回忆，面对死亡。也许还要很久，也许就是下一秒。"

我突然觉得很压抑。

过了一会儿，他盯着我的眼睛一字一句地说："在真实来临之前，你无法证明自己不在虚幻中。"

那次谈话就到此结束。后来我联系医生几次尝试着再和他聊聊，但都被拒绝了。

大约半年后，我听到了他失踪的消息。

从他家人那里，我看到他最后一张照片。那是在一处旅游景点，合影的所有人都在笑，只有他面无表情地站在人群中，脸上无悲无喜。

果冻世界——前篇：物质的尽头

我："你好。"

这种打招呼的模式已经是我的一种习惯了，之后的顺序是：习惯性的微笑一下→坐下→打开本子→掏出录音笔→按下→拿出笔→拧开笔帽→看着对方→观察对方→等待开始。

但是她，并没看我。

这位患者30岁上下，脸上那种小女孩的青涩还没有完全地褪去，但是已经具备了成熟女人的妩媚和性感，而且没化妆。必须承认，她很动人——不是漂亮，是动人。不敢说漂亮女人我见多了，但是也见过不少。她这种动人类型的，直接和她对视的话，男人都会被"电"得半死不活。当然，至于是否表现出来，那就看个人素质了，例如说我吧，我就是表现出来的那种——双眼闪亮了一下。

眼前的她盘腿坐在椅子上，眼睛迷茫地看着前方。虽然她的前方就是我，但是我确定她没看我，而是空洞地看着前方。就是说，不管她面前换成什么，她都会是那么直勾勾地看着。

对于这种"冥想"状态的患者，我知道怎么办——等。没别的办法，只有等。

大约几十分钟后，我看到她慢慢地回过神来。

我："你好。"

她：“嗯？你什么时候来的？”

我：“来了一会儿了。”

她：“哦，干吗来了？”

我：“之前电话里不是说过了吗？”

她：“我忘了。”

我：“那现在说吧，我想了解你的情况——如果你愿意说的话。”

她看着我反应了一会儿：“你不是医生？”

我：“不是。”

她：“原来是这样……那么你也打算做我的追随者了？”

我：“这个问题我得想想。”

她：“好吧，我能理解，毕竟我还什么都没说呢。不过等我说完，你很可能会成为我的追随者。”

我笑了：“好，试试看吧。”

她：“坐稳了，我会告诉你这个世界到底是怎么样的，究竟这一切都是什么，包括所有怪异的事情、不能解释的事情，我都会告诉你。仔细听，你就会解开所有的疑惑。”

长久以来，总有那么一些事情让我想不出个所以然，但是我却从未放弃那种质疑的态度，也就是说，扎到骨子里了。一旦这个死穴被点上，我绝不会动一步，我会一直听完，直到我有了自己的判断为止。

可以肯定我的表情没有一丝变化：“好，你说吧。”

她：“你有宗教信仰吗？”

她这句话一下子把我从燃点打到冰点，但我依旧不带任何表情：“没有。”

她：“嗯……那有点麻烦。”

我：“没关系，虽然我没有宗教信仰，但是我了解的不少。你想说什么就说吧。”

她：“哦？那就好，我就直接说了。佛教说：西方有个极乐世界；天主或者基督教，不管怎么分教派，都会承认天堂的存在；伊斯兰教也是无论极端教派还是温和教派，都承认：有天堂或者无忧圣地。道教从最初的哲学思想演化成一种宗教后，虽然并不怎么推崇天堂一类的存在，但是也有成仙进入仙境那一说。听懂了吧？不管什么宗教，总是会告诉你有那么一个美妙的地方存在。就算那些邪教也一样，而且那些邪教也没什么创新，都是在正统宗教上做修改或者干脆照搬罢了。问题是，为什么那些宗教都会强调有那么个地方存在呢？不管你怎么称呼那个地方：天堂啊、极乐世界啊、圣地啊、仙境啊……名称不重要，重要的是都会说那个地方很好很强大，为什么？”

我：“……我认为那是一种思想上的境界，或者说是一种态度而已。对于那种思想境界，会成为各种宗教的目标，就是说很多路通向一个地方，很多方式达到一种思想境界。我是这么解释的。就像柏拉图‘完美世界’哲学观点一样，只是一种哲学理论的思想体现，而不是真的有那么个地方。”

她得意地笑了：“解释得很好。我们把这个放在一边，先说别的，最后再回头说这个。”

看来刚才我是被那些邪教人士搞怕而错怪她了。

她：“我们说一些比较有意思的事情吧。所谓的精神感应你知道吧？”

我：“知道。”

她：“如果精神感应这种事情，发生在两个人身上，虽然会很奇怪，但也不是什么新鲜的。可是，如果精神感应这种事情发生在两个粒子上，你还能理解吗？”

我：“欸？！又是量子物理？”

她：“别紧张，我并不懂物理，但是我知道一些事情。那是我的一个学生一直不明白的，他是个物理专家，他告诉我的这些。”

我："等等，物理专家是您的学生？"

她："我的追随者之一。"

我："追随您的什么？思想还是理论或者天分？"

她："你会明白的，现在从八卦回到刚才的话题？"

我："哦，不好意思。"

她："那个物理专家曾经告诉过我，两个完全没有关联的粒子，会互相干涉，比方说粒子X和粒子Z吧。我们打算把粒子X发射出去，目标是粒子Z，目的是干扰粒子Z，但是，在把粒子X发射出去前，粒子Z已经被干扰了。而且，这现象最后被证明和发射后的干扰结果是一样的。也就是说，粒子Z提前感受到了来自粒子X的干扰。"

我："这个我知道，粒子的无条件关联特性，这种实验很多。还有把粒子A动能改变，粒子B也莫名其妙地会改变，诸如此类，太多了，只是没人知道为什么。"

她："我知道。"

我："啊？"我还是忍不住激动了一把，甭管她是真的知道还是假的，能说出这种话的人，至少值得让我去接触。

她："我们做个好玩的实验吧。你知道电影、电视中常用的蓝幕技术吧？"

我："知道那个。"

她："我们用那个来做。先找一条蛇，然后除了蛇头和蛇尾外，把中间的部分都涂成蓝色，然后把蛇放到一块同样是蓝色的地板上，再用摄像机拍下来，放给你看，你会看到什么？"

我："我只会看到蛇头和蛇尾在动，看不到蛇的身体……啊！我懂了！"

她有点不耐烦："你别发出那种一惊一乍的声音。"

我："抱歉，你接着说。"

她："就是你刚才懂了的那个意思。蛇头和蛇尾之间，有涂成蓝色的身体联系着，只是在拍摄后的画面上看不到罢了。你看不到，不代表不存在，其实是存在的。那两个看似无关的粒子，其实只是一部分——我们能看到的部分。而相互作用关联的，我们目前却看不到，或者说，我们现有的仪器检查不到。”

我：“没错，不过你这个说法有个致命的问题：你还是在假设一种解释。同样的假设用平行宇宙理论和超弦理论也可以做出来。”

她：“平行宇宙？超弦？那是什么？”

我花了大约40分钟时间，简单扼要地解释了一下那两种理论最基础的观点。

她：“我大概明白是什么意思了。不过这两种理论也有一个很大的问题，而且是很重要的。”

我：“什么问题？”

她：“那种解释仅仅限于某种物理层面，或者说只是就某个现象假设了一种说明。但是在别的方面，会出现新的问题，或者根本不能应用以及证明。”

我：“洗耳恭听。”

她：“实际上时间和空间都是我们自己下的定义，好像这是两回事，其实不是，都是一回事。”

我：“打断一下，‘时空一体’概念其实在相对论里面已经提出来了。”

她：“哦？那我不知道。不过时空这个词，还是一种合并的状态。因为我们还做不到跨越时间，所以对这种结构概念很费解。我不认为时间和空间可以拆分，而且，对于多宇宙理论我觉得有点好笑。为什么用这个宇宙，或者那个宇宙来做区分呢？宇宙是很多个？这个数量单位本身就有问题。所谓的多宇宙是不存在的，我宁愿用‘这种宇宙’这个词来说明。你的过去、你的将来、你的现在，或者在遥远的一万亿年之后，以及在一万亿年之前，都是一样的，而且一直都存在着。”

我：“嗯？能不能再解释详细点儿？”

她：“就拿那个多宇宙理论说吧，那个观点没错，说宇宙有很多个，有些是唐朝，有些是原始人时代，还有是和现在很像的，还有你早就死了的。是这样的吧？”

我：“嗯……”

她：“可多宇宙的问题就在于，那种观点认为很多个宇宙存在、平行。那种想法还是用时间来划分了。我再说一遍，其实时间和空间，不是两回事，是一体的，只是我们人为地从概念上给拆了。我们对于空间、时间这个概念，只是因为自身存在于某一处，自身只能存在于某段时间，所以我们用这个来划分出了一部分：现在，所以我们会一直用因果概念来判断事物，有因，才有果。但是现在由于科学技术的发展，我们发现了因果问题的重大漏洞——粒子的那种奇怪关联。然后就想不通了，为什么会那样呢？多宇宙认为是别的宇宙在影响；超弦理论认为只是一个粒子震颤产生的效果，而不是两个粒子。据我所知，还有一个什么全息投影理论对吧？对于那些，就好比你看到小孩子在玩泥巴，觉得很有趣，但是你并没兴趣参与。你告诉我的这两个观点，还有我听说的全息宇宙理论，其实都是一种很片面的看法。细想想看，这些解释也好，学术观点也好，还是建立在时间不同于空间这个基础上，并没有逃脱出那种认识上的枷锁。多宇宙或者超弦理论，还是针对一个现象做解释，并非企图做所有的解释。也正因如此，这些东西都是片面的。”

我：“好像是这样……”

她：“没关系，你可以不认同，但是我现在就敢断定一点：因为那些学术观点或者理论，还是依托现有对于时间、空间的认知上的，那么这几种理论，一定会做重大的修正或者被彻底推翻。延续因果这个概念，是一种狭义的定位态度，迟早会被淘汰，所以依托在这之上的这些理论，肯定会像我断言的那样。当然你可以不信，不过我现在可以立下字据。你会看到那天的，而且不远。”

这些观点，在我看来的确惊心动魄，但是她表情极为平静。我知道那种平静的根源——自信。

我：“字据倒是不用立，我更想知道你真正的看法。”

她：“这一切，过去的、过去的分支，现在的、现在的分支，将来的、将来的分支，其实全部都在一起。没有过去、现在、将来，不用我们的时间概念划分。听懂这句话，是最重要的。”

我：“听懂是听懂了，但是你说这些全部杂乱地混在一起……我想象不出。”

她：“纠正一下，并不是杂乱地混在一起，而是它们本身就是一体，不可分割。其实抛弃把时间和空间拆开的那种观点，你会发现很多东西并不复杂或玄妙，很好解释。粒子为什么关联的问题，可以解决，因为本身就是一体的；两个人怎么会有精神感应的问题，也可以解决，本身就是一体的；能预言一些事情发生的怪现象，可以解释；鬼魂、外星人、飞碟、超自然，甚至非线性动力关系，都能解释得清。为什么能解释清呢？因为我们只看到了一部分罢了，看不到的那些就是涂成蓝色的部分。其实这种看的概念，本身就局限于自身了。还有就是这一切，都是最基础的一种物质组成的，这些东西不管叫粒子也好，叫能量也罢，或者用很基本的夸克来说也行，反正就是这种物质。那就可以进一步断定，所谓物质，其实都一样。你身体里有你祖先的物质，也有别人祖先的物质，也包含了你将来后代的物质，也有恐龙、三叶虫的物质，也有太阳的物质，也有别的星系什么东西的物质。再有，反过来看，所有那些解释不清的事情，都在证实我所说的是真的，而不是像那些超弦、平行宇宙一样，到了某个问题就解释不通了。”

我：“我怎么觉得有点否定物质世界的味道？”

她：“正相反，我是很明确地在肯定这个物质的世界。不过，我认为物质是有尽头的。我们现在在拼命探索宇宙边缘，其实在探索的不是宇宙的边缘，而是在探索物质的边缘。等到找到宇宙边缘的时候，那也就是找到了物质的尽头。这种宇宙，就是这样的了。再说回来，非得用数量单位的话，那么，所有的宇宙，所有的因果，所有的上下左右前后，所有的你我他，全部都是在一起的，就像一大块果冻一样，没有任何区别。”

我：“是宿命论吗？个人无力更改什么，早就注定的？”

她：“你忘了吗？我说的不仅仅是一种过去现在将来在一起，也包括了无数种过去现在将来。你可以改变或者有新的选择，但是肯定是在这大块果冻里的——还在物质里面。”

我：“那改变的问题呢？怎么做出改变？”

她：“这就是最开始我们说的了。还用那个果冻的比喻吧，那大块果冻里，会有很多很多极其微小的气泡，那些气泡，不属于物质，属于什么呢？”

她伸了个懒腰：“好累啊，我轻易不给别人讲这些的，我怕带来麻烦，结果还是带来麻烦了——两个精神科医生已经是我的追随者了。所以，现在那些人限制我活动，除了上班，只能待在家里，哪儿也不让去。”

我：“那些人？谁？”

她：“医院的那些人，说我是危险的。”

我：“……好吧，你的确很危险。你的父母呢？相信这些吗？”

她没直接回答：“我爸信一部分，我妈认为我疯了。你后天有空吗？”

我：“欸？还带上下集的？现在告诉我吧。气泡、物质的尽头，都是怎么回事？”

她平静地强调：“我累了，后天下午我有时间，现在不想说了。”

第二天我什么都没干，疯狂地找资料，我企图找到问题来推翻或者质疑她的观点。但是我发现，所有解释不清的事情，好像都能用她的观点去解释，或者说都在证实她是对的。这让我很崩溃，因为我目前还不敢确定那就是我要找的真实，但如果那是真实的话，我必须有足够的信心能够确认，否则我依旧会坐立不安，辗转难眠。

我很期待那个后天，期待了解那一大块果冻外的世界。

果冻世界——后篇：幕布

“我不是很清楚大多数人在受到那种全新世界观的冲击后，会有什么情绪反应。不过我基本能想象大致几种，无非是：震惊、愤怒、不屑、嘲讽、谩骂、不解、困惑、赞叹、悲哀、质疑。也许还有更多吧？而我属于质疑的那种。这个质疑不代表不相信，而是需要一个认知过程。当然了，如果能给出一个最直观的实例肯定会令人信服。这也就是魔术师为什么在过去被称作魔法师、幻术师，同时还有可能为皇家服务的原因。

“但是魔术，毕竟是魔术。当我们的技术发展到可以揭开谜底的时候，不管那是化学也好，物理也好，手法也好，就会对此不屑一顾。所以，我们不能责怪魔术师对于背后那个真相的保密。

“但是，如果有一个永远解不开的魔术呢？魔术师已经不在世了，至今都没人知道那些是怎么做的，至今都没有谜底，用无数种方法和现代技术都不能重现，那么，那个魔术会不会成为传说？或者，那个魔术干脆就被否定：那只是一个传说罢了。

“按照目前的情况来看，被否定的可能性是最大的。因为，这是物质世界。”

上面这段话，是第二次见到她的时候，她说的。

在去之前，我花了一个多小时重新听了一遍第一次录音的重点部分。在进门的时候，我发现自己在深呼吸，调整心跳。这让我有点沮丧。

我："你好，我如约来了。"

她还是盘腿的状态，不过腿上蜷着一只猫，纯黑，没有一丝杂毛。

她："嗯，你想接着上次的听是吧？上次说哪儿了？"

我："果冻里的气泡。"

她："嗯？什么果冻的气泡？"

我有点崩溃："要不，你再听一遍你上次说的？"

她："哦，好。果冻那部分就成，别的就不用了，听自己声音有点怪怪的。"

在她简短、跳跃地听了录音之后，说了上面那段话。

我："我有点懂你的意思了，你是说这个世界是物质组成的，所以也就需要物质来确定，否则就被认为是空谈？"

她："你发现一个有意思的事情没？"

我："什么？"

她："谁都明白，我们的认知，只是脑细胞之间那些微弱的化学信息和电信号罢了，这个已经是被认同的了，但是却都沉迷在那些电信号和化学信息的反馈当中，不能自拔。"

我："你是说那部电影吗？《Matrix》，黑客的那个片子？"

她："不，我要说的不仅仅是那样。你留意一下就会觉得很好笑，精神这个东西，我们都承认，但是不完全承认。被物质证实的，我们承认，不能被物质证实的，我们不承认。"

我："说说看。"

她："能证实的我就不说了，说不能被证实的吧。你想象一件事情，就说你想着自己在飞吧，别人会说你意淫，说你异想天开。但是你想象自己吃饭，只要不是什么古怪的场合，没人会质疑你。"

我："你说的是想象力吧？"

她："所谓想象力，源于什么？思维？精神？不管怎么称呼那个根源，想象力不是凭空来的，有产生想象力的那么一个存在。但是为什么会出现想象力呢？你会用进化来解释，就是在大脑里做个预演。比方说你是猿人，你去打猎，在抓住猎物前，先在脑子里想象一下，你该怎么怎么做，然后呢？你就按你想象的照做了，对不对？但是你想象自己伸手一指，猎物直接成为烤肉——肯定实现不了，于是你摇摇那颗并不是很发达的脑袋，然后努力往你能实施的部分去假想，去推演。逻辑上看是这样吧？"

我："这个没问题啊。但是想象力推进了发展，不对吗？"

她："没有不对，但是想象力这个东西，非人类独有，动物也有。就说我家小白吧……"

我："嗯？这只黑猫叫小白？"

她："有什么好奇怪的？黑猫为什么不能叫小白？就说小白吧，如果小白犯了错，我揍了它一巴掌，它很疼，很不舒服，也许就会想象自己在神气活现地揍我，或者想象自己没犯错，反正是在想象着什么。或者小白在抓乒乓球的时候，有没有事先在脑子里演习一下，然后确定怎么抓，我觉得应该有的。"

我："猫去抓是本能吧？"

她："下意识的？"

我："……好吧，下意识也是思维的一部分，也源于精神方面的那些。"

她："嗯，现在问题出来了，这些思维，肯定是行为的提前预演。如果你很排斥猫的思维这种说法，就不说猫了，那么就说人。人的很多行为都是用思维预演的，而预演的基础是经验，我们活这些年积累下来的经验。但是，这个经验还是物质的。你知道狼孩、猪孩的那些例子吗？"

我隐约知道她要说什么了。

她："说狼孩吧，那些生物学家说人类现在的四肢构造不适应野外环境了，而且不能适应四肢共用的奔跑，但是狼孩的出现，抽了他们集体一个大耳光。狼孩用四肢跑得飞快，不比狼慢，甚至犬齿也比普通人发达，而且最有意思的是，尿液里居然会有大量的生物信息素，那是犬科动物的特有标志；狼孩鼻黏膜细胞也很发达——他有非常灵敏的嗅觉。这是什么？一种适应对吧？为了适应而进化或者说是退化。可是根本的原因是，他认为自己就是一只狼。精神上的认可，直接支配了肉体。”

我：“狼孩都是这样吗？”

她：“我查过，几个狼孩都是这样，如果不用狼抚养，换成别的呢？我很想知道，如果一个婴儿，出生起就被外星人抚养，而那些外星人会飞，而且也告诉那个婴儿：你就是我们中的一员，除了长得不一样，我们都一样，那会不会这个孩子长大就会飞了？”

我：“你还是在假设。你可以假设他飞起来了，我也可以假设他飞不起来。”

她笑：“我是在假设，你不是，你是在根据经验判断。你根据自己的经验下了个定义，而我是在根据狼孩的那些，来假设更多的可能性。好吧，飞不飞的问题不说了，就看狼孩的例子，你现在还不认同精神的强大吗？”

我：“呃……精神是很强大。”

她：“精神可以强大到改变肉体，能够把需要很多代才完成的进化直接完成，根据需要来调整肉体。可是问题再一次出来了：为什么我们的精神，反而又受制于肉体呢？而精神是怎么来的？死了后怎么失去的？是不是真的有灵魂？那到底是什么？”

我叹了口气：“我不知道。”

她：“精神，依托于物质而存在于物质世界，但是并不同于物质，也不属于物质世界。精神，就是那大块果冻里的微小的气泡。”

嘲讽了我一天半的那个问题，终于揭开了面纱。

我：“嗯……物质的尽头，是一个精神的世界吗？”

她："还记得我们前天说的那个吗？几乎所有宗教都提到过的那个'圣地'，其实那是一种精神所在地。但不同于在这个物质世界所想象出来的那种精神，或者说用物质来看，精神的存在地，是超出物质界限的。精神，存在于不存在之中。"

我："我想想啊……说白了就是精神存在于无物质当中。那不是很缥缈吗？"

她："更大的问题是，我们认可的精神，却又因为物质去否定精神。为什么？这么矛盾的事情，怎么就会发生在物质世界呢？你用什么解释？平行宇宙？全息宇宙？超弦理论？或者其他什么学科？"

我："嗯……这个……"

她："平行宇宙的问题在于努力想用'现在的时刻'这个概念去划分过去现在将来；全息的问题在于还是用物质去证明物质；而超弦更夸张，干脆否定那蓝幕前的那条蛇，而认为蛇头蛇尾是一种东西穿越时间，在用肉眼看不到的速度来回窜。这些不管怎么说，都是限制于物质的，并不是对于物质的探索，而是用物质去证明。所以，我看不上也不接受这些理论。你明白了？"

我："但是证据……"

她看着我："我记得那天说过，用这种方法，没有不能解释的事情。你也是过去，也是现在，也是将来。你的精神，可以想象过去，可以分析现在，可以预演将来，但是你的精神又被肉体限制，所以你没办法用现在的眼睛，去看到将来。因此你的肉体把现在反应给你，造成了一种循环状态——你的精神不属于物质，但是却受限于物质。因为你的精神不属于物质，所以也就只能依托于物质才能感受到这个物质的世界。你还是不明白的话，我可以打个笨拙的比方：还是那大块果冻，一个微小的气泡受限于当中，被果冻的周围挤压成一定的形状，但是这时候气泡滑动了，滑到另一块区域了，那么气泡的形状就会根据周围的挤压变成了新的形状。这个小气泡对于周围的认知，受限于自己的形状，外面呢？是什么？这一大块果冻的尽头是什么呢？"

我坐在那里什么也说不出。

她："我这个比方极其不恰当，但是假如你真的听不懂，那么就这么先理解着吧。所谓'圣地'的存在，绝对不是在这块果冻当中想象的那样。在这块果冻当中，你能到达一个大气泡，就已经很震惊了，但是当你彻底离开果冻的时候……你能明白吗？"

我："我应该明白一些了。你是说我们的世界，不管是过去现在还是将来，以及相差很远的距离，其实都是物质，都是一个整体概念，用时间和空间来划分，是一个重大的认知错误。身处在某个状态，才会对于周边的现状产生一种假定的认知。而脱离了果冻的话，仅仅用气泡是没办法表述的，因为不是气泡了，完全进入了一个新的领域，之前的一切都没任何意义了。是这样吗？"

她皱着眉再嘀咕了一下我刚刚说的："……虽然不是很完全，但大体上是这样。"

我："问个别的问题成吗？"

她："嗯？什么？"

我："你知道你的追随者自杀了几个吗？"

她："两个。"

我："你认为这是你的责任吗？"

她："并没弄懂那些人到底吸收了什么，才是我的责任。"

我："怎么讲？"

她："我说了我知道的，我没办法控制别人的想法或者别人的精神，我也不想那么做。我承认有一些追随者送我钱，送我房子，送我别的什么，但是我都拒绝了。我只能说这世上有太多人不能明白问题的根源了。记得一个精神病科医生自杀前，曾经对我说，很想看看物质之外。我当时真的懒得解释了。如果我想的够多，应该问问他打算用什么看？眼睛？但是我没想到他会那么做。也正是那之后，我再也不用种子那个比喻了。"

我："什么种子的比喻？"

她："我不想说。"

我："我很想知道，你也看得出，我是那种质疑的人，对于你说的那些，我并没有完全接受，我也有自己的观点和想法。所以，你告诉我吧。"

她极其认真地看了我好一阵儿："我曾经对他说：'埋葬一个人，意味着死亡和失去。但是埋葬一颗种子，代表着全新的生机即将开始。'"

我："原来是这样……那个医生理解的问题。"

她表情很沉重："人的精神，其实是很复杂的，而且根据认知和角度，会产生无数种观点。假设我说我喜欢红色，有人会认为我喜欢刺激，有人会认为我在暗示想做爱，有人会认为我想买东西，有人会认为我其实饿了。但是我并没那么多想法，我就是喜欢而已。总之，如果没有那种承受能力和辨析能力，最好什么宗教都不要信，否则信什么都是会出事的。"

我："这的确是个问题……"

她："我说了，精神，不属于物质，谁也没办法去彻底地控制。如果能控制，只能证明一点：那个被控制的精神，是很脆弱地存在于物质当中。"

我："你对此很悲哀吗？"

她想了好一阵儿："我不知道该怎么形容。精神，可以让你决定自己的一切，但是你非要认为物质束缚自己了，那谁也帮不上你。物质之外，不见得是好，当然也不见得是坏。现在对于这点，我也没办法判断到底是怎么样的。因为我只是看到了，并不是一个体会者。存在于物质了，那就存在着吧。而好奇想弄个明白的人，就去研究好了；惧怕未知不想问为什么的，那就不去追寻；现在没决定到底是不是去探索的，那就先犹豫着。精神是随心所欲的，那就真正随心所欲吧。在最低落的时候，可以开心；在最得意的时候，可以悲伤。这些都是精神带来的，而不是物质带来的。所以我告诉你，我不知道怎么去形容，我没办法用物质的比喻来彻底地演绎精神的问题。我只能揭开魔术师身后幕布的一点点，剩下的事情，我也不知道。"

小白懒懒地抱着她的腿，下巴枕在她的膝盖上，愣愣地看着我。我能看到它的眼睛在闪烁。

我："谢谢你。"

大约一个月后，某天中午突然接到她打来的一个电话。

她："还追寻着呢？"

我："嗯，继续着呢。"

她："你的好奇心没有尽头吗？"

我："你对于我好奇心尽头的好奇心，也没有尽头吗？是什么让您想起我了？"

她："就是因为你的那份好奇心，无意间看到一句诗词想起你的。"

我："谁的？哪句？"

她："纳兰容若写的那个……"

我："嗯，知道了，'人生若只如初见'。"

新版后记：人生若只如初见

跋，动词。形容把足腿部向上提拉出来。中国古代，文章的后记、后续也会被称之为“跋”。这个形容非常贴切。

你现在看到的这篇，就是跋。

记得第一次真正面对精神病人的时候，我本以为作为一个正常人我可以轻松地和他们沟通，但是我错了。因为看到对方眼神的瞬间，我不知所措——从医生朋友那里听来的有关精神病人的一切似乎和眼前这个人对不上号。他的目光中没有灵性，没有智慧，没有什么启示般的闪烁，只有呆滞和困顿。我愣了好久都不知道该怎么开始，他就跟当我不存在一样继续呆呆地坐在那里。接下来我开始试探性地问了一些什么（具体问的是什么我也想不起来了，总之很混乱），对此他没有一丁点儿反馈，始终保持着独处的状态和呆滞的眼神，没说过一个字，没有一点表情。那次我失败了，啥也没问到还紧张到自己一身汗。

之后我没再缠着当医生的朋友帮我找精神病人。

大约过了两三个月，朋友问我是不是还要见精神病人，我犹豫了几秒钟答应了。不过这次见面之前，我做了点准备。

头一天晚上，我蜷着腿坐在床边的小地毯上发了会儿呆，因为我想静下来厘清自己的思路，把脑子里混乱的东西澄清。经过很长的一阵胡思乱想后，问题慢慢浮现出来：我为什么想要接触他们。经过了更为混乱的一堆自问自答后，我知道我要什么了。

第二天下午，我见到他。

我说：“你好。”

在那个瞬间，我并没意识到这句普通的问候，成了今后我面对所有精神病人（以及那些有奇异想法并且去实施了的“怪人”）时标志性的开场白，更没想到的是我居然把这种“爱好”持续了四年多。

四年后的某天早上我躺在床上发呆，就如同最初我打算厘清自己的思绪一样。等到起床的时候，我决定结束这个“爱好”。

为什么？

不知道，就是一种纯粹的感觉。

从那之后我再也没延续那个“爱好”。

结束了吗？

并没有。

又过了四年多，就是在前言里提过的那个日期：2009年的8月17日凌晨两点多，我敲出了第一个字。

后来我面对了一轮又一轮的采访、一拨又一拨的演讲邀请，一次又一次的影视公司寻求购买或者合作建议；这期间我还参与编译了《梦的解析》，出版了《催眠师手记》等，另外又构架了一个巨大的、全新的世界，并且为此已经写下了将近二十万字。

一切都来得刚刚好。

一直到现在。

前不久有读者问我：《天才在左　疯子在右》还会有第二部吗？

我告诉她天才疯子不会有续集，就这一部。

她又问：真的结束了吗？

结束？不，还早着呢。还有更多更多的世界，更多更多有趣的东西等着我呢。这本书的最开始我就说过了，还记得吗？一切并没有结束，一切才刚刚开始。

我知道我要的是什么。

我希望我的探寻永不停息。

跋，动词。形容把足腿部向上提拉出来。中国古代，文章的后记、后续也会被称之为“跋”。这个形容非常贴切，因为，跋，是为了迈步向前。

2015年秋，北京

第一版后记：人生若只如初见

当初这本书网络版截稿的时候，有人问我，为什么单独截取这一句，有没有什么含义？

有。

在十四五岁大的时候，第一次读到这句词，我认定这是个女人写的。再看作者名字——纳兰容若。“哦，女的。”半年后才发现他不是女人，而是个清初的官员。

从那时候起接下来几年，我基本都沉浸在唐诗的意境、宋词的洒脱、元曲的精巧别致中。等到看多了自然想了解那些诗词作者，了解作者后，开始感兴趣那些时代背景。接下来一发而不可收拾。从人文延伸到经济，从经济延伸到社会结构，从社会结构延伸到政治，从政治延伸到宗教，从宗教延伸到哲学，从哲学延伸到心理学，从心理学延伸到医学……后来我发现很多东西（学科）到了一定程度，都是环环相扣的。这让当时的我（20多岁）很惊奇，然后又开始了一轮更疯狂的扫荡式阅读，经常有时候甚至没时间消化，只是记住了而已。不过也就是那会儿养成了一个习惯：忽略掉文字本身，看后面的那些被深藏起来的。

后来就开始失眠+生物钟紊乱。有半年时间吧，每两天睡一次，一次大约睡十二个小时左右。失眠还不是似睡非睡神经衰弱的失眠，是特精神那种。因为自己也觉得很不正常，所以有时候刻意去找一些很晦涩的书来看，认为那应该会对催眠有奇效。记得有次在朋友家看到一堆有关物理和量子力学入门的书籍（朋友的父亲是搞这个的），于是便借来看。没看困，看震惊了。跟着就带着诸多疑问四处去蹭课听。没多久我发现出问题了，很大的问题。因为就物理来说，看得越多，质疑越多，我开始越发质疑这一切到底是怎样的——未解太多了，甚至包括那些已经应用的原理，其实核心依据仍是未解状态。也就是那时候，为了给自己一个哪怕貌似明白的答案，开始把注意力转到非线性动力学、平面空间等等上。但适得其反，质疑开始成倍地增长。

我茫然了。

然后，又开始和精神病人有了接触，再然后，发现了一个很好玩的事：很多精神病人都能够快速地找到某种解释作为答案。甭管是鬼狐仙怪也好，物理生物也罢，他们总是很坚定地就确认了。但我更加迷茫了，甚至担心我是不是有问题了？

这种恐慌状态一直缠绕着我，直到某一天，我重新看到这一句：人生若只如初见。然后，我想我看懂了。

这就是我截取了这一句的原因。

我一直认为，能认真地去思考，是一件非常非常了不起的事。不是吗？也许你会问：产生思想有劲吗？能赚钱吗？这点我想我可以给你个肯定的回答：有劲，能挣钱（笑）。

道理其实不复杂，想想看，道家说变通，佛家说自然，心学说知行合一，其实这些表达都是一个意思：应用。假如你有兴趣查一下的话就会发现，所有很牛的人都有一套自己的思想体系，并且完整、严谨。你知道吗，那不是简简单单就能出来的，那是经过多次严密思考和无数次推翻重建才形成的。不过这还不算完，牛人之所以很少，空想家之所以很多的主要原因就在于：应用。如果不会应用，就好比一个人拿到了钥匙，却不会使用。这是很糟糕的一件事。当然了，也有不想去使用的人，那些人对现实已经到了无视的境界。对于那种人，我会按照我的方式分类——仙。

接下来我想说的是：未知。

对于此未知，我不推荐轻易地用已知去否定未知，或者没通过真正深入的思考就去否定。照搬和粗鲁是很糟糕的事情。面对未知没必要害怕，而是要学会尊重未知的存在。其实，那也是对自己存在的尊重。给自己一个尝试着去了解、辨析的机会，也就才有思考和探索的可能。

对吗?

那么，这本书就到这里结束了，但是我希望属于你的那些思考会一直持续——假如我这本书真的能给你带来思考的话。

谢谢你能看完，并且读到这一句，我都记在心里了。

“人生若只如初见。”

铁葫芦

铁肩担道义　葫芦藏好书